魯金 著

香港民生掌故叢談

魯金作品集

總序

香港史研究興起之前，很多本地早期事蹟主要靠掌故保存下來。所謂「掌故」，是指關於歷史人物、社會風俗以及典章制度等的故實或傳聞。記載掌故的文章，或在報刊上發表，或見於文集、傳記、回憶錄中，是研究歷史不可或缺的參考材料之一。至於掌故是否全部確鑿可信，則有賴歷史學家進一步的考索和印證。

本地報紙的副刊，向以內容豐盛見稱，不乏佳作，造就了多位作家、小說家甚至專家學者。以掌故名家的亦復不少，當中的表表者是魯金，譽為香港掌故大家，是實至名歸的。著述繁富，時至今日仍有可供閱讀和參考的價值。

著名報人和作家

魯金（1924-1995），原名梁濤，祖籍廣東省雲浮市新興縣，生於澳門。以筆名魯金為人所熟知，其他筆名包括魯言、夏歷、魯佳方、老街方、三繞、夏秋冬等。從事新聞事業逾半個世紀，早年曾經在省、港、澳及戰時的韶關各大報章擔任編輯和撰述工作；抗日戰爭勝利後，定居香港。

魯金長期留意香港史事，對人物掌故和時代變遷瞭如指掌，寫成多篇文章，部分輯成專書。他為廣角鏡出版社編著《香港掌故》，總共出版了十三集；又為三聯書店主編「古今香港系列」叢書，當中有幾種是他自己的作品。1992 年，為市政局編寫《香港街道命名考源》和《九龍街道命名考源》。

主編「古今香港系列」

　　1988 年，三聯書店開始出版由梁濤主編的「古今香港系列」，是認識香港百多年來歷史進程和社會發展的一套重要叢書，備受注意，廣泛流傳。當中《港人生活望後鏡》、《粵曲歌壇話滄桑》和《九龍城寨史話》都署「魯金著」，是他比較重要的專書，視為代表作，似亦未嘗不可。《港人生活望後鏡》介紹了昔日香港流行的生活方式和習俗，包括飲食、時裝、娛樂、中藥等行業，及曾經流行一時的俗語等。《粵曲歌壇話滄桑》系統地敘述粵曲歌壇不同階段的發展，及早期粵曲歌伶、名曲玩家的生平逸事。《九龍城寨史話》搜集了大量歷史材料，並進行實地考察，是了解九龍城寨的基礎讀物。

　　講述港九各個地區街道的故事，魯金亦優以為之。《香港中區街道故事》和《香港東區街道故事》，均署「夏歷著」，街名來歷及相關事蹟，娓娓道來，除非是老街坊，否則是未必知道的。後來三聯書店編印「香港文庫‧新古今香港系列」，除重印《香港中區街道故事》、《香港東區街道故事》外，增出《香港西區街道故事》、《九龍街道故事》、《新界及離島街道故事》，均署名「魯金」。港九、新界齊備，魯金走遍全港是名不虛傳的。

編著《香港掌故》

　　1977 至 1991 年，廣角鏡出版社出版了《香港掌故》十三集，前三集都是魯金的文章，總共四十三篇。當中有不少文章講述香港的百年發展，如第一集的〈百年來香港幣制沿革〉、〈百年來港澳交通史〉，第二集的〈百年來香港中文報紙版面的變遷〉，第三集的〈百年來香港新年習俗沿革〉和〈百多年來省港關係發展史話〉。

　　魯金講掌故，比較重視歷史脈絡和時代變遷，例如第一集就有〈香港食水供應史〉、〈香港稅收史話〉、〈香港海盜史略〉、〈香港嚴重的風災史〉等，第二集有〈香港的貪污與反貪污史〉和〈馬年談香港賽馬史〉，第三集有〈香港和中國邊界交通史〉和〈百多年來省港關係發展史話〉。也有關於重要歷史事件的，包括〈五十年前的香港大罷工〉、〈香港淪陷與香港重光〉之類。

　　第四集起，每集只有一至四五篇署名「魯言」的文章，重要的有〈耆英在香港〉（第四集）、〈香港華人社團的發展史 —— 三易其名的香港中華總商會〉（第五集）、〈香港清末民初武術發展史話〉（第十一集）等。十三集合共有署名「魯言」的文章六十多篇，內容包羅萬有，謂為百科全書式的香港掌故家，亦曰得宜。第二集中〈關於處理香港歷史資料的態度問題〉，頗可注意；第六集中有吳志森的〈魯言先生談《香港掌故》〉，有助加深了解。

其他著作與文獻材料

魯金還有幾種著作。1978年廣角鏡出版社出版《香港賭博史》；1990年代次文化堂出版包括：一、《香港廟趣》；二、《妙言廟宇》；三、《香江舊語：老派廣東話與香港民生關係概說》；四、《魯金札記：中國民間羅漢小史》。

總的來說，魯金掌故之所以有分量和特色，主要有幾個原因：第一，有新聞觸角和歷史眼光，而且能夠兩者兼顧；第二，文獻材料加上實際考察，既能互補又有互動；第三，香港事物配合中外發展，洞悉時代環境的變遷。鄭明仁在《香港文壇回味錄》（天地圖書有限公司，2022）中，稱魯金為「香港掌故之王」。

香港中央圖書館香港文學資料室設有「魯金文庫特藏」，從中可見魯金生前收藏的書刊、文獻和剪報材料等，這對於研究一個作家的生平與著作，是十分珍貴和有用的。隨着魯金大量作品的重印及整理結集，他在本地掌故方面所作出的努力與貢獻，相信可以得到更多肯定，亦有助於香港研究的深化和發展。

周佳榮

香港浸會大學歷史系榮休教授

2022年12月

目錄

七十年代香港衣食住的變化

七十年代早已飛逝，回顧那十年間，香港實在起了很大的變化，首先是中區的高樓大廈的湧現。在六十年代仍是荒蕪的康樂廣場，七十年代出現了康樂大廈和新的郵政總局。舊的郵政大廈和告羅士打酒店，亦在七十年代拆卸。新的代替舊的，是進化的規律。當古老的渡海汽車小輪不能滿足需要時，汽車海底隧道就出現。普通交通工具不能滿足日益增加的人口需要時，地下鐵路也迅速建成。可見七十年代的變化是如何之大。

從衣、食、住，去看過去的變化。實在頗為有趣而且亦頗有用。分析這些變化的原因，亦富啟發性。因為過去的變化預示出今後變化的模式。這些變化會影響人們今後的一切。

從迷你裙到熱褲

首先從衣着方面談起。七十年代初期，流行迷你裙。這種短到距離膝頭達五吋多的短裙，而它的結構則是百摺式的，在當時非常流行，幾乎所有時髦的年輕的女子都穿着它。迷你裙流行於一九七〇至一九七一年間，其原因亦頗值得一述。

最初出現迷你裙的國家是英國，英國的時裝設計家從女子的網球運動裙上得到啟發，設計了這種迷你裙。香港是由英國統治的地方，很多英國流行的東西，在香港亦流行。英國的流行音樂樂隊的「披頭四」的髮型，在六十年代裏，已被很多青年人模仿，

成為流行的髮型。女性的迷你裙在香港流行，除了意識上受英國影響之外，還受別的因素所影響。

香港的紡織品輸往英國為數不少。英國現流行迷你裙，本港的製衣廠自然也生產迷你裙輸往英國，因此製衣廠也以迷你裙在本港推銷。迷你裙有本產的，價錢不貴，適宜於一般消費力，奠下流行的基礎，此其一。此外，一九七〇年仍在「文化大革命」期間，香港雖是英國統治之地，但它和中國是不可分割的一部分，亦受着中國的影響，因此香港也有一部分青年受「文化大革命」的影響，服裝方面力求樸素，以及接過中國的服式，這些穿中國流行的服裝的人，被人稱做「左仔」。一九六七年事件的餘波未盡消除，當局仍本「寧要飛仔飛女，不要左仔左女」的政策，極力提倡新潮舞會、繼續舉辦「香港節」、選舉「美腿小姐」等，提倡英美生活方式，掀起一種影響青年人的心理潮流，就是在服裝方面要和左派青年不同，於是女子穿迷你裙，男子穿牛仔褲，留長頭髮。這是一種在服裝上「劃清界線」的心理。

迷你裙到底是從運動裙蛻變出來的東西，它得以流行一時，是基於上述幾種原因。當英國女子們發現「歡場女性」都穿迷你裙時，一般家庭婦女就擯棄了它，代之而興的是「熱褲」。

「熱褲」是短褲，它的長度和迷你裙差不多，或更短一些，也都是從運動褲蛻變出來的產物。熱褲代替迷你裙，只是一種過渡形式，因為那時流行短的衣着，當迷你裙被擯棄時，時裝設計家乃將裙化為褲，就成為「熱褲」了。

「熱褲」的一般質料是牛仔布，這是因為當時男性喜穿牛仔褲的原故。把牛仔褲截短了，便是一條熱褲。熱褲流行的時間很

在七十年代甚為流行的熱褲（上）和迷利裙（下）。

短，是一種過渡性的時裝。

當迷你裙和熱褲流行的時代，有些人不明白，這種短過膝頭幾吋的衣着，在大冷天時仍見很多女孩子穿着，難道她們不怕寒冷的麼？她們不知道在設計迷你裙的時代裏，也策劃了一種新的產品以配合迷你裙使用，這種產品名叫襪褲。

襪褲是從尼龍絲襪變化出來的東西，以前女子們所穿的玻璃絲褲，其長度只伸展到大腿之上，襪褲是褲子和襪子連在一起的東西，穿起來就有保暖作用，是以不怕冷。

時間漸漸沖洗服式上「劃清界線」的心理，加上社會風氣的轉變。熱褲被淘汰了，代之而起的是牛仔褲。

中國方面也漸漸清洗「文化大革命」的各種不良影響，國貨公司的服裝部，也改變了以前只出售灰、藍為主要顏色的衣物。港人在衣着方面，漸漸趨於「中性」。這種中性的服裝趨勢，是分兩個方面，在意識形態上，沒有左右之分；在實用方面，沒有男女之別。

「中性」服裝的產生

由於康樂活動的推行，旅行成為青年人生活的一部分，是以衣着方面力求簡便舒適和耐用，牛仔褲和 T 恤正符合這種要求，因此大為流行。

從前牛仔褲的款式，是分男裝和女裝兩種，從那時開始，男女裝沒有分別了。

　　以前女孩子所穿的牛仔褲，拉鍊是分別在褲子的兩邊，即左右多有一條拉鍊，這是女裝牛仔褲的規格。男裝牛仔褲的拉鍊，只有一條，縫在前面，現在女孩子所穿的牛仔褲，也和男孩子所穿的一樣，一律都只有一條拉鍊，都是縫在前面的。男女裝牛仔褲沒有分界，故稱「中性」。

　　女裝牛仔褲的變化，是由熱褲而來的，當年的熱褲，為了達到所謂夠「熱」的特點，要求盡量貼身，把女孩子的曲線顯露出來，因此已不用傳統女子下衣的兩邊開的形式，就是說，熱褲的拉鍊，已改在前邊，和男性的褲子一樣，當熱褲為牛仔褲代替時，女裝牛仔褲仍保持熱褲的各種特點，除了拉鍊保存一條外，褲管的貼身程度，亦保持熱褲的遺跡。

　　男裝牛仔褲亦隨着女裝牛仔褲的趨勢而變化。男裝牛仔褲的歷史，可追溯至一八四〇年時代，當時美國開發西部，很多工人和尋金熱者都需要穿着一種耐於磨擦的褲子，以便騎馬、開金鑛、築路時穿着，他們發現帆布最耐用，便用藍色的帆布製造褲子，那些到西部開發的勞動者，人們稱之為「牛仔」，故此就把他們穿的褲子叫「牛仔褲」。

　　牛仔褲古已有之，但以前的男裝牛仔褲都是很多袋子，要求寬闊的。當女裝牛仔褲趨於男性化時，男裝牛仔褲也趨於女性化。因此從那時候開始，男裝牛仔也以貼身及顯露胴體線條為主。

　　如果一對青年夫婦，身材相若，他們的牛仔褲就可以掉換來穿着，穿起來不分男女，這是中性服裝一詞的由來。

　　T 恤其實是運動衣，這種上衣亦因流行旅行及各種康樂活動而流行。褲子趨於中性，T 恤也隨這趨勢發展，所以 T 恤上的花

式，亦都採用男女通用的花式。

以上是衣着方面的變化。當然，十年來衣着的變化卻不只這一點點，如把每種衣着的變化都列舉出來，恐怕要花上很多的篇幅，不過，上述的衣着變化，可以作為整個七十年代衣着變化的代表。所謂觀其一點，可及其餘。

從煎大蝦碌談起

同樣，對於食的變化，也只能找出最具代表性的幾點來說，這樣做，既可節省篇幅，又可說明香港人對於食物方面的趨勢。

一九七〇年時，有一味極流行的菜式，是每逢參加宴會時必備的，這味菜式叫煎大蝦碌或茄汁大明蝦。無論是社團宴會，或是普通人家的壽筵喜酌，這一味菜式，是常見的。

大明蝦被酒家從通行的例牌宴會等桌上別除出來，是一九七五年開始的，在當年屬於賤價的菜式，時至今日已變成名貴的菜式了，假如宴會上指定要有煎大蝦碌或茄汁大明蝦的話，單是這一道菜，恐怕要一百元。假如要清蒸大石斑的話，這一道菜起碼要三百元以上，可見海鮮和大明蝦的市價，比一九七〇年時高出了很多。目前如要吃大蝦碌，非千元的菜單不辦。

為什麼一九七〇年時，大明蝦會這樣平？後來，又會貴起來呢？這和香港人食的變化有關。

一九七〇年是香港漁業大改進的年代，當年有五十八艘新式單拖漁船作業，加上舊式的漁船，都已使用新式的設備，故

此漁獲大量增加，其中蝦艇因改良作業方法，更見進步，因此從一九七〇年起，本港的漁獲物，已能供應全市所需的百分之八十，跟以前只能供應百分之六十的情況不同。

在一九六七年時，本港鹹水魚依賴進口達百分之四十，進口的魚類多屬高價魚，那時本港漁民多在淺海及鄰近地區作業，所得魚獲不多，而且是下價魚類，蝦艇所捕獲者多屬小蝦，到一九七〇年改進了作業，扭轉了形勢。

為了說明這一點，茲引錄一九七〇年《香港年報》有關海魚的收獲數字於下：

經由批發市場出售的漁獲			
年份	擔	公噸	價值（元）
1966	846,892	51,221	64,205,249
1967	958,241	57,956	72,864,447
1968	1,178,974	71,306	91,052,177
1969	1,269,800	76,799	111,295,765
1970	1,288,779	77,944	136,773,261

還有一點要說明的，就是海魚養育場的成功。今天人們都知道南丫島、西貢群島及各離島的海邊，都有養海鮮的木筏，這些海鮮養育場現已成為一大行業，但很少人知道這一行業是怎樣發展起來的。

查最先養育海魚的人名叫何鴻帶，他是大埔三門仔的一位漁民。由於世代以漁為業，長期留意魚類的生長，他發現黃竹角

半島在虎岩灣頭，每年都有很多魚苗在該處翻成，他試用巨型尼龍網把海口攔住，在灣內餵飼魚苗，結果獲得成功，其他的漁民效法他，於是各處漁港的海灣，都出現養魚的魚場，一九七〇年剛剛是養魚場興起的時候，這些經由養魚場推出的海鮮，比進口海鮮耐養得多，而且價錢亦比進口海鮮為廉，很多酒家都樂於採用。因此也促進了港人到酒家去食海鮮的興趣。

一九七〇年時，很多大酒家都設有「科學魚池」，用以飼養海鮮，但一般小酒家還沒有這種設備。稍後，養魚池幾乎已成海鮮酒家不可少的設備，大小酒家都有。這現象說明港人吃海鮮已成一種風氣。

因此，到了一九七四年，漁農處發表一項消息，指出香港人食魚數量，居世界第四位。因為，當年聯合國糧農組宣佈，全世界平均每人每年食魚十三至十四公斤，而以冰島、葡萄牙、日本為食魚最多的國家。而統計處統計，香港人平均每年吃魚高達五十三至五十五公斤，所以居世界第四位。

世界各國來香港「搶魚」

到了一九七五年，本港的魚類生產，已可供應所需百分之九十，就是說，基本上可以自給，只少數依賴進口。既然如此，為什麼大明蝦忽然又身價驟高，其他的海鮮又不斷地漲價呢？

原來，到了一九七五年，世界各國突然到香港來搶魚。這場搶魚潮，一直持續到今日，令大明蝦幾乎在本港絕跡，各種魚類

的市價亦不斷上升。

一九七五年日本因海水污染，影響魚的產量，首先到香港來搶購明蝦和海鮮，日本商人在香港開設海鮮加工場，用最簡便的方法將本港的海鮮運往日本出售。辦法是將海鮮用膠袋盛裝，放進乾冰，封口打包就可以運上飛機，三小時之後就可以在日本市場上出售。

蘇聯也來香港搶魚。原來蘇聯漁業失敗，自一九七四年開始，每星期例有一天沒有魚類在市場供應，蘇聯人稱這一天為「無魚日」，故此蘇聯要在國際市場上大量購買魚類。到了一九七五至一九七六年間，蘇聯看中了香港的大明蝦，不斷以高價搶購，成了大明蝦的大買家。本港的凍蝦公司大做蘇聯生意，大明蝦不足，中蝦海蝦都買。蝦價因此不斷上升。

到了一九七六年搶魚之風更盛，日本連下價魚都搶購。紅衫魚在本港是最普羅大眾常吃的魚，通常是售二元多一斤的，日商竟以高出市價一倍的價錢購買，致當時香港的街市竟無紅衫魚出售。當紅衫魚被搶購一空時，又向另兩種下價魚打主意，一種名叫竹籤的小魚，市價只售一元二角左右，又竟以高出一倍的價錢搶購，另一種鮫魚仔也同樣被搶購一空，令到一般普羅大眾，大嘆買餸難。

據統計，香港人喜吃的魚，是深海下層魚，對於中層和上層水域的魚類，都視為下賤的魚類。最流行的石斑、鮫魚、青衣等海鮮，都是下層水域的魚，這些下層水域的魚類，由於不斷捕取，資源已越來越少了，有一件事足以說明最受歡迎的這些海鮮魚將近枯竭。從前各海鮮養殖場很多都用小艇去撈取魚苗的，在

這些下層水域的魚類繁殖季節，很多海灣都有此類魚苗。但近年已經很少，要到很遠的海灣才有魚苗，於是只能向專門撈取魚苗的漁民購買，魚苗的價錢亦因此一年貴過一年，最近一斤魚苗市價是二十多元，雖然一斤魚苗有百多條，但並不是每條魚苗都能養得大，通常收成率是三四成，從魚苗到供應市場，費時兩年，故養魚場需要不斷補充魚苗，而魚苗日見減少，經營不易。可見這些海鮮在漁民不斷網捕之後，已日益減少，無法繁殖。

勢將改變食魚習慣

因此，漁農處積極研究未開發的魚類資源。本港魚類能從以前的半數依賴進口，發展成基本上可以自給，漁農處的努力是功不可沒的。早在五十年代中期，已有一艘聖瑪利角號魚類研究船投入服務，向海外探測魚場，提供漁民作業。在魚的資源出現問題時，漁農處又建造另一艘新的研究船，準備投入服務，探測遠洋的魚類資源。遠洋作業雖然可以增加本港的魚類產量，但因為遠洋作業需要較長的航程，活的海鮮無法因開拓新魚場而繼續供應，港人在食魚方面勢將趨於改變口味。否則就要付出更高更高的代價。

改變口味的途徑有二，第一是吃冷藏的深水下層魚，第二是吃上層和中層魚。關於前者，近年已經開始，很多遠洋作業的漁船，撈獲的下層魚，以急凍冷藏的方法，運返本港出售，很多酒家都用這種冷藏魚應市。

關於香港人在食這方面的變化，食魚只是其中一環，其他的變化亦頗多。例如香港人食米的數量日益減少，戰後初期，每人平均每日要吃一斤白米；到了六十年代，平均每人吃十兩米；進入七十年代，平均每人每日吃六至七兩米。食米減少的原因，是生活水準的提高，同時也和改變生活習慣有關。現在很多人都不重視午飯，中午這一餐飯可吃可不吃，有的改吃漢堡包，吃意大利粉、魚蛋粉、牛腩麵等，這因為工作地點和住宅太遠，藍領和白領不能回家吃午飯，而午間的飯店和茶樓十分擠迫，迫使他們改變吃的習慣，食米的數量就告減少，人們只有晚餐才認真去吃飯。食米減少的另一原因，是和食副食品增加有關，這就是生活水準提高的證明。

住屋種類繁多

上文談到因為居住的地方離工作的地方太遠，使港人改變食午飯的習慣，這是住和食互相聯繫之點，到底七十年代，住的情形又有什麼變化呢？

先從一九七〇年談起，一九七〇年香港的樓宇究有多少？多少人住在私人樓宇呢？多少人住在政府樓宇中？又有多少人住在木屋裏呢？最可靠的資料，當然是政府的資料。由香港政府新聞處編印的《一九七〇年香港年報》，對一九七〇年居屋情形有如下的敘述：

香港人口約百分之四十三是居住在政府屋宇或政府助建的屋宇，惟統計數字顯示，對公共屋宇的需求，尤是在市區，仍然非常殷切。隨着一九六九年地產物業市場的迅速復甦，租金普遍上升，市區建設的公共屋宇申請入住者往往比房舍數目多幾倍。邊遠地區建設的公共屋宇一經竣工，亦告住滿。在一九七〇年底，在市區的私人住宅樓宇，計包括有：全層住宅十九萬六千三百層，五萬九千九百分層小單位，二萬三千六百分層大單位和一千座洋房。

房屋問題委員會在一九六五年成立，在一九六九年，該委員會提出的主要建議是：所有政府屋宇（新區和廉租屋宇）應該要履行統一的設計；在今後六年內，要耗資七億港元，建設可供大約五十萬人居住的政府屋宇。

在今年獲徙置的各類人士和人數如下：

徙置先後次序：

（一）因境遇值得同情而徙置者，包括天災的災民和由社會福利署長所舉薦者，共五千六百四十三人。

（二）預付租金計劃，專利便從危樓搬出的住戶，共一千三百三十五人。

（三）從發展用地遷出者，共一萬二千五百五十八人。

（四）居於過分擠迫處所的住客，共六千一百三十九人。

（五）居於路旁者，包括居住後巷者，共一百六十九人。

徙置屋、廉租屋、政府木屋

自徙置計劃於一九五四年展開，至一九六四年為止，所建成的新區大廈為七層高，僅有公眾浴室及廁所的設備。現時，這些大廈約有二百四十座，居民約有五十萬名，隨着歲月的流轉，這些早期建成的大廈已變得極端擠迫，其設備不能符合現代化的需要。現已於今年擬就一項試辦性計劃，將其中一座早期新區大廈改建為獨立住所，每個居住單位都有獨立水喉及廁所，其中大部分並有私家騎樓。

由一九六四年以來所建的十六層高大廈，設有電梯和垃圾槽，居住單位獨立，設有獨立水喉、廁所及騎樓，不像以前那樣這些設備全部為公用。一九七〇年十一月，第五百座大廈在藍田新區落成，由署理港督主持剪綵典禮，成為第一座居民住用面積每名成年人佔三十五方呎的新區大廈。為應房屋問題委員會建議，新區大廈應要有廉租屋宇一樣水準，故此現時計劃建設的大廈，將有較大的單位。至一九七〇年底，由徙置事務處管理的各類大廈居住單位總數為十七萬九千四百八十九個，居民的總人數共一百零九萬四千三百七十六人，其中佔百分之五十點八一是居住在比較新型的大廈。

早期大廈內面積一百二十平方呎的標準房間，每月租金為十八港元（在一九六五年首次加租，前為每月十四元），至於後期興建的新型大廈面積一百三十五平方呎的標準房間，每月租金為三十四港元。儘管居住在這些大廈的人口眾多，而租金又各不相同，但欠租的居民極少。今年新區租金總數為七千六百七十萬

元，無法追討而須註銷的欠租僅佔百分之零點零八。

在今年底，屋宇建設委員會的九個廉租屋邨共有三萬三千一百一十九個居住單位，可容納二十萬五千零四十四人。其中三處屋邨在港島，五處在九龍，一處在新界。

政府亦為屬下公務員提供居所，又貸款予公務員建屋合作社，協助他們建成自己的住所。至一九七〇年底，已有二百二十八個這種合作社，其成員共有四千八百零九人。

木屋區的人口繼續逐漸減少，在一九七零年底估計共有三十五萬八千二百五十四人，一九六五年四月則有四十六萬三千人。今年獲許在安置區搭木屋居住者為數二千零六十六人，在十二月底，安置區的人口共有三萬四千七百一十一人。

看了以上的資料，我們不但看出一九七〇年香港人居住環境的輪廓，而且也知道香港的住屋類型實在很多，有洋房，有分層小型單位，有全層住宅單位以及分層大單位，這是屬於私人樓宇方面。至於政府屋宇，則分舊式的七層徙置大廈，十六層的新區大廈，廉租屋邨的高層廉租屋，房屋協會的廉租屋。此外，還有安置區的政府木屋。除了這些之外，就是木屋區的木屋，和避風塘上的住家艇。

一九七〇年香港人口約為四百一十二萬七千八百，住在政府屋宇之內的人數佔百分之四十三，其餘的百分之五十七的人口，即二百三十五萬多的人口，就要住在私人樓宇之內。而私人樓宇，除了一千座獨立洋房不計，只有十九萬六千三百層全層樓宇，五萬九千九百分小單位，二萬三千六百分層大單位，合共只有二十七萬九千八百層住宅單位，供二百多萬人居住，這顯然是不夠的。

反對重估地價與設立房屋司

　　故此一九七〇年政府接納房屋問題委員會的建議，在今後六年之內，擴建三十萬個住宅單位，以解決居住問題，這些新建的政府樓宇，大部分建於僻遠的地區和新市鎮之上，即意味着香港人的居住地點，將會繼續分散。

　　一九七三年在住的問題上有過一次大運動，就是全港社會知名人士，反對政府對可續期地租的重估。原來香港的土地是屬於政府所有的，故一般稱為官地，在拍賣官地的時候，並非永遠將這幅地皮賣給買主，只是把官地的「管業權」賣給買主而已，故在拍賣官地時，定有所謂「年期」，年期即管理這幅土地的期限，到了限期，政府有權收回這幅土地，如不收回，則要重估地價，要買主補價，否則不能繼續使用這幅土地。在戰前，一般官地在拍賣時，多數有可續期的規定，當時在地契上寫明以七十五年為期，到期可續期七十五年。到了一九七三年，有大批樓宇的土地已到期，但因合約上有可續期七十五年一條，政府卻認為這種可續期的合約，是重估地價之後才可續期，因此大量提高重估的地價。

　　上面的資料顯示，有超過二百多萬人住在二十七萬個大小型住宅單位內，而這二十七萬個住宅單位，有數萬個是建於可續期的土地上面，政府把這些土地的地價重估，等於迫使這些住宅單位的小業主和住客遷出，因為所估的新地價非他們的能力所能負擔。當時全港知名人士集會反對，結果政府不得不收回成命，把重估地價的數目縮小了，用一種變通辦法收取新的地租。辦法就是將地稅按照差餉租值的百分之三徵收，即將地稅提高，作為變

相的補地價。

一九七三年另一項變化是政府成立房屋委員會,設立全盤管理和策劃興建公共房屋制度。房屋司在稍後即委出。從那年開始,徙置事務處等組織,都歸屬於房屋委員會之內,房屋委員會的會徽,是用當時設計的幾個大屋邨的通用房屋平面圖畫設計,意味着該委員會將以劃一的設計,興建大型的高層公共住宅樓宇。

一九七五年香港經濟衰退,工業不景,加上中國方面的移民仍不斷湧入,居住問題更加嚴重,故此非法僭建的木屋特別多,而建築等亦因經濟衰退而衰退,房屋司為了刺激建築商,於一九七五年七月宣佈了一項新租務法例,由立法局通過。辦法就是自一九七三年十二月十五日至一九七七年十二月三十一日落成的新樓,在獲發入伙紙後,五年內毋須受任何新訂或延長限期的租值管制。這項新辦法,與其說是刺激建築商興建樓宇,毋寧說是鼓勵人們去炒樓花。

一條鼓勵炒樓花的法例

炒樓花之風,是在這個時候開始的。因為在此之前,訂有很多管制租金的法例。通常一層新建樓宇出租給人居住,業主不能隨便加租或隨意收回樓宇。加租的幅度有所規定,如住客不滿意,可要求差餉物業估價署長決定。業主收回樓宇,亦必須提出認為合理的理由,例如收回自住,才可收回。但自該例宣佈之後,就不受此種限制,業主可以和住客訂短期租約,約滿後可任

意加價以迫令住客遷出，因此對炒樓花者，予以很多便利。

炒樓花者通常以分期付款方式購買樓花，先交一成或兩成樓價，樓宇建成後，炒高樓價，如果有買家，立即出售即可賺錢，如果沒有買家，亦可出租給別人居住，訂定兩年的短期租約，收租可以供樓，到期可收回樓宇，再以更高的價錢出售。因此炒樓花可以說是立於不敗之地。封了蝕本門的生意，自然人人皆趨之若鶩，因此就掀起炒樓之風。

炒樓風到一九七九年仍未停止，因當局認為此法當真有刺激建築業復興的作用。故於稍後，又將這條法例延長至一九七九年十二月十四日。

事實上，自一九七五年開始，住宅樓宇的租金直線上升，是炒樓的結果。一九七三年租一層四百呎的住宅樓宇，租金每月只是五百餘元，到了一九七五年該例宣佈之後，同樣面積的樓宇已升至每月租金八百餘元。到了一九七九年秋，四百呎的住宅樓宇，租金更高達一千八百元。這是因為炒樓者不斷抬高樓價之故。由於炒樓者抬高樓價，建築商有利可圖，亦不斷建築新樓出售，售價又以炒高了的樓價出售，這樣不斷地互相提高，租金哪能不貴？

一九七七年當局又在住的問題上有新的措施，就是「居者有其屋」計劃。這計劃是由政府出售分層樓宇，它的作用，是讓住在公共樓宇的小有產者，購買這種「廉價」樓宇居住，從原住於公共樓宇的地方遷出，好讓需要住廉租樓宇的人入住。其次是讓等候入住廉租屋的小有產者，不必輪候入住廉租屋，而以分期付款方式，購入政府的廉租屋。

這措施表示政府從「廉租」政策，邁向「廉售」。今後政府的

房屋政策，將是廉租與廉售雙管齊下。

購買「居者有其屋」的條件，除了原住於公共樓宇的住戶，以及輪候入住公共樓宇者之外，一般租住私人樓宇的市民都可申請，但有一個條件，就是五年內不得轉讓，這是杜絕炒樓者炒到廉售屋去的辦法。

故此，當社會人士指責當局掀起炒樓風時，便會問：為什麼不限定私人樓宇買賣於五年之後，一如購買「居者有其屋」的辦法呢？這是可行而且有先例的辦法，實際亦能遏止炒樓風。

由於篇幅有限，不能更詳細地把住的變化再進一步說明，只能簡略地再說一下，到了一九七九年，屯門和沙田等新市鎮已建了不少屋邨，公共樓宇從一九七〇年集中於九龍偏遠地區，現已伸展到新界各市鎮去。由於居住的地點分散過遠，而這些居住地點又沒有大量工廠和商業機構，因此居民要遠離住所去謀生，所以影響到他們對食午飯的習慣。上文在住食的變化一段中已談過了，不必再談。

由於住的地方分散，謀生的地方集中，於是引起交通問題。地下鐵路的興建，主要是為了解決這個問題，所以地下鐵路初期的計劃，只從觀塘至石硤尾，由石硤尾經旺角、尖沙咀而渡海到中環，後來覺得不夠，要將地下鐵路延長到荃灣和港島東區去，就是要把住在新市鎮的居民送到謀生地點的設計。

獅子山隧道加開一條隧道、香港仔隧道的開闢、沙田火車舖雙軌、廣九鐵路電氣化、新界的士的開辦，都是為了配合住的問題而推出的新交通措施。

香港早期的酒樓與茶樓

研究香港酒樓菜館的掌故，很容易就發現本港的酒樓菜館，對娛樂事業有一種依附性，這種依附性直到今天，仍然保持着，不過，比開埠初期的情形，已略為減輕。

試看今日香港的酒樓菜館，大部分集中於娛樂場所附近（如戲院、舞廳、馬場附近）。最明顯的是戲院，試看戲院附近，沒有不開設酒樓菜館的。舞院、舞廳、什麼「康樂中心」最多的地區，酒樓菜館亦一定最多。有些菜館酒樓，且跟隨這些娛樂場所的打烊時間而延長營業時間。這種對娛樂場所的依附性，至今仍然不衰。考其原因，是和整個酒樓業的發展歷史有關的。

香港先有茶居，後有酒樓

生活在香港的人，一般並不知道本港的酒樓菜館是劃分為兩個行業的，這兩個行業，就是酒樓業與茶居業。事實上，酒樓與茶居的營業無一定的界線。不僅普通市民無法分別出哪一些是酒樓，哪一些是茶居，很多新近的酒樓茶居從業員，甚至有三十年從業歷史的老行尊，也不知道怎樣分別這兩個行業。原因是，現時的酒樓，也有茶市；而一般茶樓，也有酒席酒菜供應。在營業上，無法分開。

　　劃分這兩個行業的過程，是和香港開埠初期飲食業的發展有關。本港開埠初期，究竟先有茶樓？還是先有酒樓呢？答覆這個問題：是先有茶樓，後有酒樓。

　　一八四五年，本港已有茶樓開業。當年，本港只初具商埠的規模，人口只得二三萬人，這二三萬人，已足夠維持一個小城市的生活和生產。大批勞工來港參加建設，大批小商人來港售賣貨物，大批小本經營者來港售賣日用品，這些人口，都需要飲食業供應他們所需。所以開埠之初，西營盤至威靈頓街一帶，已有小型的茶寮，供應點心和飯菜給人們享用。這些茶寮，都是勞苦大眾的茶寮，對於要求較高級飲食的人，是不夠吸引力的。故一八四六年，有兩間大茶樓先後開設，這兩間大茶樓，一間名叫「三元樓」，一間名叫「杏花樓」。

　　三元樓的位置，是在皇后大道中，離威靈頓街口不遠，約於九如坊的二奶巷口附近，這間茶樓，後座可以通到九如坊去。杏花樓的位置，設於威靈頓街，近鴨巴甸街口。兩間茶樓相距不遠，都是一八四六年開設的兩大歷史性的茶樓。

　　從前香港人有一句俗語，叫做「上高樓」，這句話，表示到高級的茶樓去飲茶之謂。從「上高樓」這句話可以反映出，早期香港茶樓的分別，在於一個「樓」字。高級的茶樓，是有二樓和三樓，與一般的下級茶寮有別。下級的茶樓沒有二樓和三樓，被稱為「地踎館」。故此「上高樓」是指到高級的茶樓去。

　　開埠初期的三元樓和杏花樓，要照顧到營業，不能只做高級生意，而忽略佔大多數的勞苦大眾，故此茶樓的樓下，也開闢為適合勞苦大眾消費的「地廳」。地廳的茶價，收費略高於低級茶

寮，但又比樓上的茶價為低。

　　一般下級茶寮，茶價是收二厘銀。開埠初期，本港還未有自己的幣制，一切買賣與消費，都沿用中國內地的銀兩制度，那時的銀兩，以兩、錢、分、厘為分割單位，十厘銀等於一分銀，十分等於一錢，十錢等於一兩。二厘銀的茶價，究竟相等於現在香港幣制的多少錢呢？計算起來，會使人驚奇。

中環威靈頓街的兼味樓。其招牌寫着：「兼味樓日夜西菜各色唐洋酒」、「兼味樓中西酒菜海鮮炒賣包辦筵席」。

百年前香港區的露天熟食檔

　　當一八六二年本港建立港幣的時候，規定一個五仙的銀幣，為紋銀重量的三分六厘。就是說，一個香港銅仙，就等於七厘二的紋銀。二厘銀的茶價，相當於三分一仙不到。

　　三元樓和杏花樓的地所，茶價略為提高到三厘六，比茶寮的二厘銀，高出一厘六，而樓上的茶價，則是收七厘銀的。

「有錢上高樓，無錢地下踎」

　　這樣的收費，既能爭取普羅大眾的支持，他們可到地廳去飲茶；又能爭取較高級的消費者到樓上去飲茶。當時有很多俗語，反映出當時的生活情況。俗語之一是：「有錢上高樓，無錢地下

踎」，就是指有錢人到樓上去嘆茶，無錢的人只能在地廳處飲茶
了。另一句俗語，叫「二厘館」，這句話，是指下級茶寮而言，因
為這些下級茶寮的茶價，全部都是收二厘銀一盅茶的，故有二厘
館之稱。

《香港建造業百年史》內有一章記述香港早期茶樓的情形，引
錄於後，可供參考：

　　廣東盛出食家，這個廣東人佔多數的香港，遠在
八十年以前，已有第一家茶樓出現，三數年間便成行成
市了。「茶樓區」的地點就在文咸東街和大道中交界的地
方，開山祖是三元樓，三元樓生意頗不錯，不幾年又有
一位姓黃的商業巨子，看中了這行生意，也開設了得雲
茶樓。不久，天香樓等多家，先後在這裏開張，便形成
了八十多年前的「茶樓區」。

　　八十多年前的香港街道，當然不像今天這樣，何
東行還未建立，那裏一片平原，這幾家茶樓可以遙遙相
望。得雲茶樓的老舖，一直就在目前的舖址。所以現在
說起老資格的茶樓來，得雲可以當之無愧。

　　三元樓就設在大道中南星金舖的位置，前面可通
大道中，後面可通九如坊。天香樓設在目前道亨銀號的
舖位，三家成鼎足之勢。大約是二十年後，富隆茶樓勃
興，又十年左右，日南茶樓也成立。因此，目前的得
雲、富隆和日南茶樓，是該行歷史最悠久的三家。

　　八十年前的茶樓，有些什麼東西吃？一句話：跟目

前大致相同，包點、燒賣、粉、麵、飯樣樣俱全。可是
價錢就相差很遠。據一個老香港說，蝦餃、乾蒸等各類
燒賣，像嬰兒的「拳頭仔」一樣大，啖啖肉。售價跟包
點一樣，每碟兩件，值八厘銀。客人叫了一碟，只吃一
件嗎？就收四厘，餘下的可以回尾[1]。……普通的人客，多
是三分錢左右落樓，上六、七分銀的，便是「大客」。那
時的香港，還未有它本身的貨幣，日常應用的是滿清的
銀毫、銅仙和銅錢。初時還只有早市茶，後來才增加午
市、夜市。

　　茶樓的開設，是早於酒樓的開設，因為茶樓兼具飯店的功
能，很多受薪者或商販，到茶樓去只為吃飽肚子，而在商業未發
達到相當程度，酒樓還未出現。

　　當南北行這種行業逐漸形成的時候，北方和南方的商人來港
做生意日多，社會上需要一些場所，供大批此來彼往的商人交際
之用。這個時候，水坑口一帶開設了很多妓院，妓院成為商人交
際應酬及娛樂的場所。而酒樓也是供給商人們宴飲的場合，為了
方便商人的交際應酬，因此在水坑口附近，就開設了很多酒樓。
這個時候，約為一八六〇年左右。

　　原設於威靈頓街的杏花樓，首先就從威靈頓街，搬到大道中
水坑口附近，改變了營業方式，將茶樓改為酒樓，以適應當時商
人的需要。這間杏花樓，自茶樓時代，到酒樓時代，一直都很有

1　粵語謂將沒吃過的食物退回食肆。

名，當時本港的紳商名流，都常在這酒樓宴飲。

　　另一間著名的酒樓，名叫「宴瓊林」，亦於一八六二年開設於大道中近水坑口上。這間酒樓取名宴瓊林，也反映出當時一般社會情況。原來，從前科舉時代，廣東士子上京考試，要從陸路上京，經南雄登梅嶺然後北上，道路崎嶇，行程遙遠。自香港開埠後，已有輪船北上上海天津，因此很多士子都來香港，乘船北上。各縣的舉人，都是各縣的知名人士，在港的同鄉，少不免跟他們應酬，設宴招待。宴瓊林酒樓的開設，正是把握這種上京考試的應酬心理而開設的，因為士子高中之後，皇帝必賜宴，這個宴會，名為瓊林宴。宴瓊林當時，成為名士聚飲之地。康有為赴京考試，也是從香港北上的。他是南海人，南海同鄉設宴於宴瓊林招待，相傳當時適逢中秋前一日，他有〈八月十四日香港觀燈〉詩，詩云：

　　　　空濛海月上金繩，又看秋宵香港燈。
　　　　曼衍魚龍陳百戲，參差樓閣倚高層。
　　　　怕聞清曲何堪客，便繞群花也似僧。
　　　　歡樂獨惜非吾土，看劍高歌記得曾？

　　當時在酒樓宴飲，例有飛箋召妓陪酒的習慣，酒樓近水坑口的妓院區，寫了花箋叫酒樓的伙記送去妓院，妓女就到酒樓來。妓女來到，先打琴唱一曲清歌，唱了之後就回妓院去。等到酒菜上桌時，妓女才回到酒樓，坐在客人後面陪酒。詩中的「怕聞清曲何堪客，便繞群花也似僧」正是描寫這種情形。

　　根據手上的資料，自一八六〇至一九〇五年，在大道中及圍繞在水坑口妓院一帶所開設的酒樓，除杏花樓、宴瓊林兩大老酒樓外，還有敍馨樓、樂宴樓、桃李園、留仙館、廣海樓、隨園、觀海樓、瀟湘館、江天樓、壽康樓、金芳樓、謨觴館等。從這些酒樓的命名，亦足以反映當時的一切。這些命名，圍繞着酒色財氣，顯出酒樓對妓院的依附性。試看今日的酒樓命名，已沒有一家與當日的命名雷同了。

　　一九〇三年，港府下令將水坑口的妓院區封閉，將石塘咀的新填海和開山得地的大片土地，撥作興建妓院之用。那時在大道中一帶的酒樓，以杏花樓和宴瓊林為首，聯合其他酒樓，上書政府，反對將妓院遷往石塘咀。反對的理由是，全部酒樓的營業，都與妓院息息相關，妓院遷往石塘咀，在大道中的酒樓，生意一定受打擊，因此要求政府收回成命，不要將妓院全部遷離水坑口。但是，港府已經決定了改善水坑口一帶的居住環境，遂拒絕了酒樓的要求，很多酒樓就在一九〇五年時結束營業，其中宴瓊林是首先結束營業的一家。有些酒樓仍繼續在大道中營業，有些酒樓則遷往石塘咀去營業。

　　隨着塘西風月的發展，更多的酒樓在石塘咀開設，在一九一一年時，開設了更多的酒樓。有一份歷史文件可以把這個時期開設的酒樓詳細說明，這份文件，就是一九三二年，港府明令禁絕娼妓的時候，石塘咀各酒樓於一九三四年聯名上書港府請願的請願書，該請願書原文如下：

　　　　呈為營業衰落已臨絕境，籲懇賜予維持俾存生活

事。竊敝同業等在遠年操業，多叢聚於上環水坑口。迨一九〇三年政府以該地繁榮過剩，其時西環石塘咀尚在僻隅，為因地制宜起見，乃有明令飭上環水坑口所有娼寮尅日西遷之舉，而酒樓生活，本與相依，故亦隨娼寮同時播越，從此篳路藍褸。樂業安居，其間經歷三年，情況地方，逐漸繁榮。彼向日常人所不輕履之地，其時已冠蓋來往，轂擊肩摩；昔日蒸穢不堪之屋宇棧倉，其時已美輪美奐。陸續建築崇樓傑閣。即跨越水坑一段闊僅十有五尺之皇后大道，政府亦即擴而大之，瞻視一新，殊為埠上生色不少。然敝同業前輩如瀟湘館、觀海樓、壽康樓、江天樓、金芳園、桃李園、廣海樓、樂宴林、隨園、留仙館、謨觴館等二十家字號，在此數年內，其全部血本，均為「繁榮」二字犧牲殆盡矣。

洎乎一九一〇年之間，酒樓之繼起開業者有松花仙館、樂陶陶、洞天酒樓、珍昌館、香江樓、上海酒店、紅杏林、聚南樓、廣東酒店、宴篷萊、長安酒樓、宴瓊林、趣天酒樓、樂瓊林、賓興酒店、品陞酒店、寰球酒店等二十七家，在此五年之間，有因資本折閱無餘而致閉歇無可恢復者，有名號雖存而已將生意轉移頂受至再至三者，縱曰得失無常，但謂之為「繁榮」二字所犧牲亦屬近似。由一九一一年起，內地多故，是香港商務與居民最盛時期，亦即酒樓事業能夠賴以振興之機會，故蹶而復起者，有聯陞酒店、亦陶陶、大漢酒樓。後起者有澄天酒店、陶園酒家、香海酒樓、太湖酒樓、共和酒

家、金陵酒家、洞庭酒樓、太原酒樓、廣州酒家、頤和
酒家、南京酒家、海山仙館、一洞天等十六家。最後起
者有統一酒家承受頤和，萬國酒家相代香海，新中國酒
家接辦太湖，綜核石塘咀全盛時代，有大小酒樓十八
家，約僱用職工一千有餘。娼寮以字號計，大小有五十
餘家，約容妓女二千餘人，而受僱於娼寮之男女工役將
復等之，其男女工役之家庭兒女藉賴以得溫飽者又復等
之，其有連帶關係就地作小商業以謀生者更復等之。其
時住舍充滿，居民舖戶從無空歇，而稽之現在，則情形
何如？真可謂痛乎其難言矣！

　　或謂世界深蒙不景氣，香港未免不受影響，惟商等
以廿年來經歷所得，如歐戰時期之努力支持，如某種風
潮之靜以制動，竭能盡智。曾不幾時，而事業復興繁榮
依舊，此無他，乃政府與商民能通力合作之成效也。寧
謂不景氣之不能排而去之耶？今商等以營業已臨絕境，
發生如是感想，誠不忍以同業前輩曾犧牲無量血本使石
塘咀由僻陋而臻於繁榮之地，徒為「不景氣」三字，乃
自甘放棄，聽任其返本還原。用是臚舉石塘咀所以繁榮
之概史，及該地居民生活之關係，與乎商等營業前途之
顛危，伏懇憲台體察下情，矜憐人民生計。據呈轉達政
府，其或可以給予一線生機稍能維繫敝同業於將亡者，
則感恩戴德，正不僅商等數家字號而已矣。為此謹呈華
民政務司。

　　一九三四年四月十八日連署商人金陵酒家、廣州酒

家、陶園酒家、萬國酒家、統一酒家、珍昌酒樓。

這份文件除了說明酒樓與娛樂場所互相依附之外，並將本港早期酒樓盛衰的過程寫了出來，故可作為酒樓業滄桑史看。

酒樓與茶樓，在開埠初期分成兩行業，上面的史實，足以說明。後來由於妓院遷往石塘咀，原在大道中開設的酒樓，就不得不兼營茶市。杏花樓最初本屬茶樓，遷往大道中之後改為酒樓，當一九○三年水坑口妓院遷往石塘咀之時，該樓沒有遷去，仍在大道中營業，店主將該樓兼營茶市，其餘的酒樓，亦跟着兼營茶市，於是酒樓與茶樓的營業範圍，便混淆不清。當一九三五年禁娼之後，酒樓更加需要兼做茶市生意方能維持。此後所開設的酒家，如在德輔道中開設的大同酒家、皇后酒家、新紀元酒家等，無不兼做茶市，就是以六十元大鮑翅為號召的大三元酒家，亦都兼做茶市生意。

酒樓與茶樓兩個行業歷史悠久，故這兩行業的工友，亦很早就有他們的工會。故在酒樓與茶樓的營業混合起來之後，職工就分成兩派，一派屬於茶居工會的，一派屬於酒樓工會的。只有在職工人，才知道酒樓業，實在是分為茶居與酒樓兩個行業。

從前在鴉片專賣時期。所有酒樓的飲宴大廳，都有一張羅漢床設備，供客人吸食鴉片煙之用。這種設備，自第二次世界大戰禁煙之後，亦隨時代而淘汰。

很多人都知道，從前香港的大酒樓酒家，都有「女招待」之設，究竟香港什麼時候才有女招待在酒樓茶樓上出現呢？

根據現存資料，香港是先有女售貨員，才有女招待的。香

港首先僱用女性為售貨員的是先施公司，先施公司於宣統年間開業，地址在大道中得雲茶樓對面。當時先施公司的總經理馬應彪，是澳洲華僑，他在澳洲時，見到外國男女平等的情形，因此在開業之初，即在港僱用女售貨員。果然開業之後，立即轟動整個香港。

　　那時正在辛亥革命前夕，本港的一些報紙，已經宣傳男女平等的觀念，但是一般人仍未肯接納這種觀念，故見到先施公司開幕時，店內有女子售貨，登時圍滿了人來觀看，弄得街道擠滿了人群，要勞動警察來維持秩序。警察因維持秩序困難，曾要求公司當局，不可用女售貨員，但是經不起總經理的駁斥，警方亦自覺提出的意見站不住腳，只好多派警員維持秩序，任由市民排隊

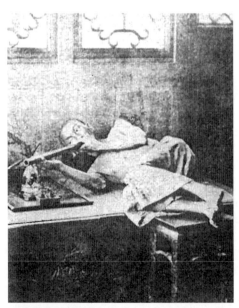

在酒樓內設有羅漢床，供客人吸食鴉片。

入內，看女售貨員一次。經過十多日，好奇心已經大減，以後再也沒有人到來圍觀了。

酒樓和茶樓僱用女子當招待員，是受先施公司僱用女售貨員所影響的。當水坑口的酒樓因妓院遷去石塘咀之後，生意一落千丈，而先施公司的女售貨員竟然能吸引千千萬萬的人注意。當時杏花樓主人，首先僱用女子任招待員，那時，已經是辛亥革命之後，約為一九一五年。

一九一四年歐洲大戰，本港商場因歐洲貨物運輸不便而受影響，商場冷淡，直接影響酒樓的營業。故杏花樓主人，希望利用有吸引力的女招待員來招徠顧客，想不到這一着，果能扭轉一下營業狀況。自此之後，就有很多酒樓僱用女子當招待員了。

當時酒樓茶樓的女招待，常常要受顧客侮辱，他們借故揩油，毛手毛腳。女招待手提水煲，被毛手毛腳時，常會把熱燙燙的開水濺到客人身上，客人就乘機發脾氣，要她陪禮，或乘機要脅跟他去幽會。魯迅在《三閒集》內，有一篇〈匪筆三篇〉，其中一篇是輯錄自一九二七年八月一日香港《循環日報》的，可以說明當時女招待的工作情形。原文如下：

三　詰妙嬋書

飛天虎

香港永樂街如意茶樓女招待妙嬋，年僅雙十，寓永吉街三十號二樓。七月二十九日晚十一時許，散工之後，偕同女侍三數人歸家，道經大道中永吉街口，遇大

漢三四人，要截於途，詰妙嬋曰：「汝其為妙玲乎？」嬋不敢答，閃避而行。詎大漢不使去，逞兇毆之，凡兩拳，且曰：「汝雖不語，固認識汝之面目者也！」嬋被毆，大哭不已。歸家後，以為大漢等所毆者為妙玲，故尚自怨無辜被辱。不料翌早復接恐嚇信一通，按址由郵局投至，遂知昨晚之被毆，確為尋己，乃將事密報偵探，並告以所疑之人，務使就捕雪恨云。

亞妙女招待看！啟者：久在如意茶樓，用諸多好言，毆辱我兄弟，及用滾水來陸之兄弟，靈端相勸，置之不理，與績大發雌雄，反口相齒，亦所謂惡不甚言矣。昨晚在此二人毆打已捶，亦非介意，不過小小之用。刻下限你一星期內答覆，妥講此事，若有無答覆，早夜出入，提防劍仔，決列對待，及難保性命之虞，勿怪書不在先，至於死地之險也。諸多未及，難解了言，順候，此詢危險。

七月初一晚，卅六友飛天虎謹。（據八月一日《循環報》。）

這篇文章，原是抄錄自《循環日報》的港聞版。標題的〈詰妙嬋書〉及「飛天虎」等字是魯迅先生所加上去的。其實原新聞稿，前段是記者敘述妙嬋這位可憐的女招待所遭遇的經過，後一段是妙嬋收到飛天虎寄來的恐嚇信的原文。魯迅先生稱之為「匪筆」，即指這一封恐嚇信。

我們從這篇「匪筆」中可以見到女招待的工作環境惡劣，這

位妙嬋小姐，被一群茶客毛手毛腳，用花言巧語誘她出賣色相。她不肯，就說她出言辱罵，又說她用滾水來「陸」他的兄弟。利誘不就範，還要派人毆打，再寫信恐嚇。可見當時的女招待，並無職業尊嚴。

　　像這樣毫不尊重女性的職業尊嚴的事例，自有女招待之初，就是如此的，這種情形，一直維持到第二次世界大戰之後。不過到了五十年代後期，這種不為人們尊重的職業，已經沒有女子肯去做，「女招待」就逐漸成為歷史名詞了。

西餐館是個古老的名詞，依現代用語，則稱為餐室。目前香港有多種類型的餐室，有專門供應意大利食譜、法國食譜、葡萄牙食譜及越南食譜的餐室。總之，凡有點名堂的西歐食譜，都差不多有他們的餐室。但在香港開埠初期，並無這麼多的餐室，只有少數的一兩間西餐館，而且大多是附屬於酒店之內。

開埠初期中國式酒樓附設西餐

其實，嚴格説來，香港開埠之初，是沒有獨立的西餐館的，有些高級中國酒樓，為了要做西人生意，也特別聘請會烹調西餐的廚師，在酒樓內供應西餐給西歐人士享用。中國式酒樓附設西餐，看起來似乎不可能，但若研究起來，不但是事實，而且由於中國酒樓供應西餐，也影響到後來中國酒樓的食譜，以及酒席上的佈局，這些演變，留下了初期中國酒樓附設西餐的痕跡。

一八四九年（道光二十九年）翰林院編修何紹基，被派往廣州當主考官，何氏乘便到香港及澳門一遊。當時已經有輪船來往港穗、澳穗及港澳之間，他在遊覽港澳之後，寫了一首詩，題為〈乘火輪船遊澳門與香港作，往返三日，約水程二千里〉。該詩云：

火激水沸水轉輪，舟得輪運疑有神。約三時許七百里，海行更比江行駛。不帆不篙唯恃爐，爐中石炭氣燄

粗。有時熱逼頗難避，海風一涼人意蘇。一日澳門住，
一日香港息。澳門半華夷，香港真外國。一層坡嶺一層
屋，街石磨平瑩如玉。初更月出門盡閉，只許夷車奔馳
逐。層樓疊閣金碧麗，服飾全非中土製。止為人人習重
學，室宇車船等儀器。其人醜陋肩骭修，深目凸鼻鬖眉
虯。言語侏離文字異，所嗜酒果兼羊牛。漸染中華倉聖
學，同文福音資考諏。謂余書有辟邪用，試懸老拳驚群
酋。平生足跡遍行省，今日得此韻外遊。萬怪魚龍窺醉
墨，近仙樓與杏花樓。

原註：近仙樓在澳門，杏花樓在香港。

這首詩為研究香港飲食文化史的朋友，提供了很多有用的資
料，有研究香港早期飲食文化的價值。我們先研究詩中所敘述的
一切的真確性，然後再討論中國式酒樓提供西式食譜的實況。

何氏指出，當時的香港西人，喜食「酒果兼牛羊」。由於這
些西人要傳播基督教，他們已開始譯成很多中文的傳教宣傳小冊
子，「漸染中華倉聖學，同文福音資考諏」，兩句就是寫出當時的
情形。那些西人因為知道他是朝廷命官，因此請他寫字留念，所
謂「謂余書有辟邪用」，只是對他稱許的話，他信以為真，也寫入
詩裏。最值得注意的是，他寫字的時候，是在杏花樓和近仙樓上
寫的，「萬怪魚龍窺醉墨，近仙樓與杏花樓」，正說明了這一點。
所謂「萬怪魚龍」是形容那一群西人，「醉墨」是說明在酒宴的時
候揮毫寫字。這一個宴會吃的是西餐，而不是中菜。

詩中詞句是由描寫西人的形狀、文字，以及他們叫他寫字，

一直順序寫下去，詩中的「所嗜酒果兼羊牛」，正說明了當時他是和「萬怪魚龍」的老番，吃他們所嗜的食譜，因此他感慨地說：「平生足跡遍行省，今日得此韻外遊」。

古人眼中的西餐

杏花樓是本港早期著名的酒家，中西酒菜俱備，很多西人都到杏花樓去飲宴，因為它有設備豪華的廳房供聚會，所製的西餐亦頗可口。在這裏又有一點值得說明，就是香港的西餐，是從澳門傳過來的。「近仙樓與杏花樓」一句，何紹基自註云：「近仙樓在澳門」，則澳門的近仙樓也是供應中西酒菜的了。

澳門比香港開埠早二百多年，葡萄牙人也是歐洲人，他們也是吃西餐的。英國人開拓對華貿易，也是先在澳門作立足點。澳門的西餐業早就很發達，在清初，已有很多中國人在澳門烹飪西菜，那時澳門的教會，葡國商人和英國商人，都聘用中國籍廚師烹飪西菜，著名的東印度公司的廚房，已由中國人負責。

在中國史籍上，描寫西人吃西餐的情形，也是以描寫澳門西人吃西餐為最早。屈大均的《廣東新語‧地語》，在〈澳門〉一章中描寫西人吃西餐的情形，寫得十分細緻，他寫道：

> 每晨食必擊銅鐘，以玻瓈器盛物，薦以白氈布，人各數器，灑薔薇露梅花片腦。其上坐者，悉實右手褲下不用，曰此為觸手，惟以涵食必以左手攫取。先擊生雞

子數枚啜之，乃以金匕割炙，以白氎巾拭手，一拭輒棄，
置更易新者。食已皆臥。及暮乃起張燈作人事。

吃西餐除了用刀叉之外，兼用手。這種禮節在現時仍是如
此。可見屈大均到澳門時，也曾吃過西餐，他對吃西餐並不見
外，也和何紹基一樣，因為這些西餐是由中國廚師所炊製的。另
一位吃西餐的中國人，也有詠吃西餐的詩留下來供我們參考。這
人是墨井道人吳漁山，他在康熙十九年（一六八○年）到澳門大
三巴聖保祿修道院進修天主教義，他寫有〈澳中雜詠〉詩三十首，
有詠吃西餐的詩，其中一首云：

> 黃沙白屋黑人居，楊柳當門秋不疏。
> 夜半蜑船來泊此，齋廚午飯有鮮魚。
> 原註：黑人俗尚深黑為美，魚有鮒、鰡兩種，用大西阿里襪
> 　　　油炙之，供四旬齋素。

這首詩的原註寫出這是吃西餐時吃魚的吃法，西餐吃魚用
橄欖油。註中的「大西阿里襪油」，就是橄欖油，葡文稱橄欖油
為 Oliveira，正是「阿里襪」的對音。至今澳門的西洋餐室，仍有
橄欖油一瓶置於餐桌，供食客採用。天主教徒守齋，不吃其他肉
食，只吃魚，故有「齋廚」之稱。

康熙年間澳門已有中國人開設的西式酒家，這就是後來所稱
的餐室。吳漁山有一首詩，寫當時西洋酒家的情形，詩云：

榕樹濃陰地不寒，鳥鳴春至酒家歡。

來人飲各言鄉事，禮教還同只免冠。

原註：髮有金絲拳被者，矜重戴黑多絨帽，帽式如笠，見人
　　　則免之為禮敬。

這是康熙年間澳門有西洋酒家的證據，這些酒家不用說也供應一些西餐。詩人只着意於解釋西人脫帽見禮的習俗，但他已寫出了當時澳門的西人到這些地方去飲酒聚餐，談論的都是他們祖家最近發生的事。這些酒家已成為他們聚會的公眾場所。

澳門是西餐的傳播站

歐西人士到澳門經商，不能攜帶他們的廚師同來，而廣東人對於烹調食物有特別的手法，他們很容易就學會了西餐的製法，幾乎只要說出怎樣炮製，他們就會烹調出比在西洋更可口的西餐。所以研究西餐東傳的歷史，澳門是一個重要的傳播站。傳播西餐製法的途徑很多，有因信奉天主教而在教會中向西洋人學會的，有因和西洋女子結婚而學會的，亦有因在西人家中僱工而學會的。經過這許多途徑，中國人會製西餐就普遍起來。

乾隆十一年（一七四六年），澳門同知張汝霖，發現澳門有很多中國人信奉天主教，於是建了一間專為華人禮拜而設的教堂，他稱這所教堂為唐人廟。這間唐人廟在現時大三巴山下，他入奏北京，要求封閉這間唐人廟，根據他的〈清封唐人廟奏記〉，可以

看出當時中西飲食交流循上述三途經傳播。其中一段記云：

> 其唐人進教者，約有二種：一係在澳進教，一係各
> 縣每年一次赴澳進教。其在澳進教者，久居澳地漸染已
> 深，語言習尚漸化為夷。但其中亦有數等或變服而入其
> 教，或入教而不變服，或娶鬼女而長子孫，或籍資本而
> 營貿易，或為工匠或為兵役，又有來往夷人之家，但打
> 鬼辮亦欲自附於進教之列，以便與夷人交往者。此種倏
> 往倏來，不能查其姓名。

上引這一段文字，雖然是說明當時澳門華人信奉天主教的情
形，但它實際上亦揭示了當時澳門中西人士，是透過這些途徑溝
通雙方的文化的。在互相通婚和互相交往的情況下，葡人學會烹
調中菜，華人學會製西餐，是完全可能的事，所以到了道光末年
何紹基到澳門時，能在近仙樓和杏花樓吃到西餐。

在很多清代香港街道上，隨處都可以看到酒樓的招牌有「中
西酒菜」的字樣，這是最有力的證明，說明開埠初期沒有純正的
西餐館，而很多大酒樓則兼營西菜。當然，這些西菜也中國化了。

但是西人開設的餐館就不少了。這些西餐館是完全由西人
經營，顧客也全部是西人，絕不招待華人。一八五七年一月十五
日的裕盛辦館毒麵包案，吃了毒麵包的全部都是西人，沒有一位
華人，足見一八五七年，本港仍沒有純粹招待華人的西餐館。不
過，當時的西人餐館的廚師，已有華人擔任。

第一間華人餐室的開設

　　究竟第一間華人的餐室是什麼時候開設的呢？據黃燕清先生於一九五八年在香港電台講述香港掌故時所說，憑他的記憶，由華人開設的第一間西餐館是華樂園，華樂園的位置在

本圖攝於一九〇〇年左右。這四位英國人正在香港飲下午茶。置放這些西式食品的是酸枝桌，他們背後的也是中國式屏風。

域多利皇后街與德輔道之間。查德輔道於一九〇〇年才填成，華樂園西餐館最快也得在一九〇五年才可能開業，而那時皇后大道中在威靈頓街之間，已有一間中國人開設的酒店，名叫鹿角酒店，這間酒店已有西餐供應。相信第一間華人西餐廳就是鹿角酒店內的餐廳。

一九二七年一月十四日，刊載在《華僑日報》上的餐室廣告。

　　在光緒三十一年（一九〇五年）二月的《循環日報》上，刊有鹿角酒店的西餐單，當時的餐單分「小餐」和「大餐」兩種，所謂小餐，相等於今日西餐室所稱的常餐，而大餐即今日的全餐。這段廣告只用花邊圍着，形式如下：

鹿角酒店今日餐單

小餐九毫，菜式如下

（一）蟹肉泮絲湯（二）焗鮮魚，

（三）牛扒（四）茨會雞（五）番茄蛋

（六）燒豬排（七）燴火腿（八）凍肉

（九）咖喱蝦（十）炮茨仔（十一）桃菜

（十二）布甸（十三）夾餅（十四）喫啡

（十五）糖茶（十六）牛奶（十七）芝士（十八）鮮果

大餐一圓，菜式如下

（一）吉士豆湯（二）炸魚（三）燒白鴿

（四）炸西雞（五）大蝦巴地（六）路粉鴨肝

（七）燒牛肉（八）燴火腿（九）凍肉

（十）咖喱奄列（十一）燴茨仔（十二）燴蘿蔔

（十三）糖果布甸（十四）杏仁餅（十五）炸蛋絲

（十六）喫啡（十七）糖茶（十八）牛奶

（十九）芝士（二十）鮮果

一八五七年，香港發生麵包滲有毒素事年，此間蒸氣麵包店是在這樁事件後開設的。

　　從這兩張餐單可以看到，鹿角酒店的西餐是非常昂貴的，光緒三十一年（一九〇五年），香港仍然以中國的銅錢為輔幣，那時的一塊錢，可作個百人的一個月伙食，以一元來吃一個大餐，絕非普羅大眾有資格。同時，這張餐單上列出的十幾廿款菜式，實在是無法吃得下的，以中國人的胃納來說，吃一半已經吃飽了，實際上等於浪費。

　　有些人看到這張餐單，懷疑其中有幾道菜是取巧的，例如將三道菜合作一道，彷彿今日有些西餐廳的聖誕大餐或元旦大餐那樣，將茨仔、椰菜、鮮茄、凍肉合成一碟奉上。其實並不如此。從前吃西餐的方法和現時不同，從前正式的西餐，是將各種菜式排列在食客面前，任食客大嚼的，有點像今日吃自助餐時，那張放食品的桌子的情形，只是分量比今日的自助餐為少而已。上述大餐的餐桌上開列的食物，全部放在食客面前，大有食前方丈的氣概，侍應生站在旁邊，食客指一指吃什麼，侍應生就將食客要

吃的那一味東西拿到面前，任食客歡喜吃多少就吃多少。因此從前稱吃西餐為「食大餐」。

陳子厚《嶺南雜事詩鈔》有詠「食大餐」的詩。足以說明當時吃西餐的情形，詩中原註云：「仿洋人羅列饗食謂之食大餐」。詩曰：

> 古人饗食禮尤繁，不似貪饕手致飧。
> 彷彿屠門甘大嚼，鳴鐘列鼎愧同論。

從這首詩可以見到，當時華人西餐廳開設時，完全仿照西人吃餐的制度。因此鹿角酒店的餐單，稱「大餐」和「小餐」。收費不能廉，光緒年間收費一元，相等於現時收費三百元，不能說不貴。

這樣「食大餐」的方法，殊不適合華人的消費力和胃納，因此稍後才有第一間大眾化的華人餐室開設，它就是華樂園餐室。「華樂園」這三個字，含有華人吃西餐的樂園之意。它是首先改良了「食大餐」的制度，將大餐稱為全餐。下面是華樂園餐室的全餐廣告：

華樂園全餐每位五毫
（一）路笋湯（二）煙魚（三）會牛肚
（四）火腿雞這厘（五）雞肝飯（六）王后布甸
（七）生果（八）喋啡或茶

試把這張餐單和鹿角酒店的大餐的餐單比較，便知道全餐比大餐實際得多，它將牛奶、咖啡、糖茶改為咖啡或茶。將凍肉和

炸西雞合成為「火腿雞這厘」，這道菜其實就是凍肉，即現時通稱
的「沙律」。它保留一湯一魚，但卻加一碟飯，完全是符合華人的
需要，但又保持食西餐的風味。

　　繼華樂園之後開設的餐室，應該是安樂園餐室。餐室主人是
一位虔誠的基督教徒，他開設安樂園餐室，一方面製造麵包餅乾
供應教會宿舍中的神職人員，一方面又可供應西餐給來自外國的
神職人士。到了民國以後，安樂園開了不少分店，稍後又擴大餅
乾糖果工場，生產糖果餅乾行銷中外。

　　其後到威靈頓餐室在威靈頓街開幕，這間餐室非常特別，主
人將餐室的座位佈置成火車的車廂那樣，現時所稱的卡位，就是
由威靈頓餐室始創的，但現時的卡位已經改良，不是威靈頓餐室
初期的卡位那樣。當時的卡位的椅背極高，高約六呎二吋，這樣
一對卡位就像一間房間一樣；卡位的前面有一張深色的布簾，把

在雪廠街和德輔道中的
英皇大酒店，當年亦以
西餐馳名。

布簾拉合，就成為一個臥卡的車廂一樣。這樣的卡位設計，原是便利一些貴客攜眷入座，以及為了便利女賓來吃西餐，避免別人評頭品足的，但這樣卻成為男女論婚時「相睇」的最佳的場所。民國十年（一九二一年）前後，本港男女社交仍是未十分公開的，很多適齡結婚的男女，仍須媒人介紹對方認識，粵人稱這種交際為「相睇」。卡位有一張布簾，對於男女雙方「相睇」就方便得多，因此為這間餐室帶來不少生意。

　　幾間著名的餐室，如德輔道中的天華西餐室、文園西餐室、亞洲西餐室，都在威靈頓餐室開幕後不久同時開業。其中文園西餐室，原是由一間中菜館改革而成，故在「文園」二字之下，加上「新記」二字。這間文園餐室，是全港西餐館首創用女招待的西餐館。

　　文園新記餐室的廣告，除刊出當日的全餐餐單之外，並特別加印「女員招待」等字眼以廣招徠。下面是丁卯年（一九二七年）元月十四日本港《華僑日報》文園新記餐室的廣告原文：

文園新記西餐館
元月十四日全餐每位七毫

什菜清湯　　吉列大蝦

克砵羊肉　　龍脂雞片

乞戟布甸　　合時生果

喋啡或茶　　燒肥鵝

女員招待大小外賓一律歡迎

專售正式九江美酒

文咸東街文園新記啟電話三一四四

　　當時的全餐已由光緒年間的五毫，加至七毫了，即由一九〇五至一九二七年共二十二年，只增加兩毫。可見從前的物價不若現時波動劇烈，以西餐為例，二十二年只漲百分之四十而已。

「全餐」、「常餐」與「快餐」

　　五十年前的餐館，家家都以全餐為號召，在同一張報紙的廣告上，幾間餐館都刊出當日全餐的餐單，顯示當時吃西餐的人，極重視吃全餐，仍然保持早期「食大餐」的作風。當然，也有吃散餐的，但吃散餐的人不及吃全餐的人多，不然的話，各餐館會競登全餐餐單的廣告。有些餐館的全餐餐單，是天天更換的，註明當日的日期和星期幾，可見其重視全餐的競爭性。

　　到了一九三五年，物價上漲，那時全餐已加價為一元一位，餐館為了遷就消費力低的人，另創一種常餐的餐單，收費每位七毫。所謂常餐，是比全餐少了兩道菜，一湯和魚及飯，咖啡或茶仍保留。

　　現時很多餐室，除全餐和常餐之外，另加一種名叫快餐的餐單，這快餐是戰後很久才出現，是在六十年代才有，快餐又比常餐少去兩道菜式，通常是一湯、一飯、一咖啡或茶。我們如將最初鹿角酒店的大餐的餐單，和現時餐館的各種餐單作一比較，不難找到其中變化的痕跡。其中最易找到的痕跡，就是湯一定在第一位，魚是第二道菜，而最後則是咖啡、茶或牛奶等。

香港食水供應史

食水供應問題，曾經煩擾過香港廣大的市民，至今還不能説得到徹底的解決。

從香港的解決食水問題的歷史來看，香港水務局的做法主要是興築水塘，這要靠天公下雨才有作用。這是英人對香港食水供應的「傳統」解決辦法。為了讓讀者們了解這種「傳統」，我們不妨看看歷史上香港當局如何應付食水問題。

英國發動鴉片戰爭之初，就注意香港的食水問題。他們的砲艦需要食水，而香港被他們看中，其中原因之一也是因為香港有充足的水源。一八三九年十月二十六日，鴉片販子威廉渣甸曾致書外相巴麥尊，信中特別強調佔領香港與香港有充足的水源有關。他在信中寫道：

> 如果我們認為我們必須佔有一個島嶼，或是佔有一個臨近廣州的海港，可以佔香港。香港擁有非常安全廣闊的停泊港，給水充足，並且易於防守。

以上的引文，錄自倫敦檔案館藏英國外交部檔案，分類號碼F.O.17/35，譯文是取自《近代史資料》一九五八年第四期。

當時香港的確是水源充足的，因為在香港仔有瀑布灣上的瀑布，在上環有水坑口的一條水坑，山頂也有瀑布，薄扶林村也有瀑布，這是足夠供給所有的船艦以及將來發展港口之用的。

香港仔的瀑布灣中的瀑布,為一八三九年以前英國軍艦汲水的地方。香港被認為水源充足,以此為始。

羅便臣懸賞一千鎊徵求水塘

從一八四一至一八六三年這二十二年當中,香港的食水供應,完全是依賴山水和井水。大部分西人住宅,都選擇有水源的地方興建,他們的屋子裏,多數有井。一般市民,便要到公共的水井和水坑去擔水應用。那時既沒有水塘,亦沒有自來水供應。

到了一八五九年,當時的港督羅便臣以英國已有自來水供應,香港也應該有。他的心目中,香港是有充足的水源的,只要有辦法把水儲起來,就足夠應用。因此他懸賞一千鎊徵求興建水塘計劃,結果由英軍工程兵羅寧氏應徵,設計建造香港第一個水塘。據《香港建造業百年史》頁一〇四載云:

一八五九年間,當任總督羅便臣爵士,感到有開闢

水塘的必要，便懸賞一千金鎊，徵求一個開闢香港水源計劃。不久，有駐防英軍工程隊人員羅寧氏應徵，他建議在薄扶林山谷建造一個水塘，安裝引水道，將水輸送至半山區般含道的水池，然後轉駁供應各區。這一個開闢水塘的計劃，果蒙當局接納，立即着手興建，歷時幾達四年，直至一八六三年方告完成，那就是香港有史以來第一個水塘 —— 薄扶林水塘。香港有自來水供應，就從這一年開始。

當薄扶林水塘開始供水時，儲水量僅二百萬加侖，至一八七一年第二期工程完成後，儲水量增至六千六百萬加侖；一八九五年水塘又加擴充，儲水量再增至七千零四十萬加侖。一八七七年間，由薄扶林水塘引水入市的水管，曾經一度改築。直至一八九〇年，薄扶林水塘加築四個濾水池。面積達一千三百六十平方米。

水費算在差餉內，交差餉即交水費

當時的自來水，並不如現在的自來水，可以引水喉入屋的。它只是在每一條街上，裝上自來水喉，住戶可到街上的水喉去取水應用。這種設於各街巷的水喉，稱為街喉。

既然自來水是在街上，那末水費是怎樣收取的呢？原來，當時的水費，是附加在差餉之內。差餉中有百分之二，是屬於交付

水費的。因為供應食水的責任在政府，政府增收百分之二的差餉作為水費，以這筆水費給水務局。

隨着人口的增加，用水量也日益增加，於是第二個水塘也接着設計。《香港建造業百年史》頁一〇五載云：

> 大潭水塘，是本港歷史上的第二個水塘，也就是香港島最大的水塘。第一期工程，於一八八七年完成，儲水量為三億一千二百三十三萬加侖。——另一個儲水量五百七十萬加侖的直接供給塘。後來，大潭水塘幾度擴充，堤壩加高後，儲水量增加七千二百四十七萬加侖。……
>
> 在大潭水塘完成後，黃坭涌水塘隨即繼而興築，至一八九九年，黃坭涌水塘工程完成，儲水量最初為三千零三十四萬加侖。後來採用板壁的辦法，儲水量再增至三千三百九十九萬四千加侖。

黃坭涌水塘就是香港歷史上第三個水塘。認為香港有充足的水源，只需想辦法多築水塘就可以解決食水問題，這就是他們的傳統觀念。長久以來，這種觀念支配着一切水務計劃。因此，水塘一個一個地興建起來。同時，又收購了一些私家水塘。原來，早期的香港，不單只執政者認為香港水源充足，就是洋行大班，也認為水源充足的。因此，其間有四個私家水塘興建。

首次制水始於一八九五年

香港有充足的水源的傳統觀念，一直支配着高級官員對本港食水問題的規劃。當自來水僅有街喉的年代，「制水」這個詞並未在香港出現。因為家家戶戶都到街喉去擔水使用，耗水量自然不多。制水，是從有水喉入屋之後才開始出現的。

當大潭水塘的基本工程完成之後，當局已認定本港水頭充足，因此在一八九〇年公佈水務則例，可以引水喉入屋，不必到街喉去擔水。當時，新建樓宇首先申請入屋水喉，而一般商店、富有人家，也紛紛裝設入屋水喉，於是耗水量從一八九〇年以後，逐年增加了。

當時入屋的水喉，依然是不需另交水費的，因為差餉已有水費在內，而且當時的屋內水喉並沒有水錶之設，無法另收水費。由於入屋水喉日漸增多，耗水量也日增。到了一八九五年，雨量突少，才開始實行第一次制水。

本港天文台從一八八四年開始紀錄本港雨量，根據天文台的雨量紀錄，全年得雨最少的是一八九五年，僅得四十五吋八三的雨量。這是本港雨量最少的紀錄。但當時仍未鬧嚴重的水荒，僅是宣佈晚上制水而已。

有些寫香港掌故的文人，認為一八九五年雖是雨量最少的一年，但水荒並不嚴重，主要是當時本港人口約為二十四萬八千餘人，以為人口少耗水量少，故沒有嚴重的水荒出現。實際是，當時入屋的水喉並不多，即使屋內有水喉，也僅是一層樓得一個水龍頭，有些屋宇，僅樓下有水喉一個而已，不像現代的樓宇，廚

房有水喉，浴室、廁所有水喉。當時的耗水量不大，人口的比例
是次要，珍惜用水是不鬧水荒的主要原因。

反對裝水錶，設立旁喉制度

雖然一八九五年大旱，但因水荒不嚴重，對於那些認為本港
水源充足的觀念，完全沒有改變。一八九九年英國強迫滿清政府
簽了《拓展新界專條》之後，他們在九龍興築當地的第一座水塘，
更認定食水供應是不成問題的了。

但是，隨着入屋水喉的增加，耗水量日增，水務當局覺得單
靠差餉中百分之二的水費是不夠開支的。因此，它在水費方面打
主意。當時，有位水務專家瞿域，首先提議徵收水費，他認為居
民用水數量或多或少，未必相同，而所負擔的水費沒有差別，殊
不公平。因此他建議所有入屋的水喉應該裝設水錶，先規定若干
加侖為差餉百分之二的水費額，超過了這定額，則另收水費。

他的建議立即為當局所採納，但遭受全體華人反對。華人反
對的理由是：水費既在差餉之內，便不應另外收費。至於所謂過
額用水，大可加以限制。查當時華人業主反對裝設水錶另收水費
的主要原因，是業主多以樓宇出租給人居住，當時因差餉內有水
費，故此租約上供水的費用是由業主負擔的。現在安裝水錶，另
外收水費，業主害怕負擔不起，故而反對。關於這一件水務問題
的事件，《香港建造業百年史》頁一〇七記載甚詳：

　　當年翟域對食水問題的意見，頗為各方所重視，被稱為水務專家。翟氏於一九〇二年四月十八日再向政府提供食水問題意見書，強調普遍安裝水錶的必要性。認為是促使居民節省食水的最好方法。是年八月十三日，港府根據翟氏的意見書，草擬水務則例，其中第五章這樣規定：任何用戶如有欠繳水錶租銀及過額水費者，水務局即割斷那用戶的水喉，停止供水；但在割斷屋內水喉前，先在該區附近安裝街喉。

　　在一九〇二年水務則例通過後，華人團體認為新例一旦執行，對一般華人將有很大影響，便聯函上呈英理藩院，據理力爭，要求收回成命。呈文內指出下列要點：一、根據華人納稅辦法，實際已包括水費在內，而且引喉入屋供水辦法施行已久不應變更；二、政府頒行水務新例，變更供水辦法，今後華人用水將會感到困難；三、根據水務新例第五章內容，水務局對欠費用戶，有權割斷水喉，停止供水，不再接駁，但華人對此絕不同意；四、資產階級未必會受新例影響，而在其他用戶，偶因欠費被割斷水喉，不免要向街喉輪水，屆時很不方便；五、一般華人希望接納一九〇二年四月十日翟域氏提出的建議，實行增設旁喉，這樣在旱季時依然有水供應，可減少街喉輪水的麻煩；六、安裝屋內旁喉，應屬於永久性，而非臨時性；七、本港華人樓宇的業主，可負擔敷設旁喉的全部費用；八、請求將新例第五章修正，那就是依照翟域氏的計劃，普遍安裝旁喉。

　　當年十一月十四日，本港華商公局（按：即今天的中華總商會前身），為商討食水問題召開會議，即席通過：建議當局敷設旁喉，所有華人樓宇，一律由旁喉供水。關於敷設旁喉費用，可由業主繳納特種稅應支，所有旁喉區域內樓宇，須繳養喉費百分之零點二五（按：即差餉每百元佔二毫半）。

　　當年十一月十五日，英理藩院接獲香港華人團體的呈文，而當任港督卜力附帶亦有報告書，指出安裝旁喉費用，全部由華人業主負擔。……英理藩院對翟域氏意見詳加考慮，於一九〇三年三月十一日電覆港督，批准在本港樓宇內安裝旁喉。

　　什麼叫做旁喉呢？在這裏必須加以說明。原來，自大潭水塘興建後，水務局歡迎所有樓宇安裝入屋水喉，那些入屋水喉是由水務局的供水系統直接供應食水的。當時翟域氏主張所有入屋水喉必須安裝水錶，但他發現華人業主反對，於是提議另一折衷辦法，就是另設一種水喉，這種水喉由另一條水管供應食水，與裝有水錶的水喉系統不同。這種特別供應不裝水錶的入屋水喉，便是旁喉。

收水費使耗水量日益增加

　　由於供應系統不同，故此要敷設另一種供水系統，當時

一九六三年，香港實施四天供水一次，圖為居民輪水一景。

華人樓宇業主自願負擔全部費用，便在一九○四年開始敷設，至一九○六年完成，喉長共達二十八哩，安裝旁喉的樓宇共有七千二百九十一幢，全部費用二十一萬二千八百零二元一毫三仙。

　裝設旁喉的樓宇的供水辦法，與安裝水錶的樓宇的供水辦法完全不同，前者因為不必另交水費，故此每日有定額供水，但裝有水錶的用戶，供水是不受限制的。因此，自一九○六年以後所有的新建樓宇，都申請安裝水錶，在出租樓宇之時，訂明水費由住客負責繳付。由於有水錶的用戶，都享有二千加侖的免費供水額，新樓住客都樂於接受。因此在旁喉區域內的樓宇，在十年八年之後，也有申請安裝水錶的。故此到了一九三二年八月十八日，當局便宣佈廢除旁喉，所有入屋水喉均需安裝水錶，不裝水錶即無水喉入屋，未裝水錶者須到街喉去輪水使用。

　很明顯，裝置水錶的目的並不是為了節約用水，而是為了收水費。故此自一九○六年開始，即旁喉與設有水錶的自來水喉並

存時代，耗水量因裝水錶的樓宇日增而日增。認為水源充足的傳統觀念，促使當局大加興建水塘。九龍水塘在一九一一年完成，再計劃興建石籬貝水塘，石籬貝水塘於一九二五年完成。在石籬貝水塘未完成之前，即一九二三年，已開始建築城門水塘了。認定只要多闢水塘即可解決食水問題的專家，當時並計劃在九龍築一條海底輸水管，將九龍方面水塘的水，輸送到港島方面。可是就在這些龐大的儲水計劃正在進行當中，香港出現了一次極其嚴重的水荒。

一九二九年水荒，火車改裝運水箱

一九二九年，雨量特別少，全年僅得六十九吋八二，雖然比歷史上雨量最少的一八九五年的四十五吋八三，還多了二十四吋的雨量，但因當時裝設入屋水錶水喉的用戶增加，耗水量大，因此雖然原日各古老的水塘加高了堤壩，新築的水塘亦先後完成，但各水塘則已全部見底，造成歷史上一次嚴重的水荒。

當時，當局組織了一個食水供應委員會來應付水荒。首先是宣佈所有的水喉全部停止供水，居民統一在食水供應站處領水使用。至於水的來源，一方面將廣九火車的車廂全部改為水箱，到深圳河去汲水運來供應，另方面又派船隊到珠江去汲取淡水，運港供應。那時，有些投機分子用水艇到寶安縣境內水源充足的地方運水出售，每桶二毫。當時居民為了逃避水荒，紛紛回鄉，據說離港者竟達二十萬人之眾。

城門水塘建成，海底輸水港島

人口的突然減少，以及不久即天降甘霖，加上城門水塘的初步工程完成，到了一九二九年九月五日，水荒的威脅漸告解除。當任總督金文泰在立法局檢討食水供應問題，仍然認為人口增加是一種壓力，天旱只是偶然的，只要多開水源，問題仍是可以解決的。因此他強調趕快加建海底輸水管，在九龍新界多開水塘，將九龍水引到香港，這樣就不會再鬧水荒了。

海底輸水管是本港第一項海底工程，這條輸水管於一九三〇年三月三十日完成，舉行引水禮。

舊日的大會堂前，有一座噴水池，這座噴水池噴出的水，是由海底輸水管引城門水塘的水供應的，它是象徵當時解決水荒的勝利，表示水源充足，水荒已成過去。

水塘失守，英軍即向日軍投降

城門水塘是第二次世界大戰前最後完成的一座水塘，這座水塘最後工程完成於一九三七年。在當時的水務專家認為，有了城門水塘，食水供應基本解決。但是，自七七蘆溝橋事變後，來港的人大增，用水日多，仍無法實行全日供水，食水供應依然無法解決。

不但如此，後來日軍侵略香港時，日軍知道香港官員重視城門水塘，重視一切的水源，因此在香港攻略戰中，日軍的目標是

先攻佔水塘。在攻打九龍時，先佔領城門水塘；在攻打港島時，
日軍在北角登陸，也是先攻佔黃坭涌水塘及大潭水塘，水塘一
失，英軍就投降了。

戰後加築水塘仍然要制水

第二次世界大戰後，水源充足只須多建水塘即可解決食水
問題的傳統觀念仍然保持不變。因此，一九五七年建了大欖涌水
塘，一九六三年完成大嶼山的石壁水塘，一九六七年建成船灣淡
水湖，其後又加建了萬宜淡水湖。一九七五年四月出版的《香
港政府年報》為這些水塘的興建發言說：「就本港水塘容量言，
一九六三年之四天供水四小時之限制，預料將無歷史重演之虞。」
可是言猶在耳，到了九月就宣佈分三階段制水了，而且，水務局
又再提出威脅，說到了明年四月如仍無大量的雨水，水塘存水枯
涸，四天供水四小時的威脅，非無可能。

柏立基打破傳統，要求深圳供水

必須指出，打破自以為本港水源充足多建水塘即可的傳統觀
念的，是柏立基。在一九六〇年，石壁水塘在興建當中，柏立基
總督首先察覺水塘雖多，但仍需依賴天降甘霖，與其睇天，毋寧
用人定勝天的方法解決食水問題。因此，他主動派代表到寶安縣

洽商供水問題。

　　一九六〇年四月十五日，香港政府派代表到深圳會談，會談相當完滿，初步協議由深圳水庫供給食水。到了十一月十五日，協議正式簽字。簽字儀式在深圳舉行，由香港代表與廣東省寶安縣代表正式簽字，使東江之水越山來成為事實。第十四回之《香港年鑑》第二篇第一頁曾紀其事：

> 　　一件屬於建設性的，香港和寶安縣方面的深圳水庫供水協議，在十一月十五日正式簽字，每年供水總量暫定五十億加侖，每千加侖為人民幣一角（按：折合港幣約二毫三仙）。

　　但是，這一年四月十五日談判供應東江水初步協議完成之後，四月二十二日當任財政司歧樂嘉便宣佈加水費，由當時每千加侖收費八毫加至一元。東江之水還未供應，便先加了兩毫水費。但是筆者仍然覺得柏立基這一措施，是打破他們的傳統觀念的，因為是年八月全港水塘滿溢，在簽約期間，全滿仍作黑市的全日供水。柏立基並不如其他的總督，自滿於本港的水源充足。

東江水越山來，數年來全日供水

　　東江之水越山來，是由一九六四年正式開始的。一九六三年香港又逢天旱，那時四天供水一次，每次供水四小時。當局還施

行了很多措施，例如禁止外洋船隻來港取水，並派出運水船隻到珠江口取水運回本港。運水船隊在新界青龍頭隧道將水卸入一條特製的輸水管注入大欖涌水塘去。

　　中國供應香港的食水最初每年是五十億加侖，但這個數目是逐年增加的，而且供水日期也不斷延長。故此自一九六七年的一次制水之後，全日供水已行之多年（一九八一年下半年、一九八二年初例外），證明這是解決本港食水問題的根本辦法。

一九六〇年十一月十五日，香港代表與寶安代表簽訂協議，由深圳水庫每年供水五十億加侖予香港，圖為簽字情形。

從維多利亞女皇鑽禧活動看香港人早年的生活

維多利亞女皇於一八三七年登位，到一八九七年已是在位六十週年，在這六十年間，也是英國最光輝的時代。香港也在這時期開闢成為商埠，香港的海港亦因此而稱為維多利亞港。

一八九七年既是維多利亞女皇登位六十週年，按照西人的習慣，六十週年紀念稱為鑽禧（Diamond Jubilee），香港既以女皇之名命名為維多利亞城，對維多利亞女皇的鑽禧紀念，自然不能不舉行盛大慶祝。在這次盛大慶祝鑽禧大典的時候，本港有很多有趣的事發生，其中亦有很多改革，直接影響香港居民以後的生活。

本港開埠之初，盜賊竊匪如毛，英軍為了保護自己的倉庫和地方的治安，從開埠之第一日開始，即實施宵禁。當時香港是沒有夜市的，每日上午六時開始解除宵禁，到晚上六時就實施宵禁，晚上如果仍在街上行走，英軍有權喝令夜行人停步，加以拘捕；如果不停步則格殺勿論。

這種非常時期的宵禁制度，是有礙於建設香港的。工人來港參加鑿石、築路、建屋工作，到放工之時，已是宵禁，實在妨礙了建設。因此在一八四二年十月，曾一度將宵禁期延遲至晚上十一時。但是宵禁期延遲之後，劫案頻生，盜竊案又蠭起，故到一八四四年，本港成立了法院和裁判司，建立了司法制度之後，又將宵禁時間延長，由晚上九時開始實施宵禁，到翌日早上六時止。故一八四九年廣州主考官何紹基來港遊覽時，賦詩一首，也

有「一層坡嶺一層屋，街石磨平瑩如玉。初更月出門盡閉，只許夷車奔馳逐」之句，這是當時香港晚上九時之後即宵禁，禁止華人夜行的中國方面的記載。

　　一個城市發展到趨於繁榮的時候，長期的宵禁是會影響它的發展的。商埠的主要功能，是溝通貨物貿易，洋貨從輪船運來，土產從帆船自內地運來。土洋貨物需要迅速的溝通，每日有限的工作時間，不能滿足貨運的需要，足以阻礙城市的發展。因此到了一八五四年之後，對於宵禁又採取了彈性的政策。在原則上，仍維持晚上九時起宵禁，不過若晚上外出，則可以向警察局申請「夜紙」，帶住警察當局所發的夜紙在身上，就可以在晚上外出，遇到軍警檢查時，不會被拘捕。不過，只帶備夜紙還未足夠，必須同時備帶燈籠，因為有燈籠足以照明，顯示目標，表示夜行人是正人君子。若有夜紙而無燈籠，亦算犯法。這種晚上外出要攜燈籠和準備夜紙的制度，行了五十多年。

十九世紀中葉，香港街頭一景。

當時香港街坊常常打醮，醮棚上有對聯一副，指出當時的情形，聯云：

既有興以來遊，帶備手燈，怕乜鐘敲十一點；
慎勿樂而忘返，倘無夜紙，提防鼓轉二三更。

這副對聯更真實地反映出當時的實際情形，即晚上九時外出就要帶定夜遊通行證，這種證件，通稱「夜紙」，又稱「街紙」。我們現在外出，不論日夜必須攜帶身份證，這種攜證外出的制度，原來是古已有之的。

至於夜行攜帶燈籠，實際上是在晚上十一點才執行的。這種九點帶夜行證外出的制度，對於工人和商人工作都有幫助，因為貨運方面的僱主，可以代殷實的工人領取「夜證」，他們需要開夜工時，並無困難。商人在進行夜間買賣，也不困難，他們領取夜行證和帶備手燈，就能在晚上作各種商業活動。

上面那副醮棚對聯，稱燈籠為手燈，這是香港特有的產物。中國的燈籠是用竹篾結紮，外面糊以油紙，中間燃點蠟燭的。這種燈籠只能在無風無雨中使用。若有風有雨，就不能使用，風可將蠟燭吹熄或將火燄觸到燈籠邊沿而引起燃燒。故香港所用的燈籠，是用鋅鐵製成，四邊鑲以玻璃，內部則用燈心和油罐燃點，可蔽風雨。這種燈籠，又稱手燈。

這種帶夜行證和手燈夜行的制度，自然不及完全取消為方便，不過由於人人都可申請領取夜行證，只須有僱主代為申請，或有殷實商人擔保便可，香港的夜生活亦漸漸熱鬧起來，水坑口

的妓院和大道中一帶的酒樓酒家，亦由於有夜紙而興旺起來。此種制度，對於初來港的人，造成很大的不便。如同現時沒有身份證的黑市居民一樣，他們只能在日間工作，晚上則要龜縮於屋內，不敢外出，因他們不可能申領夜行證。

一八九七年，本港為了盛大慶祝維多利亞女皇的鑽禧大典，為了達到普天同慶的目的，有人建議當局檢討這種攜手燈和帶夜行證的制度，認為這種制度有礙慶祝鑽禧大典。

英國方面已宣佈，一八九七年六月二十一日為鑽禧大典之期。慶祝活動由六月十九日開始，至六月二十三日止，一連五天。香港亦同時宣佈慶祝。為了發動商人熱烈參加慶祝，商人覺得如果仍然實行夜紙手燈制度，反應一定不熱烈。這是促使香港政府認真檢討夜紙手燈制度的原因。

當年六月五日，立法局舉行會議，辯論夜紙手燈制度。議員們表示，夜紙手燈是本港開埠初期新定的制度，這種制度是由宵禁而起。現時本港已有很多人領取街紙夜行，宵禁制度名存實亡，取消攜帶夜行證即取消宵禁制度，是順理成章的事。有些議員提出，初時攜帶手燈夜行，是因為本港並無街燈，現在由於煤氣公司成立，很多街道都有煤氣街燈，況且本港的電燈公司，已於一八八九年成立，很多商店都有電燈，攜燈夜行已屬多餘。因此，即席通過取消了宵禁制度，以及攜夜行證和提燈的制度，由六月五日起施行。

取消上述的限制夜生活的制度，自然獲得全港華人的熱烈支持，故商人不惜斥資大事慶祝鑽禧大典，很多商店自資蓋搭牌樓。其中一間高陞餅家蓋搭了一座全港最高的牌樓，以示慶祝。

據筆者搜集當年本港慶祝鑽禧大典的資料，其中高陞餅家的牌樓上，懸出一副對聯云：

門高慶，搭高棚，步步高陞。竹高戙高，手段更高，何礙往來高帽客；

爭錦綉，奪錦幟，般般錦綉，花錦具錦，文章似錦，居然出入錦衣人。

一八九一年六月二十六日（星期一），維多利亞女皇在白金漢宮接見來賓的情景。

　　牌樓是橫跨馬路之上的，因此牌樓如同一座門樓，門樓分兩面，上聯掛在門樓的東面門樓兩側；西面的門樓兩側，另有對聯，反映出當時的熱鬧情況。西門樓上的對聯云：

　　　熱鬧豈尋常，回憶十年前，有色有龍，引來白叟黃童，真箇人山人海；
　　　世情難逆料，不但兩天內，無拘無管，從此紅男綠女，免攜街紙街燈。

　　這一副高陞餅家的牌樓對聯，反映出當時為了慶祝維多利亞女皇的鑽禧大典而取消了街紙街燈。聯中提到「回憶十年前」，十年前即一八八七年，當時本港也慶祝維多利亞女皇的金禧紀念，至於一八八七年慶祝情形如何？本港民間所藏史料亦有提及。據最近荃灣居民邱東海送出、由香港博物館收藏的家藏書籍和手稿，其中有邱元璋手稿一批，這批手稿有幾封信，是邀約朋友參觀金禧慶典的。其中一信題為〈丁亥年香港賽會恭祝英王后誕邀友玩賞信式〉，信中云：

　　　聖朝機鏡璇珠，星虹樞電，以至尾箕列宿，稟帝賚而呈圖；雲漢天章，感明禋而化瑞。群蠻效順，一〔麟遊〕舞鳳之天；萬國來王，上龍見河清之頌。故恩行柔遠，香江俾英國郵停；地盡尊王，洋海解天朝賀祝。茲者菊插黃花，萸囊赤實，孟參軍落帽之月，英王后駕生之期。既望越九日，慶合官商；戊己連兩天，歡聯中

外。仙歌共霓裳一曲，月華與燈韻齊輝。觀不盡世界繁華，遊不竟樓台奇幻。宋武帝驂停望楚，鵑尾行行；閻都督閣啟勝王，烏紗一一。修魚特迎，奉航葦而來；策駟遙臨，當掃榻而待。耑請江楓絢錦，排成錦繡之坊；籬菊綻金，佈滿金錢之地。月逢欣菊，言愛陳蘭。啟者九月廿四廿五日。值英王御宇五十年，本港合陳百戲，遙祝三多，用以敦中外之誼也預聞。茲際龍裝金甲，舞動而矯天生雲；獅滾銀毬，攫拏而歡欣獻瑞。魚燈隊隊，鼓鼙揚聲；彩色班班，裝頭換面。晝則八音齊奏，隨仙仗以盈衢；夜則萬點交輝，放銀燈而耀目。復有煙花製自洋邦，火箭燃來山頂。看不盡龍樓高拱，聽不厭鳳管遙傳。既聲色之堪娛，復文詞之是尚。體分詩表，擬伊西國之規模；會備聯謠，抒我中邦之翰墨。恍幕瑤池之祝，早冀抽毫；敢邀玉趾之臨，彌欣下榻。肅此佈請。

邱元璋手稿之一，圖為邀約朋友參觀金禧慶典的信，題為〈丁亥年香港賽會恭祝英王后誕邀友玩賞信式〉。

　　丁亥年即一八八七年，當年慶祝維多利亞女皇金禧大典，定於公曆十一月九日和十日慶祝。農曆則定九月二十日和二十五日。這封信所描寫的，正是當年慶祝大典的情形，也有舞獅舞龍和飄色，大放煙花和搭牌樓等，但比起十年後的鑽禧大典，顯然遜色。

　　一八九七年的鑽禧大典的熱鬧情形，可以從民間所藏資料窺其全貌。據劉鑑垺所著的《香港醮會聯珠》，記載當年慶祝鑽禧大典共有牌樓十多座，有東牌樓、西牌樓，南北行街也有兩座牌樓，此外還有龍殿和各種樓台。其中最具特色的，是首次利用電燈鑲在牌樓上，而另一邊的牌樓，則利用煤氣燈。下面引錄當時的牌樓對聯，可以逐一說明當年的熱鬧情形：

　　東牌樓上的對聯，共分兩聯，這是因為牌樓橫跨馬路，每邊均有一門樓之故。其東門樓的對聯云：

> 見景即生情，搭來幾個龍門，引得孩童蝦咁跳；
> 逢場雖作興，請分兩邊馬路，莫教男女蟹橫行。

　　這座東牌樓的西面門樓對聯，寫出當年除了會景巡遊之外，還有演戲慶祝，聯云：

> 公仔得咁新，想必世界好撈，近來棚廠真機會；
> 老官總要大，莫話風流易散，尚有笙歌點太平。

　　其中龍殿牌樓，是全港最特別的一座，因為龍殿首次使用電燈

鑲在牌樓上，而牌樓的另一面，則用煤氣燈，故龍殿上的對聯云：

電火有光，煤火亦有光，倒照龍鱗真似鏡；
洋燈出色，華燈更出色，莫將魚目混同珠。

除了這座龍殿的牌樓之外，還有很多的牌樓，只是其他的牌樓，沒有電燈，也沒有煤氣燈，但已懂得使用打氣的火水燈了。其中一座牌樓的對聯，寫出此種情形：

人物咁排場，扮來套套綢衣畫架，裝成真奪錦；
工程雖浩大，點就枝枝火水花燈，好看不須油。

另外有一座牌樓，有如下的一聯：

手段確高強，咫尺間能使涼風生殿閣；
心思誠奧妙，市廛上頓教明月照樓台。

南北行街口的牌樓，是遊人最多的地方，該處的牌樓上的對聯云：

街頭有人行，街尾有人行。大抵行去行來，行行南北；
世淡亦咁處，世濃亦咁處。總之處心處德，處處賓朋。

看了上述的牌樓對聯，我們除了知道當年慶祝鑽禧大典的盛

況之外，還可以看到當年香港的文化人所撰的對聯，已極通俗，用很多口語來撰寫對聯。一八九七年是光緒二十三年，那時還未有新文學，但在香港，已流行用口語撰寫對聯，而且在一個莊重的慶典中懸掛，可見當時香港的知識分子對通俗文學極尊重。另外有些牌樓的對聯，嵌入英文，亦成了當時文化中的一種特色，如其中一聯云：

> 華文本屬無難，若要錦上添花，一味之乎者也；
> 西學居然唔錯，當今行中出色，郁啲嗌啤施哋。

聯中的「嗌啤施哋」，就是 ABCD。這種中西文化結合的文學形式，在當時是極受歡迎的，故牌樓上的這種對聯，仍有幾副，例如：

> 聲色場中，啉罷溫果然講究；
> 綺羅隊裏，活花臣盡地繁華。

聯中的「啉罷溫」是英文的 number one，而「活花臣」即為 good fashion。這種中西合璧的文化，在當時已極流行，另有一牌樓的對聯，也是中西合璧的：

> 遊客觀光，恐後爭先呼執執；
> 西人見禮，點頭揸手叫毡毡。

聯中呼「執執」，即英文中的 Quick Quick，即快快的意思。而「毡毡」是當時西人在握手時，說「請請」的西人學官話的語音，一般人誤以為「毡毡」即握手。這一副對聯中西合璧的程度，包括西人學華語的部分。另有一聯，也有同樣的情形，聯云：

> 眾婦女見景見機，倘逢路狹人稠，總要歌歪執執；
> 後生哥快來快去，若果街談巷企，不難撈吉啁啁。

這一副牌樓對聯，相信是懸掛在最繁盛的皇后大道中的牌樓上，聯中的「歌歪執執」，相信是 going quick quick 的譯音，而「撈吉啁啁」，則可能是 no take chow chow 的譯音。當時香港西人稱中國人所食的食物為 chow chow，意指食飯，「撈吉啁啁」即冇飯食之謂。這副中西合璧的對聯，上聯是說婦女們在人擠時，應大呼行快一些，下聯則勸那些後生小子，不要只顧看牌樓景色，而忘記了回家吃飯。

當時香港熱烈慶祝女皇鑽禧大典，以六月二十日和二十一日為主，而且又取消了帶夜行證和提燈外出，好不熱鬧。而在這兩天普天同慶的日子裏，一向秘密開業的賭館，更乘機大張旗鼓，在上環一帶，招徠路客到賭館內賭博。賭館經營者認為這個重大的日子，正是發財的好機會。當時鄰近地區，如澳門、香山縣、新安縣、東莞縣、廣州都有人來看會景巡遊。賭館派出「進客」，招徠這些看會景牌樓的人進賭場去下注，自然利市三倍。

這些秘密賭館原是由警方包庇的，一向極為安全，加上慶祝女皇鑽禧大典，全港處於休假狀態，賭館更加肆無忌憚地大開中

一八九七年香港慶祝女皇鑽禧大典,有會景巡遊、舞龍舞獅等。

門迎接賭客。不料就在鑽禧大典的當天,即六月二十一日,突然
大批不知從何處掩至的便衣警探把所有賭館包圍,並且直入賭館
主事人的總辦事處去,把辦事處的文件和賬冊全部檢起,將賭館
中各人全部拘捕。原來,率領警探大破賭窟的並非別人,就是後
來於一九一二年任第十五任港督的軒利梅(F. H. May),他當時的
職位是警察司。他在未接任警察司之前,原是英國派來香港的官
學生。他會説流利的廣州話和官話,而且對香港民間的情形極熟
悉,他故意選定慶祝維多利亞女皇鑽禧大典的當天搗破全港的賭
窟,完全是了解開賭集團的人在當天無全警惕,加上當時本港很
多高級警官赴英倫慶祝大典,無人通知開賭集團,故能旗開得勝。

　　關於軒利梅在鑽禧大典當天搗破賭窟的情形,馬沅在《賭博
弛禁經過事略》中,有如下之敘述,可資印證:

　　　一八九七年六月廿一日本港地方破獲偉大組織私開

賭博案一宗，該案牽連甚大，事後中西印各隊警察與各機關公務員獲譴革退者百數十人。查港地賭禁雖嚴，而私開仍所時有，其最盛時約在一八九七年以前。其時私設攤館，大都集於華里、東街、西街、長興街、四方街等處。時近黃昏，各攤館分派招徠員多人，由荷李活道文武廟及上環大馬路水坑口沿路直至大笪地口，遇有行人往來，即邀至某館某記；及至街口復有引進員招待，迨至攤館門前另有招待員導引入場，其猖獗若此，則其組織偉大勢力雄厚可知。蓋其主事人岑某，當日集合鉅資，賄通警員，設總機關於東街某號，分設賭館於鄰近各街。除上級官吏絕無聞知外，各機關皆有一部分人員知情包庇，是以有恃無恐，成此怪現象也。

嗣有線人鄭安（按：一說謂為某狀師侍役阿良偵悉此中秘密勒詐不遂者）向當任警察司梅軒利（F. H. May）告密，當於六月廿一日密調各分署警長會集出發，並率同總幫辦麥基直搗東街總機關查捕。其時適逢英女皇域多利亞登極六十週年，英京舉行盛大慶祝典禮，本港重要警員多奉命返英會操，故岑某耳目不若往常靈通，乃得出其不意，馳至破案。起獲典質之財物珠寶首飾，其中不少屬於盜贓，復由夾壁中搜出薄冊，備載受賄人姓名職守，梅警司按圖而索，一網打盡。其贓證確鑿者解案究辦，僅受嫌疑者亦褫職革退，分別懲戒，無或倖免。至各家賭館，一日之間盡數破獲，下令查封。款案既破，慎密偵查，發覺此項賭博組織，由來已久。主事

人挾有勢力，故得為所欲為，且該管警察自警司總辦幫以外所屬人員，幾無不受賄通，知情包庇，而總登記官署人員亦多有受縱容嫌疑者。及偵查終結，除依法懲治開賭人判處長期徒刑，主事人則下令遞解出境外，首以英幫辦屈治爾（Job Witehelj）之犯罪行為有充分證據，七月廿九日提起公訴，解送高等法院究辦。所控罪狀為被告人屈治爾自一八九七年三月十三日至六月十八日之間，迭次收受長興街某號及華里某號違法私開賭館賄款罪。

正按察司賈陵登審訊，主控官為法蘭斯（Francis），辯護人為羅便臣狀師（Robinson）。八月三日由陪審員審斷罪名成立，判處被告有期徒刑六月，但刑期未滿，一八九八年歲初即獲特赦出獄。大賭案事發未幾，當道於九月六日據報：謂款案眼線人鄭安，無故在廣州被人謀害棄屍河中云。迨後該賭案亦株連甚大，當時素著能名之英幫辦碧架（Baker）、紳士（Quincey）、士丹頓（Stauton）及英警目何爾特（Holt）、費爾士（Phelps）等，亦因此褫職。華印警察及通事被革退者百數十人。總登記官署首席書記柯士孟（Charles Osmund）任職已三十年，又清淨局幫辦何雅（Hore）等，均被革退。據當任總登記官駱克（J. H. S. Lockhart）於一八九八年三月十九日報告革退人名，臚列如下：首席書記柯士孟、通事坤士（按：即坤士警察幫辦之子）、登記員羅茂錦、書記葉百壽、容根、李朗波、鄺芝、工役鄺合、容良等。

裁判署華藉書記二人亦因受嫌勒令自行辭職，至警

察方面革退人數，據一八九八年二月十日梅警司造具年報時，對於此事有詳細報告。大致謂去年長興街及華里大賭窟破案之後，賭風頓戢，是役受嫌疑者計西警十四人，印警三十八人，華警及通事七十六人，均經分別褫革在案等情。

立法委員會因此次事件特於一八九七年十二月二十日訂制《取締公務員勒索受賄條例》，明年二月廿三日通過施行。為一八九八年第三號後改稱第一號受賄治罪條例。此次賭窟既破，港地後來雖有私開攤館，亦在僻靜地方，不復如前之明目張膽，然番攤賭博迄難弊絕風清耳。

由此可見，當年本港慶祝維多利亞女皇鑽禧大典對整個香港社會引致不少改革。取消了夜行證和提燈夜行，就是實行現時本港的生活方式，使本港有極其奢華的紙醉金迷的夜生活，也有刻苦耐勞的通宵達旦的夜班工人的勞苦工作。假如不是慶祝鑽禧大典，恐怕要推遲很久才能使香港成為不夜城。此外，如果沒有鑽禧大典，委實不容易掃蕩那些根深蒂固的非法賭窟，也不容易訂制《取締公務員勒索受賄條例》，首開肅貪倡廉先河。

百年來香港新年習俗沿革

香港在法律上行使的曆法，以陽曆為主，但是農曆並非不合法的，在早期的政府公佈的文告上，全部都與農曆日期並列，可見港府一直都尊重農曆。近年來，港府的公文雖不再使用農曆，但農曆仍是法定的日曆，怎麼見得？有兩件事可以說明。第一，對於當舖押入物計利息的辦法，仍准許使用農曆；第二，每年公佈的《公眾假期表》上，有很多項是與農曆有關，如端午節、中秋節，以及農曆新年等等假期，都有說明「農曆」字樣。

因此，在陽曆已通行的香港，農曆其實是在並行，很多農曆的傳統節日的風俗習慣，依然保存下來。特別是農曆新年的風俗習慣，保持得較多。

百年來新年風俗變化實在很大，而且有的變化，是和社會發展分不開的。大部分都是由於社會發展而漸漸淘汰了它們，只有小部分是由政府的行政手段干預而改變。

百年前香港人過農曆新年的情形是怎樣的呢？在未講述之前，應先了解「農曆新年風俗習慣」這個概念，並不僅指農曆年初一那一段時間，應推前到上年的歲晚的一段時間，因為這段時間的風俗習慣，亦和新年有關。故此就日期來說，應從上年的農曆尾月廿四日開始算起，到翌年的年初七人日為止。

同時，新年習俗應分民間與商場兩個方面，因為香港是個大商埠，商場上的習俗，自成一體系，分別開來才能了解其中被淘汰的習慣與商場習慣改變有關。

香港從開埠開始，就是一個華人的商埠，這就決定了本港所有的風俗習慣，都維持着中國人傳統的風俗習慣，新年這樣重要的習俗，自然是繼承了下來。

每年到了農曆十二月二十日以後，人們都準備過新年，有錢的有他們的打算，窮人也有窮人的打算。過新年的意義，是希望有一個新的開始，把舊的拋去，迎接新的。這種觀念，窮人比有錢人尤為重視。窮人辛辛苦苦捱了一年，希望明年斬斷窮根，帶來新的安樂，他們雖然流盡血汗，也要設法籌備過新年的。

籌備過年的第一回合，應是祭灶。為什麼呢？因為祭灶即等於送灶神上天。意思是，灶神放在廚房裏一年到晚，廚房污煙瘴氣，為了準備過年，不能不大掃除，廚房裏的定福灶君的神位，已經是油煙滿面了，非加以掃除不可。但這一位是神啊，如果不送他上天，掃除的時候，未免有辱神靈。所以祭灶的意義，其實是為大掃除而準備。

早期香港所用的燃料都是柴炭，住宅與商店都是中國式的屋宇。商店一般都聘有廚子（俗稱伙頭）煮飯，故廚房在經過一年的火煙薰陶，都已污穢不堪，實在需要掃除以備過新年。因此商家和市民，都盛行祭灶。

祭灶的風俗由來已久，但古人把祭灶和大掃除分開，將祭灶列為神祀一類，掃除居室只作風俗。因此說祭灶的目的是因為灶神上天，將向玉皇大帝報告民間的事，於是祭灶就變成了賄賂這位灶神的行為，希望他上天稟告民情之時說盡好話。清人顧祿的一本研究民間風俗的書《清嘉錄》有「念日夜送灶」的記載，說送灶神上天，應用糖和湯圓拜祭，使灶神口甜舌滑，對這一家人

説些好話，以便來年獲賜福。故楊秉桂的〈送灶詩〉云：

> 殘臘匆匆一年又，門丞貼舊鬢眉皺。祀灶人家好語
> 多，燭影草堂紅善富。記得年時小除夜，堆盆寒具香粳
> 白，相傳是夕侯升天，拜跪都求侯感格。今年小民覺善
> 禱，東鄰更比西鄰早。謂言春在廿四前，準諸臘祭當參
> 先。我聞此説心頗契，晨炊猶遵漢時祭。鐃吹江鄉黷祀
> 多，得一古風足勉勵。

楊秉桂的這首詩，不僅寫出清代乾嘉年間祭灶的情形，也説
明了祭灶有人提前一天舉行的原因。詩中説當年東鄰比西鄰早一
天祭灶，是因為立春在廿四日前，故要提早在廿三日祭灶。因此
香港也有人在臘月廿三日祭灶的。即使當年立春日不在廿四前，
廿三也會祭灶。

祭灶和大掃除是分不開的，亦都在臘月廿四日舉行。《歲時瑣
事》載云：「十二月二十四日掃舍宇。凡有所為，不擇憲書，多嫁
娶，謂之亂絲日。《日令精鈔》：『二十四日為無忌日。』《九邑志》
皆於二十四日祓房塵，猶本亂絲無忌之説。」這些記載，都把掃
除房舍和祭灶在同一日舉行，可見祭灶的實際意義其實是為了掃
除，先將灶神送了上天，然後合家總動員來，把一年內家中的污
漬掃去。

早期香港居民和商店，都依照這種風俗習慣準備過年，祭灶
仍用糖和甘蔗，都是取「口甜舌滑」之意。由於生活緊張，未必
家家戶戶都在祭灶那天同時舉行大掃除，但一般都將大掃除的日

子定於祭灶之後，有些在廿五日或廿七日。這種風俗一直維持了很久，直到一九六〇年以後，祭灶的風俗才漸漸減少。因為自從五十年代之後，香港的燃料已全部改用火水，而六十年代開始則大量使用石油氣，六十年代建築的樓宇已經取消了廚房的煙囪的規定。又由於勞動力的不足，很多商店已經不自製膳食，不在店內設廚房，所以很多家庭和住宅，都沒有灶神之設。祭灶的人漸漸少了，但並非完全淘汰。

至於大掃除則繼續保持，由於市民和商店都在歲晚大掃除，每年這個時候必定搬出很多垃圾及廢物到街上，令到市政事務署的垃圾車不勝負荷。故到了七十年代初，每年歲晚，市政事務署都有特別安排清除廢物的措施，便利市民為迎接農曆新年大掃除時搬出廢物。

過了臘月廿四日，在商場上，即開始收賬。這段時日內，商場即停止賒賬，一切買賣都以現金交易，同時，各商號亦開始追收欠賬。因此商場上稱這一個時候，名叫「年關」。

原來早期的香港，商場上的貿易習慣，亦沿用中國的習慣。《清嘉錄》載云：「土俗貿易場中，以端午、中秋、除夕為三節，按節索欠，謂之三節賬。除夕一節，自昏達旦，雖東方既白，猶絡繹道塗，不嫌籠鐙入索也。」香港當時的貿易習慣，也如《清嘉錄》所載一樣，每年分三節收賬的，而三節的欠賬中，以年關這一節為最緊張。因為習慣上商人可以到欠賬人家中坐索到年初一晨早，令到欠賬者不能與家人團聚過年，因此在商場上是個收賬最忙碌的時候，一般多在廿四日之後，就陸續收賬和付賬，以免「籠鐙入索」這樣大煞風景。

　　這種商場上的習慣，維持到一九三九年，自第二次世界大戰開始，商場已漸漸取消了節賬的習慣。原因是國內爆發了蘆溝橋事變，國內的舊商業習慣已因戰爭而解體，惡性通貨膨脹和物質缺乏令物價不斷升高，節賬已不合時。因此本港商場已經不用節賬的辦法貿易，而是採用較靈活的月結制度，或四十五天銀期制度貿易，將賒賬的日期縮到最短。

　　在香港淪陷時期，賒賬更加少了，一切都用現金交易，故此更無所謂年關催賬的風氣。不過，戰後年關結賬的風氣又漸漸恢復，只是沒有戰前及清代時那樣緊張。

　　原來，隨着銀行業務的發展，商場上一切交易，都懂得利用銀行服務，很多貿易，都採用期票交易的方式，代替了過去的節賬的方法。

　　但由於商業競爭劇烈，很多代理商卻願以另一種形式賒貨，這種形式與從前中國古老的賒貨方式差不多，只是不是節賬，而是銀期賬，銀期長短由雙方議定。由於這種賒賬方法類似傳統的節賬方式，欠賬者未必每次都依銀期結賬，他們一拖再拖，但拖到歲晚的時候，就不能再拖，因此也形成了一個年關。

　　每逢年關時期，本港的貸款利息一般都比平時為高，原因就在於此。雖然銀行業務發展迅速，可向商場提供資金，亦可對暫時有困難的商家提供貸款，但不是家家都有資格獲得貸款的，無法應付年關的商店，就只好結業清盤。故近年以來，每逢歲晚必有或多或少的商店結業，其中，茶樓酒家以「歲晚收爐」為名而結業的較多，原因在此。可見節賬雖然淘汰，年關的壓力仍存在。

歲晚收爐

　　說到「歲晚收爐」，也是一種新年風俗，這是屬於商場上的，並不限於茶樓菜館，各行各業都有一個歲晚收市的行規。各行歲晚收市先後不同，但都提早收市，從臘月廿六到大除夕，各行業按照本行的習慣，提早收市。

　　原來香港一向以轉口貿易為大宗，南北行方面的生意，以買賣南北土產為主。所有貨物依靠輪船運送，從前的四鄉渡、北洋輪船、南洋輪船，都要回到自己的埠頭度新年，所以各船渡，到了歲晚都定了休息的日期。這些船渡，大都定在廿六或廿七日停航，因此到了臘月廿六七日，便沒有新貨上市。由於收縮了信用，加上沒有來貨充場，便定下了收市的規矩。下面是一九一〇年各行收市和開市的日期表：

行業	收市日期（農曆）	開市日期
南北行	十二月廿五	年初七
米行	十二月廿七	年初八
糖行	十二月廿八	年初七
油行	十二月廿九	年初七
雞鴨行	大除夕	年初四
五金行	十二月廿七	年初四
果菜行	十二月廿九	年初二
柴炭行	十二月廿六	年初七

　　各行業收市度歲的習俗，除了經濟上的關係，還有人情上的關係。從前來港謀生的人，多來自中國各地，他們很多都是隻身而來，到了歲暮，就要返鄉與家人團聚。鄉渡於這個時候運來一批貨物之後，就回鄉度歲，商場上的職工，也要趁這最後一班鄉渡回鄉。為了方便職工回鄉度歲，便得收市，因此各行收市先後，都和鄉渡的最後一班船期有關。

　　自一九五〇年以後，鄉渡已經沒有了，但很多行業的貨物，仍是依靠內地運貨來出售的，例如藥材行、蔬菜行、水果行、淡水魚行等等，內地的運輸行業及有關各貿易部門的工作人員，也要準備回家度歲，是以也要定出最後一批貨物的運出日期，因此仍然令到本港各行業維持歲晚收市這種習慣，不過已不如從前那樣提前多天，下面是一九六〇年主要行業收市的日期表。

行業	收市日期（農曆）	開市日期
南北行	十二月廿六	年初四
米行	十二月廿七	年初六
糖行	十二月廿九	年初四
油行	十二月廿九	年初四
雞鴨行	十二月廿九	年初四
五金行	十二月廿八	年初四
果菜行	十二月廿八	年初二
紗布	十二月廿九	年初四
銀行	十二月廿九	年初三
證券交易所	十二月廿九	年初三

銀號	十二月廿九	年初三
金銀貿易場	十二月廿八	年初五
化工原料	十二月廿八	年初四
保險業	十二月廿九	年初三
柴炭行	十二月廿六	年初四
百貨業	十二月廿九	年初四
洋行	十二月廿九	年初三
西藥	十二月廿九	年初四
當押行	元月初一日	年初二

　　當歲晚收市的時候，各行商號仍追舊欠，並非收市即一切都停頓。因此收市的另一意義是停止賣貨，只全力收賬。正因如此，便不需要太多的人手在店內工作，有家人在鄉間的店伴，便可以回鄉過年；其他不回鄉的，便開始佈置新年的裝飾。

　　從前南北行到了臘月廿六日便收市，收市之日，店伴把燈籠掛在店門左右，並為店中的金漆招牌簪花掛紅，將店內的貨箱搬開，在適當的位置上擺上八仙枱，並在枱邊圍以金絲顧繡的枱圍，把大花瓶也搬了出來，其他果碟、全盒，通通都放在枱面，等候老闆到年宵市場去買年花和賀年糖果回來擺設。

　　這種風俗習慣，至今仍然未改，歲晚收市之期一到，南北行的商號，便開始作上述的準備。讀者有暇，可以去看看。

　　商號的老闆到年宵市場去買年花，習慣上是要吃了團年飯後才買的，因此團年飯也是一個重要的度歲節目。

　　吃團年飯不限於商場，一般家庭都行這種風俗，稱為「團

年」。《廣東新語・廣州時序》云：「小除祀灶以花豆灑屋。次日為酒以分歲曰團年。」這是廣東人的風俗，團年的意義有二，第一是表示這一年已完滿結束，所謂分歲即這個意思；第二是表示一家大小團聚過年，是以家庭也有團年，商店也有團年。一般團年的日期，並不如《廣東新語》所説是在祭灶之次日舉行，日期沒有一定，總之是在祭灶之後。

團年既有上述兩種意義，因此不論家庭或商店都很重視。這天少不免用燒肉、黃雞先拜神祇，然後團聚大吃一頓。這種風俗，至今未有改變，只是商場上和非廣東人，則改易為「年夜飯」。

自一九四九年開始有大量江浙人士來香港生活之後，他們在工商業上發展迅速，因此也把江浙的風俗帶來香港，並且影響香港的原有風俗，年夜飯就是其中之一。考年夜飯本來等於廣東人的團年飯。《清嘉錄》載云：

　　除夜，家庭舉宴，長幼咸集，多作吉利語，名曰年夜飯，俗呼合家歡。周宗泰〈姑蘇竹枝詞〉云：「妻孥一室話團團，魚肉瓜茄雜果盤。下箸頻教聽懺語，家家家裏合家歡。」
　　案：褚人穫《堅瓠集》云：「除夕，家庭舉宴，長幼咸集，謂之合家歡。沈朝初〈憶江南〉詞云：『除夕合家歡。』《府志》：『除夜長幼聚歡，祝頌而散，謂之分歲。』考宋時分歲，猶以脆餳為節物。《石湖詞》云：『就中脆餳專節物，四座齒頰鏘冰霜。』今久不傳。」

　　可見年夜飯就是團年飯，宋時稱分歲，明時稱合家歡，「一室話團圞」正是團年之意。不過，廣東人的團年，只和家人或店伴團聚。江浙人士卻把它擴大起來，成為交際應酬的宴會。

　　江浙商人每年歲晚，宴請知交或有商務關係的人物，聚首一堂，以表示答謝一年以來各人對他關懷之意。這種宴會稱年夜飯。影響所及，廣東商人也不能不作禮貌上的回答，也要請吃年夜飯。於是，年夜飯就成為商場上一種不可缺少的酬酢。

　　從前，只有上海菜館和平津菜館等有年夜飯的市招，最近幾年，連廣東菜館也有年夜飯的市招。

最早的年宵市場

　　吃過團年飯之後，很多大商號都準備買年花賀歲。買年花的地方，就是年宵市場。

　　本港最初的年宵市場是在蘇杭街和文咸東街一帶，因為這一帶近南北行，又近早期居民最多的西營盤和荷李活道。早期年宵市場的攤位，只要向警務處申請，繳納牌費，就可以擺賣。因為早期蘇杭街一帶，樓宇不多，該處又是新填海地區，空地多，只要肯納牌費，就不愁沒有攤位，而且初期的年宵攤位，是很早就開市的，在祭灶之後就有攤販擺賣各種賀年用品。

　　年宵攤位擺賣的東西很多，不似現時的年宵攤位全部是年花和玩具。早期的年宵攤位有寫揮春的和印賀年名片的，有賣門神和年畫的，自然更有賀年糖果和其他雜貨。賣年花的多在除夕前

兩天才開檔，這是因為習慣上人人吃過團年飯才買花。

　　年宵市場不過是法定的市場，其實自開埠以來，每屆歲晚，很多住宅區都有小販擺賣賀年物品而形成一個小市場。不過，這些是無牌小販而已。

　　蘇杭街和文咸東街一帶的年宵市場，到了一九三七年，因本港人口增加，已不適用。當時灣仔新填的地區如駱克道、軒尼詩道已建了很多住宅，修頓球場被闢作兒童遊樂場。因此港府宣佈將年宵市場遷至灣仔修頓球場去，修頓球場成為合法的年宵市場，一直到戰後初期，仍維持不變。不過，雖然年宵市場遷往灣仔，但文咸東街和蘇杭街一帶是最早年宵市場所在地，每年到了除夕前兩天，仍是花販擺賣年花的地方。

　　一九五〇年後，有過幾年，由於人口的增加，修頓球場的年宵市場也不夠應用，曾將範圍擴大，一直伸展到高士打道那邊去。那時香港的汽車不如今日的多，商業也不似現在的旺盛，高士打道曾因闢作年宵市場，在除夕前兩天即封閉不准行車。

　　到了五十年代後期，由於維多利亞公園建成，才將年宵市場搬到那裏去，一直到了現在，維園仍是港島方面的唯一合法的年宵市場。

　　至於九龍方面的年宵市場，初時沒有什麼規定，記得在戰前，尖沙咀的彌敦道也做過年宵市場，賣年花的花檔，就擺在路中心。油麻地的廟街近榕樹頭的地方，也是年宵市場。深水埗的花墟，都有年宵市場。

　　這些古老的年宵市場，其後因交通繁忙，又因人口的分佈轉移到較僻靜地區，港府在所有人口密集的地區，都開了年宵市

一八八〇年，當時農曆新年的花檔。

舊日的新年年宵市場

場，但上述九龍那幾個古舊的年宵市場地點，至今仍有花販在大除夕夜擺賣年花。

賀年風俗的轉變

賀年風俗中最大的改變，是大除夕晚上的一種「賣懶」的風俗，這種風俗現在已完全被淘汰了。從前，每到大除夕夜，父母都會帶着孩子出街，在街上邊行邊叫：「賣懶，賣到年三十晚！」此起彼落，像一首童謠在互相對唱。

賣懶的意思是將懶惰賣了出去，以後就勤勤懇懇。有些家長，帶孩子到街上賣了懶之後，回到家中，母親已用糯米粉煎好一塊，放在櫈上，叫孩子坐下去，意思是叫他「黐櫈」。

從前的人思想還未開通，認為孩子們必須屁股不離櫈才能勤力讀書的，故此賣了懶之後，還要屁股不離櫈才能勤讀，所以用一團糯米粉煎成一塊，要孩子坐下，好讓那團糯米粉把他的屁股黐着不離。那糯米粉塊要煎熱，因為不但要屁股不離櫈，而且要坐後櫈子也熱，才算勤力讀書。

這種顯然屬於迷信的風俗，漸漸因教育的普及而被自然淘汰。現時的填鴨式教育，家課非常繁重，哪一個學生不做幾小時家課？他們的小屁股，不用熱的糯米團來黐，也難以離開家課的座椅了。

從前港府規定大除夕深夜十一時起，至年初二下午四時止，是法定燃放爆竹的時間。這是因為習慣上年初一深夜接新年，所

謂「爆竹一聲除舊歲」，家家戶戶要燒爆竹的，而年初一的晚上，俗稱開年，也要燒炮仗，故此本港平日不許燃放爆竹，到了新年這兩天，是特准燃放爆竹的。這種風俗，一直維持到一九六六年。一九六七年由於騷動時很多人利用爆竹內的火藥製造土製炸彈，當局下令嚴禁藏有爆竹及出售爆竹，以杜絕土製炸彈的來源，到了是年歲暮，便宣佈賀年也不准燃放爆竹。至今此例仍未修改，是以再也聽不到「爆竹一聲除舊歲」的聲音了。

新年派利是的風俗至今仍盛行，年初一親屬拜年，多為後輩到長輩家中去拜年的；在商場上，是職工到老闆家中去拜年的日子。年初二是平輩及朋友間拜年的時候，這種風俗一直未改。但由於本港住宅區在各區域分散得太廣闊，船車都擠迫，近年來已有很大的改革，將各別的互相拜年，改為團拜。

團拜自辛亥革命之後，由於社團成立漸多，先流行於社團之內，近年來很多家族也改用團拜的形式。例如已成家立室的兄弟姊妹，或者叔伯姑表等，都相約在一天，到其中一位長者家中集體拜年，減少了往返的時間及擠車擠船的麻煩。

從前拜年多用一個金漆盒籃，載着糖果、油角、煎堆等物作為拜年的禮物，到親友家中拜年。現在卻不用盒籃了，大多數買一盒糖果或餅乾便算。拜年而帶禮物，也是含有吉祥之意，以免兩手空空到親友家中去。

從前拜年時相見互道吉祥的語句，喜用「添丁發財」，自從家計會推行節育運動，一般人都懂得兒女太多是一種壓力，多已改變口吻，只叫「恭喜發財」或「萬事勝意」，添丁已不再成為新年的吉利語。還有，從前新年家中所貼的揮春，也常貼「添丁發財」

的，如今也沒有了，但卻有新的語句，例如「狗馬亨通」及「孖Q常中」等。

　　商場上年初二的一餐午飯，是非常重要的，叫做「開年飯」。自清末到一九四一年日軍攻打香港之前，這餐午飯是商店主事人決定店內人事留任或解僱的時刻。因為這一餐開年飯必定有雞佐膳，因此俗稱這一隻佐膳的雞為「無情雞」。相傳吃飯的時候，東主若解僱某人，便親自用筷子挾一件雞給某人，即表示今年將他解僱，請他另謀高就。其實這只是相傳而已，實際上東主無須挾雞給他的。因為在吃飯之前，全店伙記已集中在店內，東主早已在開飯之前，分別向各職員談話，某人表現佳，就對他說今年加薪若干；某人去年表現不佳，就對他說，請他另謀高就。所以東主並無挾雞的儀式，只因吃這一餐以那隻「開年雞」為主菜，職員的去留也在這一餐開年飯上決定，是以把這道主菜稱為「無情雞」罷了。

　　從前由於沒有勞工法例，東主聘請職工，習慣上以一年為期，如果在年中解僱，東主一般只給職員一份回鄉的旅費及少許的補薪就算盡了義務。到了一年開始的時候，通知他另謀高就是不需要什麼補薪的。由於古老的商場一般商號開市期都在年初四之後，各商號也在年初二至該行開市之前請職員，被解僱的職工可在這幾天去另謀新職。但是現在不同了，因為有勞工法例保障，解僱職員也無須在年初二食開年飯時解僱，所以實際上「無情雞」已不復存在。

　　上文說過很多商店都不請廚子煮飯，故年初二開年飯已經不在商場流行，那些在寫字樓裏工作的白領階級，年初二是公眾假

期，就算有「無情雞」佐膳，也懶得回去吃了。

　　中國古老的新年風俗習慣，自第二次世界大戰之後，革掉了的並不少。例如年初三稱為「赤口」，說這一天不宜和要好的朋友相見，否則就會發生口角以致感情破裂。這種迷信的風俗，已沒有多少人相信。又如年初七稱為「人日」，說這天是上帝製造人類的日子，是眾人的生日，從前也拜神及燃放爆竹，當局也宣佈年初七上午是准許燃放爆竹的時間，但到現在，這個人日已經漸漸成為過去了。

從「舞照跳」談起

香港跳舞制度發展史話

　　跳舞並非香港生活方式，香港大部分人士不懂得跳舞，會跳舞的人也並非經常上跳舞場所去。同時，跳舞並不是男女相擁起舞這麼簡單。舞場、夜總會等跳舞場所，都有它們的制度，而供應伴舞的舞小姐，又分很多等級及有各種制度。未上過舞場去的人，不知道各種跳舞場所的制度，就是常常到舞場去的人，也是只知道他常去的跳舞場所的制度，不知別的場所的制度，只說「舞照跳」的人，肯定他對香港跳舞制度是完全不認識的。

　　香港跳舞制度是經歷過幾個時期才發展起來的，各種跳舞場所的制度，也是從發展之後才形成。筆者由於長期研究香港人的生活史，積累了不少資料，可供「舞照跳」的熱心人士參考。

早期跳舞只限於西人

　　香港開埠初期並沒有跳舞場所，這是因為開埠之初，來香港的歐西人士，不是軍人就是海員，這些下流人物是不懂得跳舞的。在十九世紀初期，跳舞是貴族們的玩意，出身於農民或漁民的軍人和海員，他們只會跳土風舞，這種舞蹈並非社交場合的舞蹈。是以開埠初期，香港只有妓院而無跳舞場所。

　　在西人的上流人物中，偶然會開舞會，但都是在私人地方跳舞，怡和洋行大班的寓所、顛地的春園，偶然也會開私人舞會，但為時當在一八五〇年以後。原因是到了這個時候，才有歐美商人帶同家眷來港居住，有了上流社會的婦女，舞會才能舉行。

　　當時英國流行的社交舞，仍是很保守的，那種舞是男女雙方保持一定的距離，並且是四對或五對的男女一起列隊來跳的，完全是一種充滿紳士風度的交際舞。這種舞有個名稱，名為「小步舞」（Minuet）。在香港的社交舞會中，也跳這種小步舞，這種小步舞只在轉換方向時，才由男方輕輕托着女方的玉手，距離擁抱起舞的時代仍很遙遠。我們在一張歷史圖片中，見到一八七〇年代在美梨操場上所開的舞會仍是跳這種小步舞。

　　很多人心目中認為西人不分男女都懂得跳舞，這是近代跳舞音樂在歐美興起，改變了跳舞只限於上流社會專利之後才出現的現象，並非自古以來都是凡西人都懂跳社交舞的。在跳舞仍屬於

這是一八七〇年一個舞會的圖片，圖中可見舞會中的舞姿，仍保持英國貴族流行的小步舞。

上流社會專利的時代，跳舞事業無法興起，在英國是如此，在香港也是如此的。

使跳舞事業興起，全靠爵士音樂。跳舞是在音樂中進行的，沒有音樂就不能起舞，舞步是隨着音樂的節拍在運行。當音樂仍屬於貴族們享有的時候，跳舞也是屬於貴族的。爵士音樂興起於十九世紀末的美國，到一九一五年才定型。這種音樂由於起源於最下層的黑人，因此很快就普及，成為大眾化的音樂，因此也將跳舞大眾化。

爵士音樂（Jazz Music）中的 Jazz 一詞的起源，在美國也弄不清楚，一共有三種傳說。在這裏不妨介紹一下。一說是「爵士」原由「查理士」快讀而成。相傳本世紀初，美國密西西比州維克斯堡城一樂隊中，有一位名查理士·華盛頓的鼓手，風頭最勁，名重一時。每當演奏時，樂隊指揮經常大呼他的名字，叫他加些勁兒，他原名 Charles Washington，樂隊指揮只把他的名字叫成 Chaz，由於快讀，就變成 Jazz 了。因此以後他敲擊的那種鼓法，也叫「爵士鼓」。另一說法也和爵士樂手有關，這位樂手是爵士音樂發源地紐奧良的一位爵士樂手。他的名字叫 Jasper，由於他演奏得特別出色，大家都把他的名字叫成 Jas，故認為 Jazz 是由他的名字而來。而第三種說法，是認為 Jazz 原為非洲黑人土話，意思是「加勁」，爵士音樂的節奏常常很強烈，是以認為「爵士」一詞由非洲土語而來。

從「爵士」一詞的起源，便知道這種音樂在未定型之前，有鼓手和樂手演奏來自黑人音樂的歌曲，因技巧超卓，而他們的名字亦和 Jazz 的音相近，在定型時，就叫它做「爵士音樂」，用這種

形式演奏的樂隊，也叫「爵士樂隊」了。

爵士音樂的普及，也使由這種音樂而產生的舞步普及，爵士音樂將起源於維也納宮廷的圓舞曲（Waltz)，推廣而成大眾化的舞步，而成快華爾滋舞和慢華爾滋舞，又將黑人的「哀歌」（Blues）發展成「狐步舞」（Fox-trot），變化成快狐步舞和慢狐步舞。他們又將起源於非洲，其後傳去歐洲，又帶到南美洲的探戈舞（Tango）加以普及，於是在爵士音樂之下跳舞，就更加多采多姿，把以前男女保持距離的「小步舞」淘汰出局。

香港也在這種世界性音樂與舞步的變化中，改變了跳舞的面貌。在各種私人舞會中，已不跳小步舞了，狐步舞、華爾滋舞、探戈舞已成社交舞。當時華人也開始學跳舞，那時學跳舞的華人，都是屬於「高等華人」，由於他們要參加西人的社交活動，必須懂得跳舞。這時期在外國跳舞已普及，反而在香港則不普及，原因是學跳舞受到的條件限制很大。

學跳舞所受的限制有三：第一，必須有一具留聲機器；第二，必須買備各種步法的音樂唱片，而這些唱片都是來自美國的；第三，要聘請一位跳舞教師。在一九一二至一九三〇年間，本港尚未有跳舞學校，初期本港華人學跳舞，多由西人教授，亦有由留學生教跳舞的。由於受上面三種條件限制，不是一般人能夠學跳舞。

不過，到了一九一七年，上流社會的華人中已有很多年青人會跳舞。自一九一四年爆發歐洲大戰後，英國為了應付歐戰，財政極度困難，要求香港支持英國的戰費。當時除加差餉外，並有很多籌款支持英國戰費的活動，其中一項「跳舞大會」籌款活動，在本港跳舞史上寫下新的一頁。

一九一七年跳舞籌款支持英國戰費

這個籌款大會名為「支持英國戰費籌款遊藝大會」，會場內有各種不同性質的籌款項目，其中一項節目，是在會場中設一舞池，由樂隊演奏當時最流行的舞曲，包括快狐步、慢狐步、華爾滋和探戈舞曲。這個遊藝大會在位於現時希爾頓酒店原址上的美梨操場上舉行，是一個露天的會場。當時特地用柚木鋪成地板，擦上地蠟，以便能翩翩起舞。「舞池」一名當時尚未使用，在舞場上有大幅的中文字額布張起，上面只寫「歌舞場」三字。進場跳舞者必須捐款，也有名門淑女鼓勵捐款者大力捐款，捐款多者與他共舞，亦可指定歌唱者演唱名曲。當時這個籌款舞會，已有很多華人參加，也有不少華人婦女在舞場上起舞。

《東華三院九十年來大事記》「一九一七年」條下，記述華人熱烈響應支持英國歐戰戰費的情形，有如下的敘述：

> 一九一七年（民國六年丁巳）是屆主席黃碧荃，首總理雷蔭蓀、楊瑞璜，暨各總理就職之初，因歐洲戰事，所屬英國各屬地均發動捐款，支援英軍，本港華民政務司，亦出席丁巳年二月廿七日東華醫院會議，聽取眾意。是次會議，太平紳士、團防局紳士及東華醫院歷任總理等均出席，凡數十人。主席黃碧荃提出意見，以華人在港安居樂業，得到英政府庇護，今英國有此事，我華人應盡義務，發動籌款，經各人交換意見，認為籌捐事屬應該舉行，因華人不欲政府立例加稅。其後，又

經二月廿九日，閏二月初三日，召集各行商代表與各街
坊眾等會議，議決：成立「闔港華人籌捐英國軍需會」，
以東華醫院為辦事地點，每年籌捐英國軍需一百萬元，
由本年元旦起，至軍務停戰之日而止。由闔港華人公舉
多數會員，協同東華醫院當年總協理組織之，各行商代
表，太平局、團防局、保良局、華商總會值理，警衛局
各員，與及各邑商會值事，均為該會會員。

歐戰結束後，儘管會跳舞的華人漸漸增加，但香港仍未有跳
舞場所出現。原來跳舞場所也受物質條件限制，不是有人投資就
可開設的，在第一次歐戰結束後，物質條件仍未能支持跳舞場所
開設。

那時尚未有電子擴音設備出現，跳舞場所如無擴音設備，便要
一陣容龐大的樂隊才能應付多量的舞伴跳舞，而一個龐大的樂隊亦
不容易組成，因香港還未有爵士樂手。因此香港的跳舞場所要等到
有了電唱機、真空管擴音器、咪高峰等設備運來，才能開設。

歐戰結束後，香港經歷了兩次經濟和社會風暴，一次是
一九二二年的海員大罷工，另一次是一九二五年的省港大罷工，
這兩次社會風暴令本港經濟受到打擊。屬於娛樂事業的跳舞場
所，在經濟尚未復甦之時是無人投資的，是以香港的跳舞場所開
設得很遲。

一九二七年之後，雖然經濟條件不足以開設跳舞場所，但
爵士音樂的影響已經及於香港。那時本港有很多音樂團體，都是
以粵曲為主的，但是粵曲中的小曲，即現時人們通稱的廣東音

樂，已開始受爵士音樂所影響。有很多原屬爵士音樂的樂器，
已成了粵曲伴奏時的樂器，爵士音樂甚至影響到粵劇的伴奏，很
多爵士樂隊常用的樂器也搬上粵劇舞台，無異為跳舞場所準備了
一大批跳舞音樂的樂手，為將來開設舞場創造了條件。這時期是
一九二七至一九三〇年之間。

第一間舞廳名銀月舞院

　　到了一九三〇年，音響器材大量運來香港，電唱機和電子擴
音機已被用於舞台上和歌壇上，因此香港第一間舞場也就在同年
出現。

一九一七年香港為了支持英國因歐戰而造成的財政困難，推動很多籌款運動。這
是遊藝大會中一級跳舞籌款舞場內跳舞的情形。圖中起舞的男女，中西均有，從
舞姿可知他們正在跳探戈舞。此圖可證由於爵士音樂的傳入，交際舞已漸漸興起。

這家舞場名為銀月舞院，開設於大道中陸祐行樓上，是由一位姓葉的華僑開設的。

銀月舞院的樂隊，是從香港粵曲音樂社的樂手中挑選出來組成，因此這期間的跳舞音樂除了有歐西流行音樂之外，也有廣東音樂。這種中西合璧的跳舞音樂，在一個很長的時期裏，形成本港舞場一個特點。

至於舞女的來源，葉某在舞院開幕前兩個月即登報招請，他自己親自教授舞步，在舞場裏用電唱機放上音樂唱片，教她們幾種基本步法。當時本港工業未發展起來，婦女就業機會不多，女招待成為婦女求職最多的職位。她們看見舞院刊出招請舞女的廣告，覺得條件優厚，都去報名參加，甚至有些女招待，也寧願當舞女。究竟招請舞女有什麼優厚條件呢？

原來，只須品貌端正，年齡在十八至二十四歲，經面試合格後，即可接受訓練。訓練期中，可預借酬金，訓練完成，又可借款裝扮，各項借款可在服務之後分期攤還。

當時的跳舞制度和現時完全不同。現時舞廳或舞院的舞小姐，是坐在休息室裏面，等候舞女大班帶她出來上台的。那時沒有舞女休息室，舞女是坐在舞池旁邊，等候舞客挑選的。

在面對音樂台的舞池旁邊，排列着一列有靠背的椅子，舞院內若有三十位舞女，就放着三十張椅子，每一舞女依照舞廳給她的編號，依次坐在椅子上。例如編號第一的，就坐在第一把交椅；編號三十的，就坐在最後的一張交椅。舞池的兩邊就是舞客的座位，全部是方桌，每桌有四張椅子，可供四位舞客共坐。

來跳舞的人客，先要向侍應生買舞票，當時的舞票，每元三

張，每張只跳舞一次。跳一次一張，若跳十次便要十張。通常很少客人買三張舞票的，大多數都買一本，每本十五張，相當於最低消費五元。

舞女們排列坐在舞池邊沿，舞客就可以看清楚每一位舞女的儀態和容貌，選中一位之後，當音樂奏起時，就走到這舞女前面，微微躬腰，現出紳士風度，作出邀請她共舞的樣子，她嫣然一笑站起來，這時舞客就將舞票給她，於是雙雙起舞。

這是本港最初期的跳舞制度，也是最純正的跳舞制度。但這種制度有很多缺點。其一是常會引起舞客為爭舞女而打架；其二是使得那些相貌不特別美麗的舞女很難堪，坐冷板櫈。

當有兩位舞客看中一位舞女時，甲和乙舞客一齊走到這位舞女面前，就會引起爭吵，脾氣不好的就會打架，這是缺點之一。

美麗的舞女自然多人邀舞，沒有舞客的舞女坐在椅子上看見別人跳舞心很酸。假如兩小時之內也沒有一位舞客邀舞，豈不是很難堪？這些沒有人邀舞的小姐，通常在音樂奏起之後，照例也離開椅子，躲到洗手間去，等到音樂將完，才從洗手間出來，坐回椅子上，好像她也和其他舞女一樣舞罷回座。

這種初期的跳舞制度，很明顯地視舞女為商品，那列椅子成為這些活商品的櫥窗，陳列在那裏供選擇。但在市場理論上這種制度是不完美的，必須改革這種制度，才能達到舞女服務商品化的目的。

坐枱和買鐘制度的形成

大約在一九三二年開始有「坐枱」制度，這種制度也稱「買鐘」制度。這是為了避免舞客搶先到椅子前邀舞，以及避免由此而引起吵架。辦法就是舞客如果歡喜某一位小姐，他可以「買鐘」請她到他的枱子旁邊陪他談心或起舞。所以在舞女而言，她是上舞客的枱子去坐，故名坐枱；在舞客而言，他是付出金錢，購買這位舞女在一定的鐘點內陪伴自己，是以稱之為買鐘。

最初只是一張舞票跳一次舞，沒有時間觀念，怎樣將「跳一次舞」化成時間觀念？當初並無和樂隊領班取得默契。其後「音樂即時間」制度才形成。（關於音樂與時間的制度形成，稍後將談及。）在「音樂即時間」的制度未形成前，舞客買鐘仍是以舞票計，當時是十二張舞票作一小時計。就是說，某舞客歡喜 B 小姐的話，他可以指定 B 小姐伴舞一小時，但必須先付出十二張舞票。

自從有買鐘制度後，紅舞女就出現了。擁有很多買鐘舞客的舞女，就是紅舞女。例如上述的舞客買鐘要 B 小姐上枱，可是 B 小姐已經被另一舞客買了鐘，這位舞客就要等 B 小姐在另一舞客

這是香港第一間舞廳的音樂台及舞池，這間舞廳名「銀月」，在中區皇后大道中陸祐行二樓，其後遷到鄰近的中華百貨公司五樓，改名「中華舞廳」。

的枱子上坐夠鐘，才能到他的枱子來伴舞。若這種買鐘的舞客很多，B 小姐基本上就不需要回到舞池的椅子上去，那末 B 小姐就是紅舞女。

伴隨着買鐘制度，也產生了舞場大班制度。舞場大班和舞女大班不同，本港是先有舞場大班，然後才有舞女大班的。因為初期舞場中的舞女，是由舞院招聘而來，以及由舞院教她們跳舞的，舞女是屬於公司管轄的職員，舞場大班也是公司的職員。在未有買鐘之前，舞客到舞池上邀舞女共舞，毋須舞場大班作為舞客與舞女間的橋樑；有了買鐘制度，舞場大班變成不可缺少的人物。

舞場大班的職責在於應付舞客以及推銷「活商品」。例如某舞客要買鐘請 B 小姐上枱，而 B 小姐已被另一舞客買了鐘，舞場大班會向他解釋，B 小姐要到什麼時候才能上枱，在這漫長的時間裏，何不請 × 小姐伴舞，× 小姐是十八號，你不妨跟她跳一拍舞試試。舞客經舞場大班介紹，望向排列的椅子上的十八號小姐，覺得相貌也不錯，橫豎 B 小姐還要很久才上枱，試跳一拍散舞消磨時間也好。這樣，這位 × 小姐就不會坐冷板櫈。舞場大班的職能就是這樣。

立法局議員首次質詢舞院情形

這種跳舞制度形成之後，大小舞院便在一九三二至一九三三年相繼開設了十多家，於是引起一位立法局議員布力架（J. P. Braga）於一九三三年二月十六日在立法局會議上，向警務處長提出質詢。

布力架的質詢是本港跳舞史上一件大事，它標誌着香港跳舞場所已如雨後春筍般開設，引起一群保守派人物的反對，但這種潮流又為新思想者所接受，反對的人仍是少數。筆者從立法局紀錄中抽出當年布力架的質詢，和警務處長的回答，供大家參考：

立法局議員布力架的質問

我有一些問題提出：

（一）請問警務處長是否已察覺到那些舞院、跳舞場所或跳舞學校，是否已經開得太多？這些場所是否屬於不良地方？年青人到這些跳舞場所去，是否不妥當？

（二）請閣下回答下列有關在港九開設跳舞場所的問題：

（甲）警方批准開設的跳舞場所，目前有多少在營業中？

（乙）那些跳舞場所，在哪一類型的建築物開設？

一九三四年中華舞廳內部的佈置，此圖雖然因陳舊而模糊，但仍可看見舞池邊沿，面對音樂台的地方放着一列椅子，這些椅子是為舞女上班時坐下來，供舞客選擇而設。

（丙）這些跳舞場所的營業時間有沒有規定？

（丁）這種跳舞場所牌照有沒有規定期限？其期限是多少？

（三）請問有沒有一些條例規定有關在本殖民地申請領取跳舞場所牌照？

（四）如果尚無條例的話，是否應該立即立例管制申請跳舞場所牌照？

（五）請問在香港及九龍方面，有沒有限制跳舞場所的數目？如果有的話，最多可批准多少呢？

（六）警方是否認為目前跳舞場所已經滿額？抑或仍會批准開設？

警務處長的回答

（一）警方是注意到跳舞場所的數目不斷增加，警方也相信社會上有一些人對跳舞場所不歡迎。當然，並沒有一個有代表性的團體表示反對。

（二）所問的各點，答覆如下：

（甲）警方確知目前跳舞場所的數目，香港七間，九龍兩間。

（乙）跳舞場所開設的地點及其建築物的名單，稍後會分發給議員們。

（丙）並沒有限制它們的營業時間。

（丁）沒有限制跳舞場所開設的期限。

（三）目前並無條例管制跳舞場所，但現時已起草一

個大綱，用以規定簽發跳舞場所牌照。

（四）不必回答。

（五）沒有限制跳舞場所數目。

（六）警方是沒有權力去規定跳舞場所的最高和最低數目的。

本港很多牌照都是由警務處核發的，這類牌照通稱「雜項牌照」。舞廳牌照要由警務處長批發，是以質詢的對象是警務處長，而答辯的也是警務處長。

警務處長回答布力架的質詢時，說正在起草大綱管制跳舞場所。這個大綱於同年七月十三日擬定，向各舞院通知，跳舞時間不得超過午夜十二時，各舞院接到通知之後，表示不滿，於七月十八日聯名向警務處長請求將營業時間延長至凌晨二時。但警務處長的回覆是：立法局將通過有關娛樂場所條例，到時對舞場的營業時間，會考慮延長，但在未通過條例之前，各舞院應遵守十二時打烊的暫行辦法。各舞院經營者只好等候「佳音」。

一九三三年開始立例管制舞場

一九三三年十月十二日，一條修正的娛樂場所條例獲通過，這條例對於跳舞場所有所規定，是本港首次訂定的跳舞條例。由於條例歸納於娛樂場所條例中，條例太繁複，只能將有關舞場部分的大意，略述於後：

第一，凡用作公開跳舞用的場所，都視為舞院，必須領取牌照，牌照每月二十元，全年則為一百二十元；第二，持牌人必須準確將工作人員名單向警務處長呈報，包括舞女的準確人數，每人的姓名、年齡、籍貫、地址等，在舞院內工作者，無論當何種職位，亦須呈報；第三，凡年齡在十五歲以下者，不得進入舞院範圍之內，無論其為職員或舞女，抑或舞客或訪客，均禁止入內；第四，舞院之內，禁止婦女留宿，包括舞女在內；第五，跳舞時間規定不得超過午夜十二時，如欲延長時間，必須預先申請，延長一小時納費十元，延長兩小時納費三十元，延長三小時納費六十元；第六，舞院之內不准賣酒及飲酒；第七，在舞院內不得口出粗言穢語，不得穿袒胸露臂衣服，不得作無禮及淫蕩性的跳舞動作。

有了法例管制，香港舞場的制度已大體上完成，當時舞院的營業時間至深夜一時。因為延長一小時，只付出十元，一個月付三百元，再加一百二十元的本身牌照費，合共四百二十元，就當四百二十元是舞院的正式經營費用。但若在聖誕前夕、大除夕等重要節日，則可申請延長至午夜二至三時，多付幾十元延長時間費亦是值得的。

一九三五年六月三十日，本港實行禁娼，石塘咀的妓院全部結束營業，這是使本港的跳舞事業發展起來的最好時機。

禁娼的法例是早幾年已頒行的，因此有長達三年的時間給予妓女轉業的機會。正當此時，舞院開設了，舞院的制度形成了，石塘咀的妓女屬於「自由身」的，不少已經轉到舞場去當舞女。其中屬於鴇母控制的妓女，則轉到澳門或廣州去繼續過着妓女生

涯。當時的妓女，名為歌姬，和完全出賣皮肉的下級妓女不同，她們有條件轉業為舞女，亦有條件轉業到歌壇去唱歌。

石塘咀的幾家大酒家，營業對象是商業應酬中飲花酒的商人，以及一些妓女的「恩客」，妓院全部停業了，營業對象完全改變，很多酒家支持不住而停業，未停業的酒家，就要改變營業對象才能維持下去。於是，香港開始有供華人跳舞的夜總會開設。

石塘咀的廣州酒家，看到舞院越開越多，而舞院受條例限制，不能飲酒，舞場內沒有酒菜供應，把酒家充作跳舞場所，有酒飲、有舞跳、有小菜供應，應該是有作為的。主要是有一批從前石塘咀的歌姬轉業舞女之後，反映當時舞院內的情況，認為將酒家改作夜總會，肯定有一定的捧場客，於是廣州酒家將其中一層樓，闢為夜總會。

香港現代跳舞制度的形成

抗日戰火帶來大批上海舞女

一九三七年七月七日掀起抗日戰爭之後，不久戰火燃及上海，雖然上海租界暫時未被波及，但在砲火邊沿生活的有產者，都紛紛逃離上海。他們先來香港，或在香港定居，或從香港轉入重慶。其中有大批上海舞場的舞女轉來香港，同時上海經營夜總會和舞場的資本家和管理人，也來香港開設舞廳和夜總會。於是更加把香港的跳舞事業發展起來，使香港的舞廳增添了很多「海派」的色彩。同時使舞場音樂更加豐富起來，有大批的上海樂手在舞場演奏，也有一批歌唱者在舞場和夜總會唱歌。

自從銀月舞院開始之後，本港舞廳不斷增加，到了一九三八年，本港大小舞廳已超過二十家。舞廳增加，自然需要更多舞女，新入行的舞女只受過短暫的舞步訓練，她們很多連音樂的節奏都分不清。這樣就要設法讓她們知道樂隊演奏的是什麼節奏的音樂，才能在和舞客起舞時知道是快狐步還是慢狐步，是快華爾滋還是慢華爾滋。初期，本港的制度是由樂隊領班在米高峰上先行宣佈的，例如說：「現在演奏的是慢狐步！」於是舞女都知道跳慢狐步；很多新學會跳舞的舞客，也有了心理準備，知道現在是跳慢狐步舞了。這種制度自上海產業人士來港之後，很快就改變用燈色來代替用米高峰宣佈。

初期香港舞廳舞池上的燈光只得白燈一種，在跳舞的時候，

仍然是很光亮的，沒有燈色的變化。上海舞廳的舞池，燈色是多樣化的，「海派人士」將上海的制度帶來香港，代替了用米高峰宣佈奏什麼舞的音樂。

辦法是用燈色暗示奏哪一種舞的音樂。當舞池上的燈光亮起全部紅燈時，表示跳的是慢狐步；紅燈和白燈一起亮時跳的是快狐步；亮綠色的燈時，代表樂隊奏慢華爾滋；綠燈和白燈一齊亮起時奏快華爾滋；紅燈和綠燈一齊亮起時，就是奏探戈舞。這樣，舞女只要看到亮什麼燈，就知道跳哪一種舞了。

這種以燈色代表舞步的制度，至今仍未改變，只是已沒白色的燈光，白色的燈光只用於音樂奏完時亮起。現時只有紅燈和綠燈，但加上閃動的紅綠燈和轉動的紅綠燈，都是用燈色指示舞步。這種制度自一九三八年開始，逐漸演變而成。

舞場的跳舞音樂和舞女有關。上述的燈色指示舞步法，是為舞女而設，另外也有一些制度和舞女有關。

跳舞音樂與「一開十二」

舞客叫舞女坐枱，每小時十二張舞票，如果不叫舞女坐枱，則一張舞票跳一次舞。如果不叫舞女坐枱，只和舞女逐隻舞「散跳」，遇到一首長的音樂，豈不是舞女的收入減少了？因此樂隊領班必須控制音樂的時間，務使每一支樂曲，在四分鐘左右奏完。這樣，每小時奏十二首音樂，令到散跳和坐枱的舞女，有同等的收入。

在未取消舞客先購舞票的制度前，舞場音樂都是配合一小時十二張舞票的，戰後取消了舞客先購舞票，樂隊的演奏才改變了古板的每首歌曲只限四分鐘左右。因為取消了先購舞票，就是以時間來計算舞女的伴舞代價，沒有散跳，樂曲的長短便可以有較大的伸縮性。

不過，現時港九很多舞廳，仍用「一開十二」這種制度。我們經過一些舞廳門前，看到門上的廣告牌，上寫「日舞二元八角，夜舞三元八角」，另有大字寫着「一開十二」。這「一開十二」就是説一小時十二票，每票日舞是二元八角，夜舞是三元八角，即日舞每小時十二票，以二元八角乘以十二，即三十三元六角一小時計。這種「一開十二」的制度，是從一九三一年的制度發展起來的。

關於後來怎樣取消了舞客購舞票、取消了散跳的制度，下文將會談及。如今先談另一種制度的興起，這種制度叫「帶出街」。

有夜總會便開始有「帶出街」

自從一九三五年開始有夜總會之後，就有「帶出街」的制度了。事實上，在舞場初興起的時候，跳舞確實是一種高尚娛樂，在一九三〇至一九三五年那些年代，到舞場去跳舞的人，都是為了跳舞而跳舞的，跳舞並無色情成分。舞女是為了作為舞伴陪同舞客跳舞，舞客為了找尋跳舞的舞伴而上舞場。舞女每天依時上班，舞客要和相熟的舞女見面，亦只能到舞場去找她。但有了帶

出街的制度後，就有點不同了。

　　自從一九三三年十月二十日宣佈規定舞場不能飲酒之後，只有到夜總會去，才能享受紅燈綠酒夜的樂趣。因為夜總會原是由酒樓改革而成，它是有酒牌的場所，是有酒樓牌照的場所，和舞院不同，它只須遵守跳舞場所條例的若干部分，就不成為舞院。例如，夜總會沒有舞女供應，十五歲以下不論何人不能進場，女性不在場內留宿，只須領取跳舞牌照就可經營。夜總會開設之後，果然其門如市。

舞廳作商業應酬代替石塘咀飲花酒

　　有了夜總會，舞院中的制度又有所改變。以前沒有夜總會，要跳舞的人，只能到舞院去叫舞女跳舞。有了夜總會後，就可以帶舞女到夜總會去，在夜總會裏一邊飲酒一邊跳舞，頗得醇酒美人之樂。這樣，舞院就有「帶出街」的制度了。

　　在舞廳裏將舞女帶出外面去，叫做「帶出街」，舞廳和舞女要維持本身的利益，因此定下了帶出街必須付出更高的代價，辦法就是「買出街鐘」。

　　買出街鐘通常是買鐘買到打烊後一小時，例如晚上十一時帶舞女出外，而舞廳平時是午夜一時打烊的，買鐘就要計算到午夜二時。即由十一時起計，共買三個鐘才能帶舞女出外，比在舞廳跳舞到打烊時多付一個小時的舞票。換句話說，由十一時帶小姐出街，就要付三十六張舞票的代價，亦即共買三個鐘。

一九三四年時的上海餐廳，圖中左側的三位舞女，就是「坐位子」的舞女，和香港當時舞女的「坐位子」不同之處，在於座位之間有一茶几。一九三七年抗日戰火燃起之後，上海舞女和經營舞廳的大亨來港，將上海舞廳的作風帶來香港。

　　有了夜總會和帶小姐出街的制度後，舞場和夜總會才能成為商業應酬場所，它代替了從前石塘咀的飲花酒，改變了香港古老的商業應酬習慣，也推動了對外貿易。

　　從前本港對外貿易多由外國人壟斷，歐美商人來港訂購貨物，即使是訂購中國土產，也是到外國人開設的洋行去交易，由洋行向本港華人的行莊購買才運出口。外國商品運來香港找代理，也是落在外國人的洋行手上。這是因為華人的商業應酬場所，只限於在石塘咀飲花酒，這種商業應酬和外國人格格不入，而洋行大班的商業應酬則和他們卻完全適合。這是在舞場和夜總會興起之前，西人洋行幾乎壟斷了香港對外貿易的原因。

　　這種現代商業應酬場所逐漸形成時，又遇到戰火將它破壞。日本發動珍珠港事變，同時進攻香港，舞場和夜總會都在戰火中被摧毀了。

抽跳舞稅引起舞女大罷工

一九四五年八月香港重光之後，很多戰前開設的商業機構和行業都紛紛復業。本港舞場的根基在剛穩固時即遭戰火洗禮，戰前經營舞廳和夜總會的人還未復員，只有一位在戰前經營舞廳的西人首先在香港開設戰後第一間大舞廳。這位西人名叫差利，這第一間舞廳叫「百樂門」。舞廳的地址是在中環的皇室行六樓，開業的日期是一九四五年十月十七日。

接着，戰前在中華百貨公司五樓的中華舞廳也復業了；到一九四六年，石塘咀的金陵大酒家五樓，戰前是夜總會，這時也改開舞廳，取名「凱旋」；而在駱克道的「巴喇沙」也開業。九龍方面，最先開業的舞廳是在彌敦道平安戲院側的金殿大舞廳。香港有了五間舞廳，夜總會亦有足夠的條件開設。因此，上海籍的「聞人」李裁法也在北角七姊妹海旁，開了一間花園夜總會，取名「麗池」。麗池的開業日期是一九四七年九月七日。

在麗池開業之前，本港發生一件轟動全港的大事，就是戰後第一間開業的舞廳「百樂門」的全體舞女四十七人，實行罷舞。

舞女罷舞的原因，導火線是一九四六年十一月二十九日立法局通過修訂的《娛樂稅規則》。娛樂稅本來在一九三〇年十二月十二日公佈施行的，但當時香港的舞場還未成為流行的娛樂場所。同時，到舞場去跳舞又並沒有入場券之設。娛樂稅主要是依據入場券來抽稅。例如戲院或其他娛樂場，都是要購券入場的，可以根據售出的入場券抽稅。舞廳既不用入場券進場，是以在戰前並無抽稅。一般認為，領取舞廳牌照已等於納稅，同時舞廳營

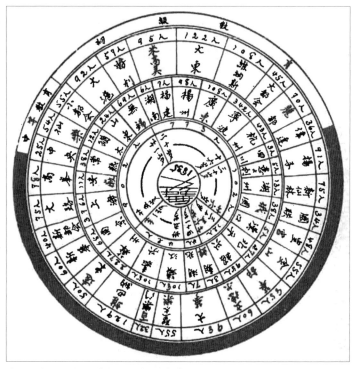

這是一九四七年上海舞場的調查統計表，刊於當年《中國生活》雜誌第七期。從這份資料，可見戰後初期上海舞廳的數目和舞女的人數。其中在上海的廣東籍舞女也有一百零三人。這一群舞女，在一九四九至一九五○年期間，還有不少南來香港「謀生」。

業亦依地方稅繳交利得稅。舞客對舞場更無納娛樂稅的觀念。

一九四六年十一月二十九日通過的法例，並沒有指定跳舞要抽稅，但是由於在舞廳叫舞女伴舞，要買舞票，稅務局認為舞票屬於入場券性質，因此要抽娛樂稅。同時，跳舞實際上也是娛樂。

抽跳舞稅於一九四七年四月一日實施，全港五間舞廳的主事人和全體舞女，都知道跳舞要抽稅，而且也知道抽稅是依照舞票的價目作標準。只因這是第一次抽稅，大家都不知怎樣抽法，舞廳方面又無經驗，因而弄得很不愉快。

在未說明舞女罷舞的原因之前，先談談舞女和舞廳在利益分配方面的制度。舞女並不是舞廳的受薪職員，她們只是按伴舞所得的舞票的價格和舞廳分賬的。自一九三〇年以來，舞女和舞廳分賬法是六比四，即舞女佔六成，舞廳佔四成。一九四七年的舞票價，是每小時十五元，舞廳得六元，舞女佔九元。

舞女和舞廳結算，一向是一星期結算一次的，有些舞廳以星期一為結算期，也有在星期二或星期三的，但通常不會在星期六和星期日。百樂門舞廳的結算期是逢星期一。

一九四七年四月一日實行抽跳舞稅，當天是星期二，是在結算期之後一天。到了四月七日星期一，又是舞女和舞廳計算之期，這天下午，百樂門全體舞女返舞廳領取她們在一星期內所得的報酬。舞女們接到那張「糧單」，全體為之譁然，原來糧單上面的娛樂稅款，抽走舞女一元的稅，舞女認為不公平。

當時的舞票每張十五元，跳舞稅是百分之十，即每票抽一元五角的稅。舞廳方面將稅款分攤給舞女一元，舞廳只納五角的稅，是以舞女認為不公平，引起舞女反感。

同時，舞廳方面由於抽稅的原故，收入是減少了，舞廳的經理認為應該加強業務，以彌補損失。因此在出糧的時候，同時發給一張通知書，通知各舞女必須提早上班坐位，及不能早退，要到午夜一時半才能下班，又規定舞女到洗手間去不能超過五分鐘，對於舞女和舞客坐枱時，如超過十分鐘，亦要計鐘。這樣就可以將勤補稅。

全體舞女認為舞廳方面不但尅扣了她們的金錢，同時訂下這許多苛例，等於壓迫她們，於是一齊離開舞廳，不肯上班，到紅梅餐室開會應付。

因此，一九四七年四月七日晚上，百樂門舞廳爆發了全港首次的舞女大罷工。當晚舞廳的洋經理大發雷霆之怒，派兩位舞場大班向舞女們宣佈：不上班的舞女，一律當有舞客買了鐘給她們。就是說，由上班時間到打烊時間，都要舞女照四六分賬法，向公司補回公司應得的票價。這一來，更加激發了舞女的團結，到了四月八日晚上，依然拒不上班，繼續罷工。

舞女罷工，勞工司不受理

舞廳經理曾向警方求助，但是，警方覺得愛莫能助，原因是這類事件是歷史上所無，沒有先例可引用；其次是，舞女不算工人，她們不是受薪的，不能和其他工人的工業行動比擬。警方是希望舞廳和舞女雙方盡快達成協議，解決這一件事。

四月八日舞女在勝斯酒店旁邊的紅梅餐室閣樓上開會，先行

擬定了五項條件，要求資方答覆，再於四月九日上午，選出四位代表負責和資方談判。四位代表的名字是：江小妹、汪洋、陳蝶影、夏莉。為了讓讀者瞭解當時的實際情況，筆者將一九四七年四月九日上午出版的《新生晚報》的一段新聞錄出，以供參考：

百樂門舞娘罷舞

在紅梅開夜會

因不平待遇遂惹出糾紛

今天將派代表謁見勞司

（本報特訊）昨日下午六時，勝斯酒店左鄰紅梅餐室大閣樓頭，忽有舞娘數十，燕語鶯聲，別有風趣，查該批舞女係屬差利麾下之百樂門舞娘，因不滿資方待遇，不約而同舉行罷舞，前晚已實行，表示以行動抗議矣。昨晚繼續討論，如何進行，據記者調查所得，此次罷舞經過之最大焦點，亦為舞娘所提出質詢資方者，為：一、坐枱票價為每小時十五元，內稅款一元五毫，何以舞女必須負擔稅款一元，而老闆則只負擔五毫，顯有不公。二、各大舞廳公訂每小時坐枱為十五元，何以老闆印備大量十元及二十元一枚之坐枱票，指派各舞娘兌換。以言十元枱票，則不是一小時之坐枱之需；以言二十元之坐枱票，則顯有超過公價之外。換言之，如舞客召舞女，坐枱一小時，付出廿元時，其中十五元為公價，五元為貼士，如落枱時即須購買舞票者，則此區區之五元貼士，舞女只佔三元而已。三、每晚由八時半

1947 年百樂門舞廳舞女大罷工時，
舞女代表之一的夏莉小姐，她是受
過較高教育的小姐，能說英語。

起坐位子，捱至深夜一時半，顯有萎靡之色，舞女多吃
不消者，宜改為十一時半後，自由行動。四、開茶賬單
時，同時不能開上舞票單，舞客應有絕對自由，隨意交
付跳舞代價，不能使舞客立予交付，以示大方。五、仍
照一向辦法，每星期換舞票一次。因有時徇從舞客之
請，翌日找賬者，如限令舞客或舞女負責即時找賬，頗
使稔客難堪，並使舞女墊支麻煩。查上列要求中，尤以
第二項最為重要，蓋此與舞女本身之入息大有關係也。

　　會議中議論紛紜，有主張昨晚須返工，以待法律解
決，俾避免予老闆口實者；有等則繼續罷舞，以示堅決
者。一時百花撩亂，言人人殊，並議決今晨十時半，再
度於紅梅集議，並選出江小妹、汪洋、陳蝶影及夏莉四
人前往資方折衝一切，並往謁見勞工司以謀解決。

　　記者又悉該批舞娘此次罷舞，於法律不無吃虧之處者有三點：一、舞女罷工前，並未向老闆提出書面要求，亦未請老闆限時答覆，亦未於談判決裂造成僵局後即卒然罷工，顯失步驟；二、罷工前並未請求勞工司調解，乃意氣用事，全體罷工，增加調解困難；三、各舞女各持各議，雄辯滔滔，內部已顯出鬆弛。昨晚資方已口頭答覆，請各舞女先行復工，從詳審議，老闆期以三日考慮，惟各舞女不允，昨晚卒繼續罷工，故百樂門樓頭，頓有門前冷落車馬稀之景象。（展）

低估了舞女實力

　　從這則新聞報道我們可以看到當時新聞從業員對舞女罷工的性質是完全不了解的。例如新聞末段的論調，可代表當時輿論界對舞女罷工的看法。他們是將舞女和工人置於同等地位，事實證明，這種論調完全是錯的。四月九日上午，四位舞女代表去見勞工司，勞工司認為她們不屬於勞工，不能接受調解，叫她們另尋調解途徑。她們終於到婦女運動會去，要求婦女運動會調解這次罷工。可見那位記者低估了舞女的實力。

　　婦女運動會的全名是「港澳婦女運動委員會」，該會戰前名為「新生活婦女運動委員會」，戰後由陳策夫人梁少芝於一九四六年三月成立，改為今名，簡稱「婦運會」。陳策夫人梁少芝任主任委員，常務委員為蘇安平、張雪、洪奇芬，香港很多社會名流的夫

人都是該會的顧問、理事、常務理事。罷工舞女到婦運會去請求調解，可説找到了門路。

婦女運動委員會調解舞女罷工

婦運會的會址離皇室行、紅梅餐室不遠，就在畢打行六樓。四位舞女代表江小妹、汪洋、陳蝶影、夏莉，向該會的常務理事表示，她們是婦女，這次舞女罷工也是婦女運動之一，希望婦運會能夠為她們辦點事。該會幾位常務理事都表示答應，於是由婦運會致電到百樂門舞廳去，告於舞廳方面，表示舞女代表已來了該會，希望舞廳方面，也派出代表來，和舞女代表在婦運會內談判。

負責調解舞女大罷工的港澳婦女運動委員會主任委員梁少芝女士。她是陳策將軍夫人。

負責調解舞女大罷工的港澳婦女運動委員會常務委員蘇安平女士。她原籍廣東三水縣，因在台灣安平出生，是以用出生地為名。她在香港辦教育。

舞廳果然派了代表到婦運會去，於是雙方舉行閉門會議，由婦運會常務委員擔任仲裁人。舞廳代表要求舞女先復工，各項條件慢慢商量；舞女認為有些條件是和復工有關的，是否復工時，要依舞廳通知的新例執行？如果是這樣，等於先投降。同時，必須舞廳答應罷工期內，不能要舞女補舞票。結果協議先照從前的習慣復工，其他新例可以協商。舞女答應了，於是她們於四月九日晚上照常上班伴舞。實際上罷舞只是兩天。

舞女復工之後，關於跳舞稅方面，改用先扣稅後分賬的辦法。十五元一票，扣起稅款一元五角，餘下十三元五角，舞女佔六成，實得八元一角；舞廳佔四成，實收五元四角。關於「坐位子」時間亦有所改變。

當時本港其他四間大舞廳，亦恐怕會爆發舞女罷舞，因此和百樂門舞廳一齊訂定舞女上班制度，以及關於利益的分配，共同協定「約法四章」，在百樂門、凱旋、中華、巴喇沙、金殿內實施。「約法四章」的內容照一九四七年四月十五日《新生晚報》港聞版錄出如下：

　　一、到場時間，由下午八時起至午夜一時止。在八時至八時半及十二時半至一時，此兩個半小時內，舞女得自由行動，如逾八時半到場及未夠十二時半離場者，須照例補鐘。

　　二、倘有特別節目，由下午八時至午夜二時時，在一時至二時之一小時內，舞女可自由行動。

　　三、分賬方法，仍照現行辦法。每小時十五元，然

除稅一元五外，所餘十三元五，四六照分，舞女得六，
舞廳得四。

四、額外賞金，倘舞客闊綽，多予賞金者，其方式
倘予以超過額定之舞票時，舞廳與舞女同分其餘。蓋舞
客多購舞票，乃撐場面之舉，是不獨與舞女有關，且舞
廳亦有關，而對於納稅，舞女例須負責。有此關係，不
得不爾。至若「夾心餅干」（舞客不購多量舞票而多以現
金夾在舞票內予舞女之稱名），則額外之現金，則歸舞
女，舞廳不過問。

這四項答覆，五個舞廳已同意，今晚或許明晚，舞廳的主事
人將向舞女們正式通告，而這一段舞女罷舞潮大概也可以作一個
結束。

舞女罷工影響整個跳舞制度

跳舞稅從舞女和舞廳身上抽取，是完全不合理的，因為這是
違背娛樂稅的原則的。娛樂稅抽稅的原則，是娛樂的人應負擔稅
款，有資格娛樂，多付點稅是合理的。沒有理由稅款不由娛樂的
人負擔，而由供人娛樂者負擔，所以這種抽稅法是不合理的。

由於這是初次出現的，舞廳和舞女都沒有經驗，是以雙方都
做了吃虧的事，因而引致了舞女罷工。到了一九四八年的報稅年
度，舞廳從會計師方面獲知一些稅務常識，才知道舞廳和舞女這

樣付跳舞稅是不合理的，因此由一九四八年開始，跳舞稅就由舞客負擔，舞場制度又有所改變了。

在此之前，舞女是先向舞廳領了舞票，由舞女之手轉賣給舞客。例如一舞客請 A 小姐坐枱伴舞，坐一小時，A 舞女就取出舞票給舞客，舞客以鈔票買她的舞票。這方法只能由舞女和舞廳負責付稅才能存在，如今改由舞客付跳舞稅，由於有零碎的餘款，舞女和舞客都感不便，因此就改為「埋單」制度。

舞客在臨走時，由侍應生拿舞票給舞客，稅款計在賬單上，舞客結賬，連舞票和稅款一齊付款。這樣就和到酒樓餐室去消費時的結賬方法相同，舞廳、舞客、舞女都同感方便。

又由於在舞池旁邊坐位子，對舞女實在非常不便。同時，這種坐位子的制度，是戰前有散跳的時候設立的，戰後已經沒有散跳了，亦無須在舞池上設一列椅子叫舞女坐位子，是以也取消了這一列椅子，讓舞女在休息室內坐立較為舒服。不過，將舞女收在休息室內，對於一些新來的舞女，以及對一些沒有熟舞客捧場的舞女，便不公平。因為，以前坐在舞池旁邊，舞客可以看到舞女的容儀，看得入眼就會請她伴舞。如今舞女在休息室內，舞客看不見她們，她們豈非永遠坐冷板櫈？

舞女大班的興起

試過舞女罷工之後，舞廳方面亦覺得管理舞女的方法也需要改善，不能由舞廳全面管理數十名舞女，於是將舞女分成若干

組，每一組的組長負責管理若干舞女。這些組長就負責介紹舞女給舞客，這種做法對於沒有熟客捧場的舞女有助，對於初登場的舞女也公平。這些組長，後來就是舞女大班。

舞女大班是由組長發展起來的，所以至今舞場的舞女大班領導的舞女，仍稱為組。例如一間舞廳共有十個舞女大班，每個舞女大班領導下的舞女，自成一組。舞廳將十個舞女大班的舞女，分成十組，由一至十，這樣就方便管理，也方便計算賬目。每一組的數目，由該組的舞女大班分別派給他領導下的舞女。舞女如須請假，可向舞女大班說明情由，由舞女大班出面向舞廳請假；若批准，亦由舞女大班通知舞女。舞女大班因此形成一種職業。

舞女大班的收入，是由抽佣得來，舞廳是不支給薪水的，這樣一來，舞女大班就要靠努力拉客和極力推薦他領導下的舞女給舞客。舞客越多，舞女上抬越旺，他就越好入息。至於抽佣的多少，視乎各舞廳和舞女的質素而定。

有了舞女大班制度，就能為人老珠黃的舞女提供就業機會。有些舞女長期在舞場裏混，自己年老色衰，不能再伴舞了，但因為人緣好，有很多舞女同情她，自願擁她為舞女大班，於是就有女性出任舞女大班。這些女性舞女大班，到了夜總會有舞女伴舞時，通稱「媽媽生」。

從前夜總會是沒有舞女供應的，究竟什麼時候才有舞女在夜總會供舞客伴舞呢？

政府抽跳舞稅虧本，終於取消跳舞稅

原來，從前夜總會沒有舞女供客伴舞，是因為跳舞要抽稅，在取消了跳舞稅之後，夜總會才有「媽媽生」帶舞女進場伴舞。

跳舞稅的抽取，是由舞票來計算，因此如要監督每一張舞票是否已繳稅，便要派出很多稅務稽查到各舞廳去查稅，才能做到確保每一張舞票都交稅。假若稅務稽查的人手不足，舞廳是很容易瞞稅的。

須知，自從改用埋單結賬之後，舞客付款後就出門，他們不會將舞票帶走的。那些不帶走的舞票，就可以留待下一位舞客付款時使用，則一張付稅的舞票，就可以多次使用。除非稅務稽查長期坐在鐘房內監票，否則是經常可以瞞稅的。舞廳是夜生活場所，聘請夜班稅務稽查的費用是相當高的，而且不可能每一間舞廳用一稽查長期監票。這樣，稅款的收入極為有限，而且是長期不夠支付稽查的薪金。換句話說，抽跳舞稅是長期入不敷支的稅項，因為，這種抽稅制度的成本太過昂貴。

到七十年代，稅務委員會檢討戰後以來的跳舞稅收支情況，認為抽跳舞稅不是辦法，應改變另一種稅制來代替跳舞稅，結果想出了一個方法，就是在跳舞場所可以飲酒，提高舞場飲酒的稅率和酒牌費。

因此，自七十年代開始，舞廳領取酒牌，可以在舞廳內飲酒，以酒稅代替跳舞稅。取消了跳舞稅之後，夜總會也就可以供應舞女伴舞了。因此，夜總會亦等於舞廳。

以上是大舞廳的現代發展過程，至於其他小舞院、跳舞學

院、「手指舞院」等色情場所，因為是借跳舞之名而販賣色情，故不討論。

足球總會主席京琴在舞廳被打死

最後，談談一件轟動跳舞場所的命案，這件命案的遇害人，是大名鼎鼎的香港足球總會主席京琴氏。京琴，是香港跳舞史上唯一因跳舞而喪生的社會名流。

自戰後至五十年代初期，香港足球總會長期由外籍人士任會長及主席。京琴連任了多屆主席，一切外國球隊來港比賽的事務，都是由他接洽的。一九五三年的農曆新年的「賀歲波」，由他和奧地利的連斯足球隊商定了在香港比賽三場，年初一出戰華聯，年初二出戰港聯，年初三再戰華聯。

在夜總會的跳舞場面。現代舞池的地板，已是透明而配有七彩燈色的玻璃膠板，不再是古老的柚木地板了。

　　一九五三年農曆是癸巳年，年初一是二月十四日，奧國連斯隊在首戰時以三比二勝了香港華聯隊；而年初二的二月十五日，則為港聯以二比五所擊敗；二月十六日年初三，第三仗又以五比一大勝華聯。當晚足球總會設宴接待奧國連斯隊，宴會於十一時三十分散席。京琴又和來自菲律賓的菲律賓體育協會負責人加路禾接洽另一場比賽。原來，菲律賓已和西班牙足球隊談妥東來比賽，菲律賓為了希望減輕費用，特來接洽，讓西班牙隊先在香港比賽，然後飛往菲律賓。這樣，西班牙隊東來的費用，便可和香港共同負擔。京琴和加路禾商量條件，便要找一處商務應酬場所接談。這種場所，最方便而又適合西人的，自然是舞廳。

　　於是他們就到灣仔一家舞廳去，每人叫了一位舞女，談談條件，又跳跳舞，跳完舞又談條件。約在凌晨十二時半左右，他們在舞池上各擁一位小姐起舞。忽然京琴被人從背後一推，他大吃一驚，回頭看時，原來是一位水兵向他撞來。他大罵這位水兵無禮，誰知那水兵立即揮拳打他，於是便在舞池上動起武來。不料那水兵是一群而來的，其他的水兵湧了上去，舞場就變了武場，登時把他打至重傷，倒在舞池之上。舞廳自然報警，並召救傷車把京琴送入醫院，但由於傷勢太重，終告不治。

　　這件事曾經引起英國國會議員注意，有幾位議員質問殖民地部，京琴之死是否由於英國水兵的軍紀敗壞所造成。殖民地部長只能回答說，這件事香港正在由法庭研究，是否與軍紀有關，現時言之過早。

　　行兇的水兵已由軍部扣留，等待法庭研究京琴死因，死因法庭於五月二十六日研訊完畢，由陪審團宣佈京琴之死，是死於誤殺。

馬年談香港賽馬史

一九七八年歲次戊午，午屬馬，故此稱為馬年。自丙辰龍年（一九七六年）開始，當局每年都發行以該年地支所屬的動物為圖案的金幣。今年馬年，也不例外。同時，郵局亦發行馬年紀念郵票。馬是勤勞而又刻苦的動物，但香港卻有人把牠作為賭博的工具，對馬來說，可以說是做夢也想不到的。然而，究竟什麼時候，馬在香港和賭連結在一起呢？趁馬年的來臨，談談香港賭馬的歷史，也許會有些意義吧？

跑馬，是古已有之的。人類發明跑馬，策馬競賽，最初的目的是作為選種的一種手段。把跑得最快、體力最強健、能任重致遠的馬作為種馬，使牠們互相交配，繁殖下一代。當達爾文發現阿拉伯民族不但以賽馬作為選種手段，而且以賽馬作為促進馬匹性能的進化手段時，將這種發現加以科學的分析，介紹到英國去。英國人接受這種理論，才開始有賽馬，並利用競賽的形式，訓練和繁殖所謂純種馬。

在英國全盛時期，隨着它的砲艦所到之處，這種玩意也隨之而來。所以，從前英國的殖民地裏，差不多每一個大城市，都有賽馬。香港有賽馬，也是起源於此。

但是，香港的賽馬，並不立即隨着英國人到香港來就開始的。英國人一八四一年來到香港，但那時鴉片戰爭並未結束，香港的英軍經常被調往別處進行侵略戰爭，顯然還沒有餘暇進行賽馬。到一八四二年八月二十九日簽訂了《南京條約》之後，香港才舉行第一次賽馬。

　　據第一任港督砵甸乍的記事冊所載，一八四二年和一八四三年，香港舉行過兩次賽馬。不過，地點並不在香港，而是在澳門舉行。香港賽馬，怎會在澳門舉行呢？這因為當時香港並沒有適宜跑馬的場地，而澳門，早有人在那裏跑馬。澳門有一處跑馬地，我們從一八四〇年的一張澳門地圖中可以證明這一點。附圖為一八四〇年澳門地圖，圖中「1」是界線，相當現時的關閘；「2」是跑馬地，按地圖的位置，相當於今日澳門關閘馬路近黑沙環一帶。

　　其實，不單是一八四二至一八四三年香港的賽馬在澳門舉行，砵甸乍只是記述他在任期內有過兩次賽馬在澳門舉行，他的繼任人戴維斯任內，賽馬仍是在澳門舉行的。一直到一八四四年，每年的賽馬，都在澳門舉行。

　　《香港建造業百年史》頁八四載云：

> 　　香港有賽馬的玩意，在記錄上，始自一八四五年。（按：英人到香港後，便有賽馬舉行，一八四二至一八四三年那兩屆非正式的香港賽馬，是借用澳門馬場舉行的。）最初週年大賽，要借用澳門黑沙灣馬場舉行，直到一八四八年，香港才自設馬場。一八五〇年週年大賽馬，在港隆重舉行，算是本港開埠的第六屆。

　　必須指出，當時的賽馬，並不如今日的賽馬，是一種賭博，而且當年的賽馬，也不是每個月跑若干次，而是一年跑一次的，故此稱為「週年大賽馬」。當時的賽馬，完全是一種體育活動，有跳欄，有其他的馬術競賽，場內並沒有投注站。

一八四〇年的澳門地圖，圖中的「2」是當年的跑馬地。

現在的賽馬，每年在一至二月間，都有週年大賽這項節目，這就是當年週年大賽的遺跡。

至於馬會的組織，據一本名為 *Pow Ma*（《跑馬》）的書所載，初期的馬會，由於每年只跑一次馬，是以每年組織一次，由愛好賽馬的人士，於舉行大賽前兩個月，組織一個名叫「賽馬委員會」，以籌備這一年度的週年大賽。週年大賽結束後，這個賽馬委員會的業務便告停頓，到下年週年大賽之前，又組織起來，籌備一切。

為什麼要這樣呢？因為當時賽馬只屬於西人的活動，並未成為公眾的活動，而參加一年一度賽馬的，大部分成員是英軍。英軍是經常調動的，今年在香港，明年也許調到星加坡或印度去。還有其他愛好賽馬的西人，大部分是洋行大班或高級職員，他們也有調職的。今年賽馬委員會的成員，明年可能大部分不在香港，是以必須每年組織一次。

上文所引用的《香港建造業百年史》中，有幾點需要說明一下。該文說一八四八年香港自設馬場，而一八五〇年的週年大賽是第六屆。若以一八四二年為第一屆，每年跑一次馬，到一八五〇年，應該不止六屆。由此可證，其中必有幾年停止賽馬。

我們若參考港澳間的關係史，便不難想像得到停止賽馬的幾年，是一八四五至一八四七年。因為，一八四四年，本港頒佈了《領事事務條例》。該條例規定，凡在中國境內之英國人民，一律適用英國法律，並規定香港適用英國司法權。其中第四條特別聲明，澳門地方應概括在中國境內，英人在澳，當然不受葡萄牙政府管轄。這一條法例，曾一度使港澳之間的關係非常不愉快。這

樣，可以想像一八四五年的賽馬，不能再在澳門舉行的原因。

《跑馬》一書也有如下的敘述：

　　據馬會本身的紀錄，只有一八四九年以後的賽馬紀錄，但如果說香港賽馬始自一八四九年，則又與許多其他文物矛盾，顯然並非事實。

　　最令考古學家頭痛的，是一八四六年的《中國郵報》宣佈十二月十三日和十八日兩天賽馬。但不幸的是，在該月的《中國郵報》合訂本中，從十八日到廿三日，五日的報紙沒有在合訂本內。很可能這幾天是假期，報紙沒有出版。幸而一八五〇年的《中國郵報》刊登的賽馬消息，是第六屆的週年大賽，因此推算起來，可以肯定週年大賽是在一八四五年舉行的。至於以上的幾次賽馬是否在香港舉行，則無法確定。

一八四七年怡和洋行馬房操馬圖

文中所提到與文物互相矛盾，除了指《中國郵報》刊出一八四六年十二月有兩天賽馬之外，還與一些跟賽馬有關的風景畫相矛盾。關於香港馬場的風景畫，《香港建造業百年史》頁八四載云：

> 英國畫家巴普地斯達有一幅描寫跑馬場風光的水彩畫，聽說是一八四八年完成的。這與《香港小史》所記載的恰巧互為印證。根據兩幅水彩畫的內容，當時跑馬地四週都是山谷，跑馬場中間是山谷中的盆地。最初僅有一個跑道，還未設試跑的沙場。

筆者發現一幅一八四七年所繪成的怡和洋行試馬圖，這幅圖畫可補上述兩畫的不足，說明了香港的賽馬，在一八四八年舉行。這樣，可以印證一八五〇年是第六屆的大賽。即自一八四二至一八四四年，三屆賽馬在澳門舉行；《中國郵報》所刊出的一八四六年賽馬，顯然準備在澳門舉行，但告吹了。一八四八至一八五〇年三屆在港舉行，因為一八四七年的試馬，必然是準備於一八四八年出賽。

今日的馬場，本來是黃坭涌村前的稻田和菜田。新界錦田村鄧族現仍保存着乾隆年間的《香港等處稅畝總呈》的文據。該《總呈》內有一頁是記載黃坭涌村田畝情形的，內稱：

> 承祖鄧春魁等所遺在乾隆年間買受東莞稅田總名裙帶路，內分土名黃坭涌等處，計下稅三頃零，有斷買印契炳據，向佃批戶彭、周、吳、葉各姓耕種。

　　由此可見，黃坭涌是一條古村，這條村在乾隆年間已經存在，而且田畝納糧，是納到東莞縣去的。又錦田村鄧族的《稅畝總呈》內，還有一張道光二十四年（一八四四年）由該村族長鄧致祥等具狀向新安縣知縣投訴黃坭涌村佃戶抗不交租的狀詞。該狀詞間接指出了，英人為了建跑馬場，令到該處的農田不能耕種，是以鄉人無法交租。同時，也因為香港已有自己的土地政策，錦田鄧族在黃坭涌內的稅田，沒有照英人的土地法在香港登記，佃農既不受保障，田主亦沒有合法的權益，自然無法交租了。

　　現時的香港馬場是一八四四年開始建築的，最初建造的，是一條跑道，這跑道建於黃坭涌邊。黃坭涌是一條圍繞着該處農田的一條用以灌溉的小涌，經鵝頸灣而出海。水源是從山上流下來，由於涌水經常混有黃泥，故名黃坭涌。現時繞着馬場的馬路，稱黃坭涌道，正是黃坭浦的遺跡。

　　跑馬地的英文稱為快活谷（Happy Valley），這名字與倫敦附近一處墳場的名字相同，含有「極樂世界」之意。查一八四二至一八四三年間，駐港英軍多染瘴疾而死，死後即葬於快活谷的山邊。現在馬場對面仍然是墳場，墳場內有不少墳墓，是初期英軍的葬身地。這裏附刊一張照片，從這照片可以看見初期馬場的情形。前景是墳場，馬場的跑道正有馬馳騁，馬棚是用竹和葵所搭成。馬場當中是一片低窪地帶，這地方現時是球場，但初期仍未填平，故仍可見水光掩映。

　　香港既有自己的馬場，但並不意味着香港有馬場即有賭馬，賭馬是十九世紀末期才有的。初期香港的賭馬，只是騎師與騎師之間、馬主與馬主之間的「牙較賽」。的確名副其實，是一種高尚

一百多年前快活谷跑馬場全景，背景是黃坭涌村。

的體育娛樂。

考諸世界賭馬史，在英國初期的賭馬，也是屬於「牙較賽」的。現在香港也和英國一樣，每年有一場「打比賽」，這場賽馬，和賭馬有關。事緣十九世紀初，英國已盛行賽馬，當時有兩位爵士，一名打比（Derby），一名奧克斯（Oaks），他們在一場三歲新馬雌雄混合賽中，互相打賭。打比爵士和奧克斯爵士各選一匹馬為對象。打比爵士說：「如果你選的馬跑第一，這一場三歲雌雄馬混合賽的賽事，以後就以你的名字命名；假如我選的馬跑第一，以後這場賽事就以我的名字命名。」兩人握手為定，結果，這場馬果然跑出打比爵士所選的馬。因此以後在英國，三歲新馬雌雄混合賽事，便定名為「打比賽」。這是當年英國賭馬的情形。

在香港，初期的賭馬也是這樣的，馬主與馬主之間、騎師與

騎師，或甲與乙、丙與丁之間，各選一馬為打賭對象，或賭一枝
香檳、一客晚餐之類。賽馬，尚未發展成為賭博。這情形，維持
了幾十年。

上文說過，香港賽馬是一年舉行一次，稱週年大賽馬。每年
組織一個賽馬委員會，這組織一直維持到一八八四年。當年，由
於列強都向中國擴張勢力，香港成為各國商品的轉口站，歐美各
國人來港者不少，各國都在港設有他們的「會所」，如德國會所、
美國會所及西洋會所等，還有各國的洋行。這些歐西人士不乏愛
好跑馬的人，加上香港馬場已粗具規模，因此便成立一個永久性
的馬會，稱為「香港賽馬會」。第一次籌備會議，在大堂舉行。

香港賽馬會初時的會章，訂明會員的成員，以去年的賽馬委
員會的成員為當然會員，其次加入各國會所為會員。因此，這個
賽馬會，是清一色由西人主持的賽馬會，不許華人參加。華人只
可以當來賓，不能成為會員。

香港賽馬會初期並未加上「英皇御准」四字，這四個字在第
二次世界大戰之後，才獲英皇批准，然後加上去的。

雖然一八八四年成立香港賽馬會，但賽馬仍是一年舉行一
次，至一九二一年為止。當時還沒有賭馬，到一八九〇年，才有
賭馬出現。

關於一八九〇年香港初有賭馬的情形，以及賭馬的沿革，老
吉在《馬場三十年》一書中，有如下的敘述：

　　馬會舉辦博彩彩池，是在一八九〇年香港賽馬會正
　式成立後的第六個年頭，方才設立。原因是如果單單競

香港早期運送馬匹的情形

戰前粉嶺賽馬場，售票處是草棚，可謂簡陋之至。

賽而沒有博彩，當然不夠刺激，可惜當時看賽馬的馬迷少，馬會收入不多，自己舉辦彩池，人力與物力兩皆不足，於是只有在「招商承辦」這四個字上動腦筋了。

可是雖然招商承辦，卻因博彩者不多，承辦商起初大虧其本，只有退辦。馬會於是便收回自辦，那知也是不得其法，於是再度招商承辦，但仍是虧本。直到一九三一年，馬會再度收回自辦，更設立了辦房制度，當時管理馬會的是「連士得與爹核士會計師樓」，也即是改組後現在的「畢馬域蔑曹會計師樓」（Peat, Marwick Mitchell & Co.），主持的秘書是布朗（Brown），副秘書則是司烈（Sleap）兩位，而管理辦房的賣辦是鍾錦洪三叔。

由此可見，香港賽馬成為婦孺皆曉的賭博，是很後期的事。為什麼賭馬初期不受歡迎，而到了近十多年之後，才旺盛起來呢？考其原因，初期的馬場，純屬西人或「高等華人」的玩意。當時的賽馬程序表，全部用英文，從馬名到騎師，都用英文，為一般華人所難接受。這種情形，一直維持到第二次世界大戰爆發。到了戰後，馬會才大開方便之門，廣收華人會員，及採用中文馬名，才逐漸使之成為一種流行的賭博。

有人說，香港發生過火燒馬棚慘案，當時燒死的人，以華人居多，如說戰前賽馬不受華人歡迎，為什麼火燒馬棚時，會燒死這許多中國人呢？查火燒馬棚的時候，是在一九一八年二月二十六日（戊午年正月十六日），當時仍是農曆新年期內。當時香港跑馬，仍是一年一度。這一年一度的大賽馬，差不多都在農

曆新年期內舉行的，故此華人多到馬場內趁熱鬧。而且當年的馬場，除馬棚外，附近也十分熱鬧，有很多熟食小販，趁人多到場外欄邊看跑馬，也在那裏做生意。故此一起火，燒着了公眾棚，燒死燒傷的，自然以中國人佔多數。這些死難的同胞，其中有不少是小孩子，他們不是為賭馬而去馬場的，可以説，大部分是為了看跑馬而去馬場的。

至於馬會的接受華人為會員，是開始於一九二七年的。因為當時，華人發起組織一個純華人的賽馬會，在粉嶺設馬場跑馬，香港賽馬會才大開方便之門，准許華人加入為會員，並且批准華籍騎師出賽，使粉嶺的馬場，也歸入馬會辦理。不過，這樣仍然無法吸引普羅大眾加入賭馬行列。

馬會戰前的賭馬投注起碼金額，獨贏與位置仍是五元。當時的五元，已夠一個普通市民的一個月的伙食了。故此馬會曾一度用減低最低投注金額招徠市民賭馬，辦法是調整為每注二元。《馬場三十年》一書，曾紀其事：

　　那是一九三四年我到香港不滿兩年的時候，因為當時世界不景氣，馬會為恐防生意不好以廣招徠起見，由董事會議決，在一九三四年第八次特別賽馬起——當時除了週年大賽之外，其餘都名為特別賽馬——由每張五元減價為每張二元，希望可以因價格低廉而能增多一些投注收入。那知道此舉適得其反，售票非但不增，反而銳減。在是年十月六日全日的贏位票投注總數，八場賽馬只得九萬元，而十月十日的八場投注也只得九萬六千

元。當時十月十日是公眾假期，慶祝中國國慶，而且還有「雙十碟」錦標賽舉行的，比第七次特別賽馬的投注總額十二萬五千元，反而減少了幾乎近三萬元，與馬會董事會議決定的希望「想加反減」。

到第九次特別賽馬，更發生一件馬會蝕本的事件。原來那一天有一匹大大熱門「哈德門」贏了頭馬，獨贏與位置票皆要派彩二元一角，這是馬會的定例，贏得者至少要有一角紅利。於是乎馬會對這一場派彩，連抽佣派出都不夠，做了一次大大的蝕本生意。

馬會董事一看減價辦法不對，立刻再召集會議，議決從第十次特別賽馬起，贏位票每張仍售五元，也即是說恢復原價。

哈哈！恢復五元的辦法果然駛得[2]，這一場八場賽馬的投注總數，竟然打破了十萬元大關，比第七次特別賽馬只少了二萬元，而比減價時卻多了一萬元。因而馬會董事們，從此再也不敢提起「減價」兩字了。

淪陷時期，日軍將跑馬地區易名為「青葉峽」，把香港賽馬會易名為「香港競馬會」。賽馬的一切程序，都由英制改為公制。從前，賽馬路程方面是用英哩及化郎與碼為單位的，日本人全改為公尺制。至於馬名、騎師、場次，以及所有的秩序，都採用中文。這一改革，給戰後香港馬會很多啟發。戰後初期雖然路程方面仍用

2　粵語謂奏效。

一九二三年刊於香港
《循環日報》上的賽馬
會告白，說明當年公
眾棚入場券每位一元。

英制，不過馬名已中英文並列，騎師也用中英文。並且，對外籍騎
師，也給他一個中文名字。這是把賭馬推廣開去的第一步。

　　至於入場券方面，也是初期令到賭馬不能普及的主要原因
之一。原來，自一八九〇年以迄戰前，公眾棚入場券每位收費一
元，會員棚每位收費五元。以戰前的物價而論，一元可以吃四和
菜，這種昂貴的收費，自然非普通市民有資格參與的。戰後初
期，公眾棚收費改為三元[3]，才逐漸引起小市民興趣。

　　戰後，馬會於一九五一年改建大廈，並購置電算機。從那時
開始，公眾棚入場券增加為五元，其後又加為十元。由於通貨膨
脹的關係，五元十元的入場券，已較易為一般人所接受，於是入
場賭馬的人漸多，但仍不及現時的普遍。

3　按：此句疑誤。

　　促使賭馬普遍的主要原因，在於戰後採用中文馬名與騎師中譯的制度，但這種力量只是次要，主要是有一個長時期，當局在縱容外圍馬組織。由於採用中文制度，傳播機構可以大談大論馬經，加上外圍馬組織受到包庇，市民不需花十元及花時間進馬場，於是賭馬之風開始刮起。

　　一九七三年，當局藉口消滅外圍賭馬，准許馬會設立合法的外圍馬投注站，又廣設了各種投注的形式，如孖Q、孖寶、三寶、四重彩等。在短短的幾年中，投注站已增至一百五十間，並且向二百五十間的指標擴張，於是賭馬之風大盛了。

　　香港大學社會科學學會，於一九七七年底，在舉辦了一個「賭博在香港」展覽後，曾上書給兩局非官守議員辦事處，要求當局遏止賭風，指出賭風主要在於賭馬，特別是廣設外圍投注站，是賭風之源，希望當局限制馬會外圍投注站的數目。這是極有意義的行動。

　　最後，筆者轉載香港大學社會科學學會舉辦的「賭博在香港」展覽的資料刊中的〈賽馬會發展簡史〉，作為本文之末：

賽馬會發展簡史	
一八八四年	賽馬會成立，目的是使香港賽馬有一個更穩定的基礎（Stable Footing）。 入會費：十元
一九〇四年	賽馬會僱用一位受薪秘書
一九一八年	看台大火

一九二三年	限制遴選會員二百名
	入會費：二十五元
一九二七年	第一位中國人成為會員
一九二九年	入會費：五十元
一九三〇年	賽馬會註冊為有限公司
一九三一年	新看台
一九四五年	對賽馬有專利權
一九五一年	加一新看台
一九五七年	加七層高看台
一九五九年	成立香港賽馬會（慈善）有限公司
一九六〇年	加上「英皇御准」的銜頭
一九六八年	電腦設備
一九七一年	- 海洋公園有限公司成立
	- 只准專業騎師參加賽馬
一九七二年	設三重彩
一九七三年	- 因外圍賭合法化，使其增設外圍投注及興建投注站。
	- 夜馬開始
	- 四重彩代替三重彩
一九七四年	十月，增設場外電話投注
一九七五年	二月，加多孖 Q 及六環彩等兩種形式
一九七六年	- 增設三寶
	- 海洋公園建成
一九七七年	超過一百二十間投注站
一九七八年	十月，沙田馬場建成

賭博合法化時代

香港的賭風在合法與非法的縱容之下，一直是越刮越大。到了一八六七年，上環的水坑口、大笪地、四方街、華里、東街、西街，環繞着荷李活道與大道中的一些橫街內，到處都是攤館。這些攤館差不多是公開營業的。攤館是租用舖戶來開設，它的特點，是門前垂下一塊藍布做的門簾。門外有人招徠賭客，高呼：「發財埋底便！」

掃蕩賭窟如同演戲

與此同時，每個月總有兩三次破獲賭窟的案件，由警察方面拘捕賭徒與賭館主人，交由總檢察官起訴。表面上，似是顯示警方正在大力掃除賭檔。實際上，這是賭館主人和警方通力合作的表現。因為這種破獲賭窟，拘捕大批賭徒的行動，通常是經過巧妙的排演來進行的。賭檔主人稱這種「大力掃蕩」為「做馬騮戲」[4]！

串演這種「馬騮戲」的方法，是由包庇開賭的警方，預先通知賭館，告訴他某日某時，他們要來掃蕩。賭館主人便於事前，以相當高的薪金，聘請失業者或無能力工作的吸毒者，在賭館裏權充賭徒或賭檔中的職員。其中有一人，自稱是賭館主人。他們每人手中拿着一元幾角的賭本，作下注狀。等到警察掩至，便煞

4　粵語謂徒具形式的門面工夫。

有介事似的，高聲喝令舉手，然後將一干人犯全部拘捕，連賭具和賭款，一併帶署落案。

由於《禁止賭博條例》對於犯有賭博行為的人，一律是判罰款，是以賭館主人早已準備一批現款，替他們繳納罰金，於是一干人犯，便施施然地在莊嚴的法庭上步出來。下次，又可以演同樣的戲了。

這種「馬騮戲」不但能夠瞞過那些高高在上的高級行政官員，就是新聞記者，也被瞞過。當年的中西報紙，對於掃蕩這類賭館的新聞，都以為是警方大力掃除賭博、戢止賭風的表現，常常以頭條新聞出現於報端。

其實，只要細心研究，就知道這是一幕鬧劇。因為這類掃除賭檔的案件，在檢獲賭款方面，常常與被拘捕的人數，以及賭館的規模不調和。例如一宗拘捕三十餘人的案件中，共繳獲賭款不過百餘元。如果一間賭館，它的職員的銀盆上只有百餘元的現金的話，就決不會引來這麼多的賭客，而且三十多個賭客，每人袋中有五元的話，便已超過所檢獲的賭款的數目，是以明眼人一看，就知道這種所謂掃蕩是在做戲。

原來，通常審辦賭案的法官，都會判決賭具和賭款一律充公的。賭館主人不會照平日賭場的習慣，在銀盆上放滿了銀鈔以示賭館財力充沛，以免被判充公，損失更大。是以在演這場戲時，賭款的數目盡量減少，因此只要留意賭款的數目與賭場的規模不調和，便知這是一種巧妙的演出。

議員域陶首倡寓禁於徵

這雖是很簡單的道理，然而當時卻沒有一位法官注意到，甚至直到現在，仍未有人在法庭上，指出過這一類表演。

不知道這種演出是否被一位立法委員域陶先生（Whittell）識破，一八六七年五月二十二日，這位域陶先生在立法局常會中，突然提出取締賭博的有效方法的建議。他指出，警方經常掃蕩賭窟，而賭窟卻掃之不盡，正是野火燒不盡，春風吹又生，顯見一八四四年的《禁止賭博條例》，不足以達到禁止賭博的目的。他建議另訂新的法例，對付目前的賭風。

立法局開會，當任香港總督是當然的主席。一八六七年的當任總督是麥當奴（Richard MacDonnell），他發表意見，認為一八四四年的禁賭條例，無須重訂。因為現時不能有效地禁止賭博，並不是禁賭條例有什麼缺點，而是在執行禁賭的不盡力所致。他強調一點：香港人歡喜賭博，而主管人員又復貪污，這兩者構成一種使法律難以加以制裁的局面，因此咎不在法例本身。

域陶於是又起立發言，他說：既然人民又樂於賭博，而賭博又造成貪污，何不寓禁於徵，准許開賭的人，繳納稅餉，領取牌照開賭。這樣，就可以掃除貪污，又可以納賭博於正軌。這豈不是兩全其美之法麼？

港督麥當奴表示：以今日香港的賭博情形而言，無論如何，制定規則管制賭博，總比現時的禁賭辦法為佳。至於如何制定規則管制賭博，將來各位議員，不妨再行詳加討論。

維持社會秩序，公開招商開賭

　　當時華文報紙《中外新報》及《華字日報》經已出版，兩報刊出立法局會議的新聞，並未引起人們的注意。人們只是奇怪，為什麼立法會議會在這個時候，提出禁賭建議而已。

　　到了下個月的立法局例會，於六月十七日開會時，當局突然提出《維持社會秩序及風化條例》，在會議中通過，頒佈施行（法例編號：一八六七年第九號）。這條條例全部內容，都是與維持社會秩序和風化有關的，只是條例中的第十八條的條文，就是上次立法局會議中，麥當奴提過的有關制定規則管制賭博的條文。

　　該《維持社會秩序及風化條例》中的第十八條，大意是說：本港地方的非法賭博盛行，現行的禁止賭博條例，仍未能收肅清之效。為了取締非法賭博以及逐步將非法賭博禁絕起見，本條例賦予總督權力，制立規則，厲行禁絕所有一切非法賭博，或採取有效方法加以限制及管理，務期達到肅清非法賭博之目的。

　　法律已賦予總督麥當奴以「限制及管理」賭博的權力，他便有權施行他認為可以達到禁絕非法賭博的辦法。究竟他怎樣去「限制及管理」賭博呢？他的辦法就是公開開賭，使一切賭博合法化！

　　當《維持社會秩序及風化條例》通過之後，因該例訂明由一八六七年七月一日起施行，故此在七月一日之前，麥當奴便要實施他的限制及管理賭博的計劃。他首先給予警察司發給賭館牌照的權力，由警察司及總登記官招商承投賭餉。每一賭商，用申請書申請開賭，申請書內列明賭館所在的地點及賭館街道門牌，並書明願納賭餉數目。箇中情形，和今日開投的士牌照的情形相似。

主張抽餉開賭的麥當奴

　　開票結果，共有十二人投得，即批准十二間賭館公開設立。這些賭館設立的地點，分佈可說均勻，在中區，基利文舊街、大道中，各有一間；在上環，水坑口、大道中、荷李活道、西街，各有一間；西營盤兩間；灣仔則有四間。至於賭餉，每家每年納牌照費一萬元。

　　這些賭館於是年七月一日起正式營業，它們像一般商店開張營業一樣，開幕那天，燒大串的炮仗，敲鑼打鼓，以廣招徠。

　　像這樣的限制及管理賭博，自然受到有識之士所非議的，但在當時，中文報紙只得《中外新報》和《華字日報》兩家，而這兩家中文報紙，都是兩張西報的附屬機構，且創刊不久，既未有獨立的能力，亦未有輿論權威，誰能反對這種不合理的事呢？

牧師華倫致函港督反對

　　當時有一位聖公會的牧師查理士華倫（Charles Warren）認為這樣維持社會秩序和風化，簡直是一種諷刺。他到處奔走，向宗教界及社會知名人士要求簽名，上書反對政府這種賭博合法化政策。當時主持《中外新報》的伍廷芳，亦簽名反對。那一封給麥當奴的信，由查理士華倫於七月二十四日遞交總督府副官。大意是說：這次當局頒行《維持社會秩序及風化條例》，從條例的名稱看來，人人以為是一項認真維持社會秩序和風俗習慣的善政。料不到適得其反，變成了獎勵賭博，妨害社會秩序，破壞良好的風化的工具。這種所謂限制及管理賭博的措施，決不是英國法律所容許的。這種措施，實際上並不是禁賭，而是以公開方式，使賭風大盛，達到不可告人的目的。須知道中國法律與英國法律，都有明文規定禁止賭博，而賭博足以危害社會的道理，亦人所共知。同人等對此堅決反對，願政府立即收回成命。

　　港督麥當奴收到這封信後，於七月二十九日用書面答覆查理士華倫。他說：「政府此項措施，是最有效管制非法賭博的方法，同時也是取締不肖警察勒收賭款的辦法，而且可以為政府增加十萬元的稅收，有何不可呢？」

　　當時的賭餉，第一年可說是非常的低廉，每年每家只收一萬元，每個月不足一千元，開賭的無不肚滿腸肥。到了第二年，即一八六八年，再度公開競投時，已取消以每年計算，而是以每月計算。開投地點，改在政務處，即今日的政府合署內舉行。

始創「賭餉」影響全中國

以開賭的方法來增加地方稅的收入，在香港，麥當奴為始創者，而且考諸中國的賭博史，也是以麥當奴為始創者。

在麥當奴未公開招商承餉開賭之前，香港固然沒有前例，即在中國，甚至澳門，也沒有先例。

麥當奴是發明以賭抽餉的發明家，是「賭餉」名詞的製造者。造成香港百年來賭風有增無已，麥當奴是應該負責的。

正如牧師查理士華倫給麥當奴的信中所說，在當時，中國的法律是禁止賭博的，絕對不容許公開招投賭餉的事發生。所以在一八六七年之前，中國雖是有悠久賭博史的國家，卻從未有人敢冒大不韙，提倡公開開賭。但是，自麥當奴發明了以賭抽餉之後，中國的地方官，特別是南方各省市的大貪官、軍閥們，都師承了麥當奴這一套，大抽賭餉，大開賭館了。

澳門今日雖有東方蒙地卡羅之稱，但是澳門的招商承投賭餉的歷史，也比麥當奴為晚，在一八七〇年以後才開始的。因為澳門葡人一向本着香港可行之事，澳門亦可行的原則，對滿清政府負責，故當香港開賭抽餉之後，澳門才效法麥當奴，也開賭抽餉了。

關於開賭抽餉的歷史，鄒魯先生有《禁賭概覽》一書敍述甚詳。書中提到廣東各地，特別是廣東省城的開賭抽餉的史實，都是在一八六七年之後。該書有一段，可供參考：

> 光緒甲申，張之洞任總督，番攤私賭林立，有汛
> 館、官堆館、老師館之目。汛館、堆館者，由駐紮該官

堆之軍人包庇之賭館也，其賭館即在該衙署門首；老師
館者，由進士、翰林個人所包庇之賭館也，其賭館無定
地。三者之中，軍人之勢特橫，時有侵及其餘二者。至
包庇費，每日五元至百元不等。官廳自此雖未直接收取
番攤賭餉，然每年間接實收四十萬元之漏規，充海防經
費。至李鴻章總督兩廣，因西關賭館發生命案，遂藉口
化私為公，大開番攤矣。是為官准番攤賭博之始。名曰
海防經費，年餉二百餘萬兩。

　　光緒甲申，即公元一八八四年，後於麥當奴開賭十餘年。當
時廣州的賭館，還未正式納餉開賭，僅僅是由軍人和翰林進士之
流包庇，但已經間接由張之洞效法麥當奴抽取四十萬元充作海防
經費；到李鴻章時代，才定例效法麥當奴，正式開賭承餉。在中
國正式抽餉開賭的是李鴻章，而李鴻章那一套，正是師承麥當奴
的。

　　為什麼在談香港賭博史的時候，花這麼多的筆墨，談到香港
以外的賭博史呢？筆者認為，香港是中西文化交流之地，研究香
港歷史，不能與中國的歷史割裂開來。外國的香港歷史學者，每
每就犯了這一毛病。他們也許是基於某種需要，往往故意把香港
孤立起來，好像香港的發展，與外界完全無關，是香港本身的，
它既不影響別處，別處也不會影響它。其實，只要稍具歷史常識
的人，都知道國與國之間，都會受到歷史主流的影響。香港的地
理環境，在中國的南方；香港的居民，百分之九十九點幾以上是
中國人，它的一切的變化，都會和中國發生不可分割的關係，彼

此永遠互為影響，互相溝通。

香港的賭博，最流行的幾種，都源出於中國，而香港首創納餉開賭，自然也影響到中國。故此自麥當奴成為始作俑者之後，中國各地的地方官，自清末以至民國，都率相效尤，這就是香港的歷史和中國近代史不可分割的明證。

話得說回來，麥當奴開賭，只開了四年，正因為四年之後香港不再有承餉公開的賭館，是以後來廣州、澳門、廣州灣等地的承餉開賭，不容易被人發現是源於香港罷了。

麥當奴於一八六七年七月一日開賭之後，雖然查理士華倫及伍廷芳等社會人士反對，但反對無效，招商承餉於一八六八年繼續進行。在一八六七年十二月三日，英國貴族院開會，議員丹頓（Taunton）也提出質問。丹頓指摘香港政府施行公開承餉開設賭館，是一種違反文明的政策，這種政策勢必遺害香港。而白金漢公爵（Duke of Buckingham）在致辭時也說：香港政府此舉，如果屬實，當是英國這個文明國家之羞。

到了一八六八年五月，香港西商會亦討論香港公開賭博對香港前途的影響。在會議中，一致認為公開賭博，令到商業萎縮。會後，上書港府，要求立即下令停止承餉開賭。事實上，當開賭甫及一年，南北行的生意亦大受影響。有不少客商，原本攜款到香港來購買洋貨，都在賭館內將貨款輸光了。有些運土貨來港的商人，賣出土貨之後，原可辦運洋貨回內地，也將貨款輸光了。因此土洋貨物的買賣，都受到影響。但是麥當奴面對這許多反對，依然無動於衷。他在答覆西商會的談話中，竟說自從管制賭博以來，對公眾利益未曾有過什麼損害。商務的不振，是一時的

現象罷了。他仍是一意孤行。

字花、牌九、骰寶等乘機崛起

　　究竟招商承餉開賭之後，是不是真正能夠達到有效地禁止非法賭博，一如麥當奴所說，令到貪污禁絕，私賭絕跡呢？事實並非如此。當時，賭風既被公開掀起了，又怎能被遏止下來呢？考當時承餉開賭的，只屬番攤一項。原已存在的非法賭館，一向受有力者包庇，包庇者斷不會因此而不敢受賄；非法賭館的主事人，亦不會因此而金盆洗手。賭風與貪風這對連體怪物，兩者之間自會為自己的利益，創造新的局面。

　　這新的局面，就是除番攤之外，開設其他雜賭的賭館。其中最大宗的，是骰寶、牌九，此外還有字花（即花會）、圍姓、白鴿票等。他們自以為，政府承餉開的是番攤，其他雜賭，不在承餉之列，故此於法例並沒有抵觸。包庇者亦可以說，市面已經沒有非法的攤館了，他們已把非法的攤館撲滅了。開賭者也是以同樣的理由，表示並無影響承餉的賭商的營業，他們所進行的賭博，是屬於一八四四年的《禁止賭博條例》範圍內的事，而不干犯到一八六七年的《維持社會秩序及風化條例》。所有被破獲的私賭，也只是罰款了事。

　　香港開始有字花、牌九、骰寶等雜賭，是由這個時候開始的，由此可見，麥當奴的開賭政策流毒的深遠。這些雜賭，後來一直荼毒社會。

　　再說開賭之後，對社會秩序及風化，是不是一如官方所說的大有進步呢？我們不妨引用一八七〇年正按察司史美爾（J. J. Smale）的話，給予有力的斥駁。

　　史美爾在一八七〇年間，主審多宗刑事案件，這些案件有些是商行職員虧空公款，有些是劫案。當他主審這此案件時，虧空公款的職員訴說虧空的原因，是挪用公款去攤館賭博輸光了；劫案中有多起是在承餉賭館內搜回贓物，而這些贓物都是劫匪拿去賭館典押現金投注。因此，史美爾在審訊一宗劫案時，發表意見如下：

　　　　自從公開賭博以來，本港的刑事案件以及犯罪的
　　人數與日俱增，社會秩序並不見得改善，風化也未見良
　　好。政府這種開賭政策，必經重新檢討。

　　開賭政策所以連西人都大加反對，是因為當時在攤館賭錢的人，不限於華人，不少西人也到攤館去賭錢，就是連駐港英軍，也是攤館的常客。由於這是合法的賭博，誰也可以進去，西人並不例外，是以賭風也直接影響到西人社會。

全港居民上書英倫要求禁賭

　　一八七一年一月十二日，是第四屆公開承投賭餉之期，當時全港市民都關注這件事，一方面是痛心政府仍然繼續施行開賭政

策，另方面是注意賭權由什麼人投得。因為當時，賭權已採用統一投餉形式進行，即投得賭權者，可全權經營十二家攤館。當日開投結果，由何亞錫以每間一萬五千八百元的賭餉投得賭權。比上年的賭餉，每年增加三萬元。上年是全年收餉十五萬餘元，這一年全年賭餉是十八萬九千六百元。

眼看當局的態度仍以稅收年增三萬元而沾沾自喜，全港市民便發動一次上書英倫的請願大運動，由當時社會知名人士，以及商場上知名人士發起，所有商號都蓋章在請願書上。請願書於二月遞交港府，請轉英國理藩院（當時的殖民地部）。與此同時，西商會亦採取同樣行動，於是五月上書英倫。兩封請願信都力言賭博毒害社會之慘。但是，請願書如石沉大海，幾個月後都沒有回音。後來查知，這兩封信送到英倫去時，被麥當奴扣留起來。

原來當時麥當奴在英國度假，他企圖說服理藩院，繼續維持開賭的現狀。他在英國活動，極力遊說那些反對在香港開賭的議員，他的解釋依然是老調子，是以他把華人的請願書以及西商的請願信扣留不發。

但是他的努力是徒勞的，賭博害人的道理是婦孺皆知，什麼花言巧語都不能掩蓋事實。結果，他在一八七一年十二月自英國回來時，帶來了禁賭的命令。

香港娼門滄桑

轟動一時的「銀雞案」對於被控十多項罪名的被告從輕發落，使得香港的輿論為之譁然。人們在替那幾位被引誘當娼妓的女子不值，因為她們要在大庭廣眾中，被迫說出難以啟齒的說話，損害她們的自尊心。受害者要在公眾面前出醜，對於尊重女權的這個社會，這是一次絕大的諷刺。

然而，我們若從香港的娼妓發展的歷史去看，就知道這不是偶然的事了，這是古已有之的。就是說：妓女就是弱者，從來是被欺負的人物。那些開娼包娼的人物，都是非常輕鬆的。

香港在開闢為商埠之時就有娼妓。香港未開闢為商埠之前，澳門是中西貿易的唯一的商埠，那時到澳門貿易的中外商人，在澳門都可以找到妓女。香港開埠之後，澳門的妓女也隨着到香港來。是以娼妓這一行業，是隨着香港的繁榮而日益繁榮的。

名義上，香港是一八四一年開始闢為商埠。實際上，香港稍具商埠雛型的時候，應由一八四三年算起。從那時開始，香港已有很多妓女。有案可稽的，是一八四五年三月間，當任總督戴維斯曾正視娼妓問題。他對娼妓的看法，並不是認為娼妓是一群可憐的出賣肉體的人，而是認為她們是傳染花柳病的媒介物。是以他在一八四五年四月間，下令將所有娼妓驅逐出境。他對於包庇娼妓和開設妓寨的人並沒有採取什麼行動。

那些妓女雖然被驅逐出境，但她們是有人包庇的，她們今天離開香港，明天又回來照常營業。那些離鄉別井的英軍和海員正

需要她們，包娼者也需要她們，開妓寨者更需要這一群可憐蟲，於是娼妓並不因驅逐出境而減少，反而日見繁多。

一八四五年妓女出錢開醫院

戴維斯對娼妓的看法，是把娼妓作為性病的帶菌者，因此他認為積極的驅逐出境行不通，便採取消極的辦法。所謂消極的辦法，無非一句老話——寓禁於徵。

他倡議在香港設立一間性病醫院，專門替患了性病的英軍和海員治療性病。他的理由是：性病是由娼妓傳染而來，那些海員與英軍染了性病，是由宿娼而起，那末治療性病的醫院經費，應該由妓女去承擔。

威靈頓街，一百多年前香港妓寨中心之一。

這是娼妓合法化的起源。用現代的眼光去看這件事，當然是不合理的，因為他忘記了妓女本來是潔白之軀，性病並非妓女與生俱來的疾病，是那些嫖客使她們染上性病，然後才傳染開去。要她們承擔性病醫院的經費，真是豈有此理！但當時，執政者認為這是合情合理。

當年性病醫院成立，委由警察當局管理，就是說，向妓女抽取「妓捐」的也是警察當局。據一八四五年六月性病醫院的報告，全港共有妓院三十一家，妓女一百五十餘人，這是有歷史文件可稽的初期香港娼妓的數目。

至於抽取妓捐的方法，每一間妓院，每月需繳納五元作為性病醫院的經費。妓院之外，每一名妓女也要納稅，稅款是每人每月繳納一元五角。從一八四五年用銅錢為貨幣單位的年代的物價計算，一元五角的稅捐實在是非常的苛重。

每家妓院每月納捐五元，三十一家，單是妓院即有一百五十五元的收入，而每個妓女每月納捐一元五角，以一百五十人計，妓捐共二百二十五元，加上妓院捐一百五十五元，合共三百八十元。這數目遠比性病醫院的每月開支為大。經過年餘之後，社會人士發覺這筆妓捐付給性病醫院作經費用途實屬有限，其餘之數則不明不白，開始對這種制度表示不滿。

不滿情緒主要來自西商會，若干會員認為警察徵收妓女捐稅殊不合理，因為英國沒有這種法例，而這種稅捐又不是正式的地方稅收，不屬於庫房所轄，因此上書英廷反對。英國議會因此選派議員來港調查，結果，由英國方面通知港督戴維斯停止徵收妓捐，而性病醫院亦隨即停辦。這是一八四七年的事了。

妓捐雖然停止徵收，妓院和娼妓並不減少。這一時期，妓女和妓院主持人，要向警察納賄，要給更多的賄款予包庇者。因此妓女更多，妓院更加繁榮。這種無政府狀態時代，一共維持了十年之久。

妓分三類，允准領牌操業

自一八四七至一八五六這十年，香港娼妓約分為三大類。第一類是西洋妓女，純粹是歐洲女子擔任；第二類是東洋妓女，是由日本女子擔任；第三類是中國妓女。這三種妓女，並非西洋妓女只接待洋人，東洋妓女只接待日本人，中國妓女只接待中國人，她們為勢所迫，不一定只接待自己的同胞。

至於娼妓的分佈，洋娼或專以接待西人為主的華籍妓女，她們的妓院多在中環加咸街與荷李活道、擺花街及威靈頓街一帶，另一地區在灣仔春園街；東洋妓院，多在灣仔舢舨街一帶；中國妓院，則在上環水坑口一帶。

到了一八五七年，當時駐港英海軍司令詹士朱德陵發覺海員和軍人患花柳病的人數越來越多，性病傳染十分嚴重，便向港府提議頒佈條例，控制性病流行。於是港府於一八五七年十一月二十四日，公佈施行《檢驗花柳傳染病條例》。該法例規定，任何人如染有性病，即須治療。對於妓女，如認為有染上性病的嫌疑，有權由政府醫生加以檢驗，如驗出染上性病，即不能接客，並須治療。

　　法例的性質，仍是對付最可憐的妓女。開設妓院的人，與這法例無關，法例沒有懲罰容許染有性病的妓女在他的妓院中接客的人。

　　由於檢驗花柳傳染病之故，妓院開始要領取營業牌照。當時總登記官兼撫華道高和爾是負責發牌的人，是以一八五八年總檢察官安士迪彈劾高和爾十九條罪狀中，頗多與娼妓有關。例如其中第二項是指他「自營娼業，妓院營業牌照第四十八條與高和爾私人有關係」；又如第四項：「與妓女同居，利用他的情婦結交下流社會中的不肖之徒」；第五條罪狀是「包攬娼妓，包辦妓院和娼妓牌照」；第十六條：「高和爾自去年十二月被委為發給娼妓牌照官之後，宦囊極豐，短短幾個月即購置甚多房屋」；第十七條即指控他「購置妓院為私人產業，其產業即政府地段第十一號屋」等等。

　　總之，一八五七年十二月，又恢復了停止已有十年的妓捐。這種妓捐與一八四七年的妓捐有分別，即妓院領營業牌照，娼妓領娼妓牌照。這些收入，是作為港府的正常地方稅收。

　　由於領有娼妓牌照的妓女，經常受《檢驗花柳傳染病條例》所約束，她們隨時要受檢驗，因此下級妓院和下級妓女多不願領取牌照，於是從那時起，便有公娼和私娼之分。

大寨、細寨、琵琶仔、牛白腩

　　發展到這個階段，公娼變成了高級的妓女，私娼則是下級的妓女。因為領取牌照的才算公娼，她們常要被迫驗身，經營妓

院的事頭或事頭婆，不得不抬高身價，以免品流複雜，染上了性病。當時香港的公娼，有大寨和細寨之分，大寨集中在水坑口，細寨則在水坑口上面的一段荷李活道。

大寨差不多是上流社會中人才有資格光顧，因為到裏邊去，必須飲宴，一擲數百金。普通人怎能付得出這種消費？而且在大寨中飲宴，也必須有一群飲客，普通人或許可以偶然一擲數百金，但朋友有誰能陪你這樣浪費？所以這種妓院，不是普通人能夠去的。

當時大寨的規矩，飲宴稱為「執廳」，即俗語所謂「開廳踏艇」。飲宴例分頭度和尾度，食客到齊了，先開頭度，頭度的菜式多是精美的佳餚，在頭度開筵時，各客所召的妓女都坐在客人背後，東道主所召的妓女，以主人自居，侍立行觴，上翅時用箸挾翅勸客，排場可說極大。尾度菜即今之消夜，儀式較為簡單。

至於大寨的妓女，分為三種：一、琵琶仔，這是指十四五歲的少女，是一種雛妓，通常是窮等人家被迫賣給娼門的可憐女子，亦有幼年賣給鴇母作育女，養到了十四五歲便送到妓院來的。這些琵琶仔是鴇母待善價而沽的搖錢樹；二、半掩門，又稱尖先生，意即不大不小之娼。通常是由琵琶仔經過客人開苞之後，看她仍是小童，實則已經是「大人」，故名尖先生。因為她是鴇母的搖錢樹，不是公開接客的，是以又叫半掩門；三、老舉，廣州話稱妓女為老舉，其實舉乃妓一意之轉。這些正牌老舉，又稱牛白腩，她們是公開接客，留客過夜的。稱為牛白腩的原因，是指她們的目的在於「煲」。

據《珠江花史》一書所載，當時廣州大寨的妓女接客的代價如下：琵琶仔覓客開苞，叫「擺房」，代價是四百至五百元。擺房

後充當半掩門，代價多則一百，少亦五十。這些代價，稱為「白水」。牛白腩的白水，則三五十元不等。這只是在那一次留宿的代價，在此之前，飛觴醉月、徵歌選色的費用，還未計算在內。

香港當時的物價，與廣州差不多，而香港的大寨的制度，也沿用廣州的制度，《珠江花史》所說的費用，當可視為香港大寨的一般消費。

至於細寨，細寨又稱「二四寨」，這是從到那裏去嫖妓的應收費用而得名。因為這些細寨的妓女，日夜都接客，日間收費二元，夜間收費四元，故名二四寨。

這是公娼的兩大類。至於私娼，則品類繁多，分佈也廣，收費是幾毫子而已。當時香港的私娼，分佈於上中環和灣仔的橫街窄巷的住宅樓宇內，亦有以客棧和旅館作基地，其中又有以海旁的小艇作陽台的。總之，自有了公娼之後，並未能納娼妓於正軌，也無法防止性病的傳染。

拐賣婦女及女童為娼引起注意

娼妓的來源，不少是從內地拐帶婦女來港，強迫她們當娼的，亦有不少拐賣女童來港，賣給經營娼業的人作育女，到她長大了送到妓院去當娼妓的（俗名「糟豬花」）。因此一八七二年九月二十四日，本港一部分華商名流，聯名上書港督堅尼地，要求取締拐賣女子逼良為娼。港督堅尼地於次年制訂《保護中國婦女及取締買良為娼條例》，於一八七三年五月八日施行。

這是頭一次立例保護中國婦女及取締買良為娼。至於拐賣婦女，則早在一八六八年港督麥當奴已注意到了。當時麥當奴曾發出告示如下：

> 為佈告事。案奉總督麥當奴示諭。照得近來本港及所屬地方拐賣婦孺之事層出不窮，政府現經訂立新例，所有擄拐案犯，成立罪狀，除本刑外，兼判笞刑。茲為杜絕拐賣人口起見，特懸賞金，招人舉發。凡有報訊或出任指證或幫助政府能將拐擄人犯拘逮到案，審訊定罪之後，即由港庫酬給賞金二十元。特示。輔政司柯士甸。一八六八年八月廿四日。

由此可見，政府一方面在搞娼妓合法化，一方面對於由娼妓合法化而引起的社會問題，以為可用法例加以解決。事實上法例並未解決問題，拐帶婦女和女童賣給妓院和賣給經營妓院的人作「糟豬花」的，仍無法戢止。

無論公娼與私娼，妓寨都有人包庇，每一妓寨，都有所謂「看雞佬」的惡人在監視妓女和育女。被拐賣的婦女與女童，大部分是農村婦女與窮苦人家的女童，她們多數沒有受過教育，她們既不知道有這麼多的法例，亦不知到什麼地方去投訴，最主要的，還是她們的行動失去自由。法例對她們來說，只是一紙空文而已。

關於保護這些受害者，自一八六八年以來，法例多多，修正和補充的，不知凡幾。其中包括一八七八年設立保良局，用以收容被拐賣給娼寨的女子和女童，以及一八八七年的《取締收育女童

條例》等等。其中現行《保護婦女條例》是一八九七年所修訂的，
條例的立法精神，也在於對付娼妓，但娼妓問題並沒有因此受到
控制。

一九○三年妓院從水坑口遷石塘咀

公娼的大寨，於一九○三年由政府下令全部自上環水坑口遷
往石塘咀。當時因石塘咀填海完成多時，該區仍極荒蕪，當局要
利用這些妓院來繁榮該處地皮，故此要把妓院迫遷。但官方卻說
是因為水坑口地方淺窄，不能納更多的妓院存在，是以要遷往石
塘咀，也正因如此，妓院的牌照亦隨之而發出更多。自一九一○
年開始，「塘西風月」成為全國知名的一處妓院區了。

自第二次鴉片戰爭之後，香港的版圖擴展至九龍半島界限
街以南，其後一八九八年又租借了新界，娼妓事業亦向九龍發
展。當一九○三年迫遷水坑口妓院到石塘咀去時，九龍油麻地的
廟街，也成了妓院林立之地。不過廟街的妓院，是二四寨，即細
寨，而不是大寨。私娼亦隨之而發展開去，在廟街附近的街道，
都有不少私寨。從一九一○到一九三五年，是本港娼妓事業的全
盛時代。

一九三二年，香港受英國法律的影響，不得不宣佈禁娼。
當任港督威廉貝璐宣佈：所有西洋娼妓及東洋娼妓，一律須於是
年六月三十日停止營業，但對於中國娼妓，則格外開恩，期以三
年。第一步驟即先行停發新妓女牌照，及不准已領牌照的妓女過

戶。查以前領有妓女牌照的妓女，屬於自由身的，可隨時從甲妓院出來，到乙妓院去，名為「搭燈」。這一步驟，是禁止她們跳槽。

三年之後，即一九三五年六月三十日，是明令禁娼之期，石塘咀的所有妓院全部停止營業，油麻地廟街的細寨，也停止營業了。

娼妓，是不是從此就禁絕呢？當然不會。那些大寨的妓女和事頭公事頭婆，多轉到澳門和廣州去營業。因此澳門的福隆新街和廣州的陳塘，妓院開得更多，娼妓事業更為繁榮。

私娼從來就不受影響的，因為有人包庇。公娼禁止了，私娼的生意更盛。但也有變相的合法的妓院，那就是「導遊社」。

一九三五年七月禁娼，開導遊社

一九三五年七月開始，港九各區開設了很多「導遊社」，這些導遊社不少開設在鬧市之中，如德輔道中、皇后大道中等。導遊社的設備，如同二四寨，一層住宅樓宇，間了六七間房，每社有六七位姑娘。好此道者到了裏面，名義上是找姑娘出街導遊，實際上是在房中「臥遊」。

導遊社是香港娼妓史中一件怪物，這怪物後來產下很多怪胎。直到今天，各種形式的娼妓事業都是從導遊社脫胎出來的，包括「銀雞案」那種形式在內。

先說導遊社的牌照，這牌照是非常純潔的，營業性質是帶領遊客旅遊香港的各處地方，並沒有半點娼妓成分。但實際上，到

導遊社去的，決不會叫姑娘帶他遊街。

只有了解當年導遊社的一切情形，才能了解以後本港娼妓以各種形式出現的根源。當年的導遊社的妓女，稱導遊女，人客到導遊社去，先選了姑娘，進房之後，並不是立即就嫖妓，因為導遊社名義上不能容許人客和導遊女在房中有不道德的行為，故此第一步是按摩。

客人給導遊社的只是叫導遊女出鐘的鐘錢。當年的鐘錢每一個鐘是一元，兩個鐘起計，即每次是二元。導遊女和人客按摩鬆骨，並不包括不道德行為在內。如幹不道德行為，則和導遊女講價，一般六七元即可成交。

當時電話已經很普遍，導遊社內設有電話，導遊社和各客棧旅店都有聯絡，有些人客到旅館去，或真正的旅客在旅館居住，也可以打個電話到導遊社叫導遊女出鐘到旅館來，有些俱樂部也可以打電話到導遊社召妓。

導遊社一直存在到太平洋戰爭爆發，香港淪陷，以至香港重光。香港重光的最初幾個月，仍有導遊社在營業。不過一九四六年即已禁止。

取締了導遊社之後，導遊社仍在作地下活動，它們仍稱為「社」，社內的妓女稱為「社女」，又稱「應召女郎」。因為，這時期的導遊社，只需一個電話應召，社只是一處秘密的妓女宿舍而已。客人一般是到旅店去開房，由旅店打電話到社去，召妓到旅館來薦枕。這種電召妓女的形式，是由合法化時代的導遊社演變而來的，直到七十年代，仍是存在着。

另一種形式是浴池，浴池是六十年代初才出現的東西。由於

香港早就有很多上海式的浴室，那是正當的沐浴的場所。那些經營娼妓事業的人，在包庇者的支持之下，領一個浴室的牌，幹其不正當的營業。浴池表面上也是不經營賣淫的，人客上門，也和導遊社一樣，池女只是替客人鬆骨按摩，但這只是表面的一套工作。這種浴池，自一九七七年大掃蕩之後，開設得很少，但仍然不能杜絕。

七十年代初，開設了很多「健康中心」、「蒸氣浴中心」，這些黃色架步，也是脫胎於當年的導遊社的。目前，有很多「伴遊女郎」，在一些所謂伴遊公司裏出鐘，這一切一切，都是從當年導遊社脫胎出來的產物。

當然，還有各種形式的「黃色架步」。例如現在最流行的「徵友女郎」。這些徵友女郎在一些報刊上刊登廣告，以徵友為名，幹其不可告人的事為實。她們是在走法律罅，因為現行的保護婦女條例中，對於妓寨的含義，有如下的條文：「娼寨，意指屋舍、房間、船艇，或其他地方，有婦女二人或二人以上住居或出入作為娼妓賣淫之用。」徵友女郎所住的地方，多是一處小型的住宅樓宇，裏邊只有她一個，於是便不構成她的住所是一處娼寨了。

當掃黃運動展開的時候，本港有幾位議員曾討論過娼妓問題。其中一位作過調查，認為娼妓在本港不可能禁絕。有一位議員，更認為娼妓應該合法化，使政府多些稅收。記得另一位知名人士，認為一位妓女，如在報個人入息稅時填報她的職業是妓女，而收入方面超過個人免稅額而照稅例納稅，稅局沒有理由不准許她納稅的，那末，她應該有權去申請商業登記。這些討論，都是值得我們深思的！

　　最後，我們回顧一下過去的歷史，就很容易發覺，每次掃蕩黃色架步時，被處罰的仍是妓女本身，她們的罪名大部分是誘人作不道德行為。在戰後初期，對於那些在路邊拉客的「馬路天使」，罪名更加怪，那是「阻街」。對於那些經營此業及在背後操縱和包庇的人，受處以極刑的少之又少。這是什麼原故？是傳統習慣吧!?

百年來香港中文報紙版面的變遷

一九七七年九月間，當局在域多利道的維多利亞女皇紀念碑下，掘出一具一八九七年的文物囊。這文物囊裏，藏有一八九七年本港通用的錢幣和香港當年的中英文報紙。其後，香港博物館於十二月初，將這批文物公開展覽。至十二月二十二日，即華人習俗冬節那天，將這批八十年前的文物，連同今日香港的中西報刊以及硬幣，置於一個新的文物囊中，再埋在域多利道新的紀念碑地基下。

當香港博物館展覽這批八十年前的文物時，最吸引觀眾注意的是幾份中文報紙。青年人多以好奇的目光，注視八十年前中文報紙的編排以及版面的設計，比較今日所見的中文報紙不相同的地方。不錯，事物是不斷變化的。八十年前中文報紙的版面，與今日的中文報紙的版面毫無相同之處，但變化也是有其變化的過程，這過程是和香港的變化過程分不開的。

最古的三份中文日報

香港最古的中文報紙，據戈公振的《中國報學史》所載，有《華字日報》、《中外新報》以及《循環日報》。《中國報學史》頁七三至七四載云：

　　我國現代日報之產生，亦發端於外人。蓋斯時商

務交涉日繁，其材料非雜誌所能盡載也。香港之《孖剌報》，於民國前五十四年（咸豐八年），即西曆一八五八年，由伍廷芳提議，增出中文晚報，名曰《中外新報》；始為兩日刊，旋改日刊，為我國日報最先之一種。繼之而起者，為西洋人羅郎也之《近事編錄》；《德臣報》之《華字日報》。……

　　《中外新報》為《孖剌報》之中文版。初該報因印刷《中英合璧字典》，曾購中文活字一副。旋從伍廷芳之建議，附刊中文報紙，即延伍氏主其事。西人對於中文報紙之經營，當然非其所長，且在斯時，華人之有報紙，實為創見，辦理尤非易易；故名為《孖剌報》所有，實為華人單獨主持，所有一切營業權利，皆屬華人，而《孖剌報》只每年享有若干權利，以為報酬而已。聞其互惠條件，大約《孖剌報》之店面及機器鉛字，供《中外新報》之用，不取租值，只取印刷工價。《中外新報》則登載《孖剌報》所招來之西人廣告，亦不取費。此為清末時事，創始時是否如此，則不得而知之矣。民國初元，該報攻擊龍濟光頗力，為粵人所歡迎，銷數逾萬，為該報之最盛時期。然經理無方，財政非常竭蹶，乃加入新股若干。歐戰時，段祺瑞力主參戰，該報持論反對，為港政府所控，從輕罰鍰百零一元。該報新股東多係穩健商人，經此波折，不欲再辦。其時龍濟光已退守瓊崖，而圖粵之心未死，乃收買該報，以為言論機關。然該報之機器鉛字，並非己有，龍氏之所謂收買者，不過每

月撥款若干，充該報經費，而派人管理收支，主持編輯而已。於是該報言論，遂由反龍而變為擁龍，前後若出兩報，誠該報歷史上之一大缺憾也。迨龍氏再敗，瓊崖不守，該報經濟告絕，唯有停版，資格最老之《中外新報》，至此遂廢。

　　中文日報之現存者，當以《華字日報》為最早。該報創刊於同治三四年間，為《德臣報》之中文版。動議者為該報主筆陳藹亭，而其戚伍廷芳、何啟實助成之。陳氏邃於國學，因鑑香港割讓於英以後，華人以得為買辦通事為榮，不特西學僅得皮毛，且將祖國文化視若陳腐，思藉報紙以開通民智，乃展轉向教會西人，購得舊鉛字一副，編輯陳氏自任之，印刷發行由《德臣報》任之。初創時，篇幅甚小，僅及今日該報四分之一。其取材亦不外繙譯西報及轉載「京報」而已。未幾，陳氏奉命為駐美使館參贊，及古巴總領事，乃由其子斗垣繼任。篳路藍縷，漸臻發達。後報館失慎，舊報盡付一炬，從此中西兩報乃各立門戶，《華字日報》不復為《德臣報》之附庸矣。

又，同書頁一一九至一二〇，記《循環日報》如下：

　　《循環日報》，創刊於同治十三年之春。先是，有王韜（紫銓）者，以上書太平天國忠王李秀成之嫌，清廷欲得而甘心，乃隨麥華陀牧師走香港。旋應英華書院

之聘，編輯《聖經》，遂家焉。迨歐海理牧師解散英華
書院，王氏遂與該院買辦黃平甫集股購入，易名中華印
務總局，此同治十年事也。後就印務總局改組《循環日
報》。《循環》云者，意謂革命雖敗，而藉是報以傳播其
種子，可以循環不已也。王氏自主筆政，洪幹甫及其塔
錢昕伯輔之。錢氏蓋奉《申報》主人美查之命，赴港調
查報務以資仿效者也。初創時，新聞用洋紙印刷，船期
尚用土紙（南山貝）。新聞常佔篇幅三分之一，區為三
欄：首欄選錄「京報」，次欄為羊城新聞，又次則為中外
新聞欄。然其時交通未便，消息難通，故主筆政者常須
述野語稗史以補白。

由此可見，香港的中文報紙，最古者是上述這三家。當時三
份報紙的版面形式，都是同一規格。現因篇幅關係，只能選一份
作為代表，製版刊出，供大家參考，研究當時中文報紙的版面及
編排情況。

首先須了解的，是早期的中文報紙的報頭，全部是橫報頭，
而且報名是放在正中。這種編排的形式，正如戈公振所説：「我國
現代日報之產生，亦發端於外人。」就是説，這是取材於西報的
編排。

西報的報名變化不大，至今仍是將報名橫列在第一版的頂
端。當時三份中文報紙，無論在報名以至版面的編排上，大部分
仍無法擺脱西報的窠臼。

從一份一八七四年七月二十二日（同治十三年甲戌六月初九

日）的《循環日報》的第一版編排上可以看到當時的中文報紙，是用經濟新聞去吸引讀者的。報紙反映社會，社會人士需要些什麼，報紙應即反映出來。所以，中文報的第一版，版頭側就有「行情新聞日報，星房虛昴停刊」十二個大字。它將「行情」放在「新聞」之上，顯示當時讀者大部分是商人，注重經濟行情；其次是知識分子，注重新聞的報道。

所謂「星房虛昴停刊」，在今日的知識青年多不知道是什麼。原來在百多年前，香港人仍不習慣說禮拜日。市民所用的日曆，一般多用通書（即俗稱通勝的曆書），這些曆書上，每一日的「日腳」下面，都列有當日的星宿名稱，星、房、虛、昴，是二十八宿之一。每逢這四個星宿當值之日，就等於西人的星期日。（這種情形，今日的曆書仍然不改，讀者不妨檢今年的通書對照，自可明白。）是以「星房虛昴停刊」就是星期日不出版。這也是跟隨當時西報的習慣，可見受西報影響之大。

不過，雖然最早的中文報受西報影響，但也有創新的一面。西報的分欄是直線分欄，至今西報仍然如此。今日的中文報紙，是橫線分欄，即所謂「一條字」的分欄。一八七四年《循環日報》的第一版，用的是橫線分欄的形式，這是創新的一面，也是日後中文報紙採用橫線分欄的開始。

請參看圖版第一版，用的是橫線分欄，全版除版頭外，共分五欄（即全版共六欄），每欄十七字高。當時採用的字體很大，相等於今日中文報紙所用的老四號字。第一至第四欄，是「香港目下棉紗花疋頭雜貨行情」，第五欄是「各公司股份行情」。可見，當時香港，已有股票買賣，而且相當活躍。

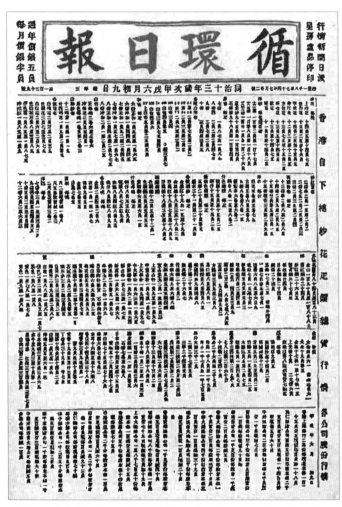

一八七四年七月二十二日《循環日報》第一版縮影。全版以經濟行情為主。除版頭外分五欄橫線，開中文報紙以橫線分欄先河。報頭放在正中，此為西報規格。

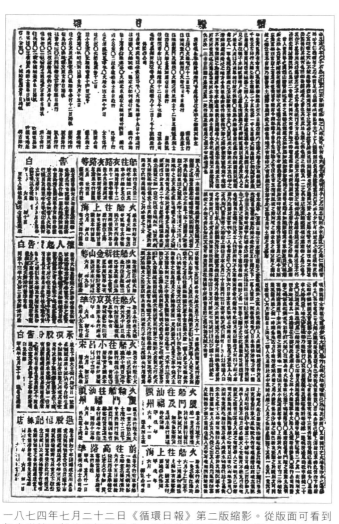

一八七四年七月二十二日《循環日報》第二版縮影。從版面可看到
仍未脫離西報的直欄的形式，全版共分五直欄。其第一段的文章，
實為第三版左下角最末一篇文章之續。此版以船期為主。

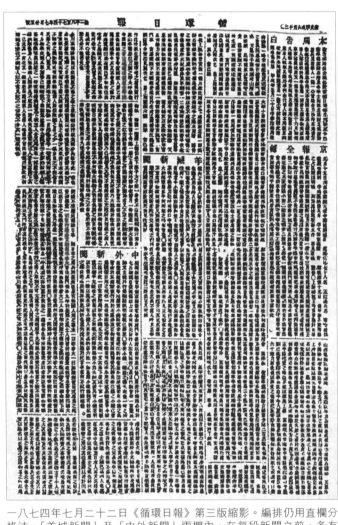

一八七四年七月二十二日《循環日報》第三版縮影。編排仍用直欄分
格法。「羊城新聞」及「中外新聞」兩欄內，在每段新聞之前，多有
一「○」的符號，此為日後演變為報紙標題的濫觴。

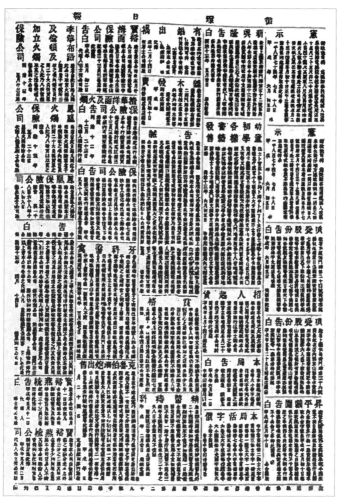

一八七四年七月二十二日《循環日報》第四版縮影。全版均屬廣告，
仍仿效西報的格式。其第一段及第二段的「憲示」，乃輔政司招商承
辦政府工程的廣告。

　　第一版以下的各版，仍採用西報式的直線分欄方式。每版共分直欄五欄，和當時的西報的分欄法沒有分別。

　　第二版是船期消息及廣告。第三版是「京報全錄」、「羊城新聞」及「中外新聞」。有一點足證當時編排完全效法西報的，就是一篇文章在同一版未刊完，轉刊於另一版的習慣。這和今日的中文報習慣完全不同。

　　請參看圖版第三版左下角，該處有一篇文章，題目是〈名者造物所忌辨〉。該文章未完，參照現時的習慣，應將未完部分，轉刊於第四版才合規格，或移刊別一版，也會在未完結的文末，印出指示移刊於某版的字樣。但這篇文章，是沒有指示將未完部分移刊於第二版，卻在第二版的頭一欄上，刊出未完的部分。這就是採用西報的編排法，把左邊一版未完的文章，刊於右邊另一版上。故此變了第二版頭一欄的第一篇文章，是第三版末的一段文章之續。

　　此外，從版面的編排上，看上去似乎沒有標題，其實有些新聞，也有一條標題的，只是並非另行分格，而是在另一段新聞之後，用一個「○」的符號，表示另一段新聞的起首。這個「○」符號下，有一條題目，題目與內文，空一字，然後敘述新聞內容。但是，也有不標題的，在「○」之後，就敘述另一段新聞內容。

　　舉例說，在「中外新聞」一欄內，第一段新聞與第二段新聞之間，隔一個「○」符號；第二與第三段新聞之間，也用「○」符號隔開；但第四段新聞，在「○」之後，有「禁絕小錢」四字，這是標題，在這標題下，空一字位，然後敘述新聞內容。

　　第四版全版大部分是廣告，廣告俗稱「告白」，這告白一詞，

也是由當時開始的。第四版頭兩段廣告，以「憲示」為題，這是當時輔政司柯士甸招商承投電話線電線柱，以及在灣仔建造新街市和在石排灣建水師差館的廣告。

　　一百年前中文報紙的版面情形有如上述，自一八七四到一八八四年這十年間，中文報紙的版面無甚變化。不過，到了一八八六年之後，由於商業競爭，中文報的版面也受到影響。商人要求將廣告刊在第一版者日多，於是版面又作了一次重大的變遷。

　　從一八八八年的一張《循環日報》及《中外新報》，可以看到版面已改變了。第一版大部分篇幅都刊登廣告，而公司股市行情，仍然保留在第一版。但不久，由於廣告漸多，再過兩年，股市行情也移刊於經濟版之內了。

　　隨着廣告刊於第一版，內版的分欄方法，也擺脫了西報的直線分欄法，改為橫線分欄法，每版分成六欄。

　　到了光緒末年，由於國內各地中文報紙迅速發展，香港的報紙自然也要受國內報紙所影響。當時廣州出版的《嶺南報》、《廣智報》、《羊城報》及《七十二行商報》，已全部採用橫線分欄。同時，在報上闢一些篇幅，刊登小說和粵謳，稱為「諧部」。所謂諧部即是今日的副刊。「諧」的反義是「莊」，意思是新聞及經濟行情都是莊嚴正經的部分。副刊，是詼諧、嬉笑怒罵的部分，故此稱為諧部。

　　當時香港的中文報紙，已不止《中外新報》、《華字日報》及《循環日報》三家，不過仍以這三家為本港的主要報紙。因篇幅關係，只能就這三家代表性的報紙的版面變遷加以討論。當時港報運往廣州推銷的數量相當多，為了應付廣州報業的競爭（因為廣

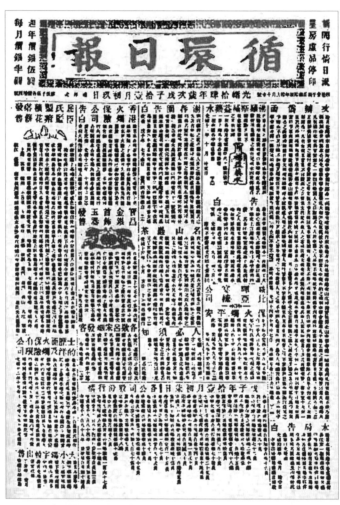

一八八八年《循環日報》第一版縮影。回復西報的直線分欄法。當時
商業漸盛，第一版大部分為廣告，只保留「股份行情」於原位。

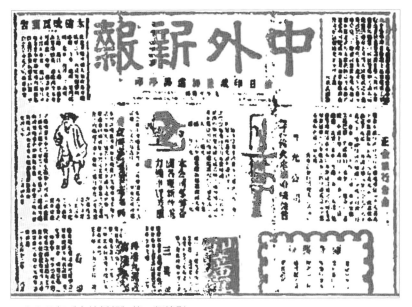

一八八八年《中外新報》第一版縮影

州報紙也運港推銷），所以本港各報，也設了諧部。《中國報學史》
頁一二〇「《循環日報》」一條下，載云：

> 　　光緒四年，該報因省、港消息靈通，特將每日報
> 紙於先一夕派送，是為香港漢文晚報之先聲。但往省船
> 隻，例於下午四時開行，而報紙印竣須在八時，故寄往
> 廣州澳門者，仍須俟諸次日。歷四年，因時促事忙，遂
> 取消晚報。光緒三十年，增加篇幅，分為莊諧二部，附
> 以歌謠曲本，字句加圈點，閱者一目了然。光緒三十四
> 年，京滬要事以電報傳達，於是港中各報遂以專電互競
> 優劣。近年該報又迭有改良，無待縷述矣。

　　香港中文報紙的版面改革，是比較國內緩慢很多的。雖然這
三家報紙是中國報業史上最早出版的報紙，但文化主流仍在中國
國內，是以到了清末，香港中文報紙反過來效法國內的報紙。戊
戌政變時期，國內報紙以評論時局最受讀者歡迎，於是香港中文
報，也注重論說；到了民國之後，國內報紙以「專電」競爭，香
港中文報亦以專電爭取讀者；有一個時期，國內報紙以小說小品
等副刊作品受歡迎，本港各報，也用副刊作品為號召。

　　上文說過，最初編排新聞的方法，是用「○」作一種符號，
而且不加點句。自從光緒末年，國內報紙改為橫線分欄之後，將
每段新聞另行起首，並加點句，但仍然沿用那個「○」的符號。
本港的中文報亦紛紛改革，亦加上點句。不過，對於每段新聞起
頭地方那一個「○」的符號，有改為「◉」的，也有改為「▲」的，

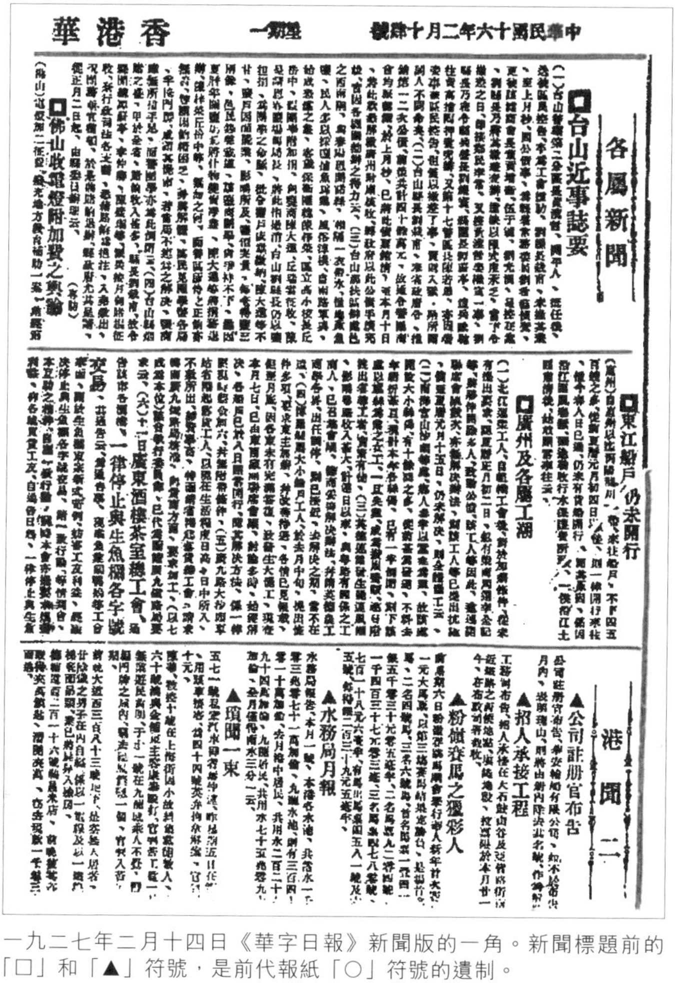

一九二七年二月十四日《華字日報》新聞版的一角。新聞標題前的「□」和「▲」符號，是前代報紙「○」符號的遺制。

亦有改為「□」的。

　　自一九一一至一九二七年，本港中文報紙的第一版仍以刊登廣告為主。一九一一年民國成立後，由於國內各報的報名都用中式直排，因此本港各報亦採用報名直排方式。

　　《中外新報》在這段時期已經停版，由華商總會接辦，易名為《香港華商總會報》，其後又易手，改名《華僑日報》。吳灞陵於一九七三年的新聞職業展覽中，曾這樣說：

> 　　香港報紙以中文印行者，則以一八五三年之《遐邇貫珍》為最早，但以日報而言，最先創刊者為一八五八年之《中外新報》，隨有《華字日報》、《循環日報》等出版。《中外新報》後歸華商總會接辦，改名《華商總會報》。其後《華商總會報》易手，改名《華僑日報》，於一九二五年六月五日創刊，經營至今。

　　《華僑日報》創刊時，版面把《中外新報》和《華商總會報》的舊形式，完全變革了。第一版報名側的地方，不刊登廣告，而以諧部的「香海濤聲」放在第一版，而且行文也用白話文而不用文言文。這是一項重大的改革。同時，鉛字方面，也改用較細的老五號字體；又把從前的六欄改為十二欄，每欄十一個字高。在版面上，作了一次重大的改革。

　　同一時期，《循環日報》和《華字日報》亦改用老五號字，也將版面分為十二欄，但編排上仍沒有什麼改革。標題上仍加上「◉」或「▲」的符號，而行文則仍用文言文，甚少用白話文，只

《循環日報》間有白話文的作品出現。

今日香港的中文報紙，大部分採用新六號字，每版分十八至十九欄。第一版報名側的地方，除了偶然有全版廣告外，一般多刊新聞。這種版面的改變，是在一九三七年七七事變前後才改變的，因為當時市民對國家大事甚為關心。在九一八事變之後，國家在存亡關頭，新創刊的中文報紙因廣告不及有歷史的報紙多，故此多以第一版刊登國際國內新聞，隨後各報都先後以第一版刊登重要新聞了。

至於欄數的增加，是由於鉛字的改革而變化的。當採用老五號鉛字時，每版十二欄；約在一九三六年間，各報採用新五號鉛字，則每版分為十六欄；到了戰後，在五十年代後期，才改用六號字，即現在所常見的字體，由十六欄增加為十八欄或十九欄了。

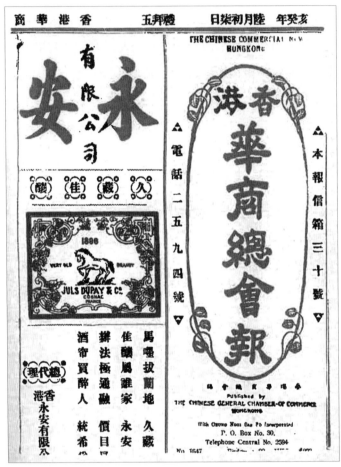

《中外新報》停版後，由華商總會接辦，改出《香港華商總會報》，
此為該報第一版報名一角的縮影。報名下第四行的英文為：With
CHUNG NGOI SAN PO Incorporated，意指該報為與《中外新報》
聯合出版。當時香港商業發達，報紙第一版全刊廣告。

一九二五年六月五日《華僑日報》創刊號縮影。該報首先使用老五號
字體，並且首創星期日不休息。版面方面，以論說及近於趣味的文字
刊於第一版報名側，名為「香海濤聲」。

香港早期西報滄桑

英文報紙《中國郵報》停刊後，引起人們注意。有些刊物為此而大書特書，對香港英國人無法支持一份歷史悠久的英文報紙而表示一番意見。

其實，香港的英國人，包括大財團以及大官員在內，都曾支持過某些歷史悠久的西報。香港早期的第一份西報，是在一八四一年五月一日出版的，即距英軍登陸香港四個月不到。

這份報紙名為 *Hong Kong Gazette*，即《香港公報》。它是由小馬禮遜所創辦的。小馬禮遜是號稱把基督教傳入中國的羅拔馬禮遜的兒子，他在鴉片戰爭時期，與郭士立同為英軍的主要譯員之一。當時的《香港公報》主要是刊登英軍的告示，以及報道一些有關廣州和澳門情形的新聞。它是由當時英軍支持出版的。

翌年，隨着英國擴大鴉片戰爭的形勢需要，小馬禮遜要追隨砵甸乍的砲艦北上，以便強迫滿清政府簽訂不平等的《南京條約》。小馬禮遜便不得不把《香港公報》投資到當時來港活動的一批朋友所辦的一份 *The Friend of China*（《華友西報》）去。《華友西報》創刊於一八四二年三月十七日。

《華友西報》比《香港公報》少了許多官派，嚴格說來，它才算是英國人民營的第一份在香港出版的報紙。自然，在早期香港像座荒島的環境裏，如果沒有鴉片巨商和官方的支持，它是無法生存下去的。

到了一八四五年，才有第二張西報面世，它就是最近停刊的

《中國郵報》（*China Mail*）。這份報紙的出版，是由當時最大的鴉片商渣甸勿地臣支持出版的。因此香港的中國人，長久以來便稱它為《德臣西報》，「德臣」實為勿地臣的音譯。這份報紙創刊於一八四五年二月二十日，它是下午才出版的週報。

直到一八五七年十月一日，香港第三份西報才面世，那就是 *Daily Press*。香港的華人，稱之為《孖喇西報》，取最後一個英文字 Press 的音譯。

以上三份香港早期的西報，現在連碩果僅存的《中國郵報》也要停刊了。

稍後到一八八一年，《南華早報》才出版，同年，《士蔑西報》（*Hong Kong Telegraph*）也面世。戈公振的《中國報學史》在〈外報始創時期〉一章裏，曾記有以上各種西報的創刊情形。不過，他把《華友西報》譯為《中國之友》，把《德臣西報》作為《孖喇報》，又把《士蔑西報》譯為《香港電報》，弄錯了。

關於《華友西報》的創刊及其支持不下去而停刊，和香港的法制史，有着千絲萬縷的關係。因為《華友西報》是第一份被起訴有關妨害名譽的報紙，而它，在第二次鴉片戰爭時期，又與知名的「裕盛辦館毒麵包案」有關。它的編輯，最後被關進維多利亞監獄裏，因此，《華友西報》亦停刊了。

馬沅著《香港法例彙編》第一卷乙冊內，有〈特赦訴訟處分條例之緣起〉一章，對《華友西報》有如下的記載。該書乙冊頁十一載云：

先是香港《華友西報》（*Friend of China*），於一八四二

年三月十七日出版。迄一八五〇年六月，將全盤生意
頂讓於威霖德倫（Wm. Tarrent）繼續辦理。德氏自任編
輯，當裕盛店下毒案發作，受害者數百人，德倫亦為其
中之一人。迨張亞霖宣告無罪，羈押獄中待命，德倫即
提起民事私訴，向張追償受毒損失。案於六月二十三日
（一八五七年）開審。審訊終結，經陪審員審斷德氏勝
訴，判張氏賠償損失費一千零十元，德雖勝訴，然張氏
已因訟獄盡去其資，……故判決未由執行。

　　裕盛毒麵包案是一八五七年香港一件大事。當時英國發動第
二次鴉片戰爭，在港的英國人突然中毒嘔吐，醫生證明是麵包有
毒藥，而麵包是由裕盛辦館製造的，因此拘捕東主張亞霖審訊。
《華友西報》的東主兼編輯德倫（戈公振在《中國報學史》中譯名
為「笪潤特」）也是受害者。當時因無法證明張亞霖下毒，故張亞
霖被判無罪，但卻要遞解出境。德倫事後提起私訴，要張亞霖賠
償損失，實屬多此一舉，因為張亞霖已破了產，而且要出境了，
他哪有能力賠呢？故此，當時署理輔政司布烈治將張氏解出境，
德倫便一無所得。

　　《香港法例彙編》第一卷乙冊頁十二載云：

　　　　當張亞霖釋出後，德倫……遂遷怒於布烈治……，
　　遂在報上大肆攻擊盡情誹謗，予布氏以難堪。（按：誹謗
　　原文刊載一八五七年七月二十五日及八月五日《華友西
　　報》）……於是布氏以刑事案起訴。迨辯論終結，德倫敗

訴。該案判辭云:「被告措辭激烈,涉及私德,損害布氏名譽,誹謗現任官吏。倘被告當初接納布氏警告,道歉即可解決。此事非關過失,實為故意,應處以一百鎊之罰款,並負擔訟費。罰款未繳前,則監候贖刑。」

德氏歷年秉報館筆政,入息無多,⋯⋯乃無力遵繳,迫得投筆入獄。德氏情有不甘,嘗上書理藩院歷述此事之前因後果,顧亦不能發生效力。嗣由德氏友人發起助捐,始克遵罰恢復自由。自八月實結入獄,至十一月出獄,德氏已飽嘗三月牢獄之苦矣。(按:一八五九年,德倫另因別事,誹謗副總督堅吾,入獄一年。)

《華友西報》是因為德倫在一八五九年攻擊當時的副總督被判入獄一年而停刊的,戈公振在《中國報學史》中,也略為言之:

> *The Friend of China*（譯意《中國之友》）發刊於一八四二年三月十七日,係半週刊。執筆之知名者為馬禮遜‧華德（James White）、卡爾（Jorr Carr）、笪潤特（William Tarrent）等。一八五八年,以英政府不滿意其論調,曾停刊數月。一八六〇年,遷至廣州發行。一八六六年又遷至上海,改為晚報。一八六九年易名為 *The Friend of China and Shipping Gazette*,旋停刊。

《華友西報》的這段歷史,在西報中開創了因犯官非而停刊的先例。德倫於一八六〇年出獄後不久便病逝,《華友西報》的遷往

廣州及上海出版，已不是原班人馬經營的了。

　　至於《孖喇西報》的停刊，那是第二次世界大戰後的事。該報一直出版至日本發動太平洋戰爭，香港英軍向日本投降之日。一九四〇年八月出版，由中華書局印行的《香港九龍便覽》一書，載有當時香港西報的名稱。該書頁七四「報紙」一節中寫道：

> 　　香港中西報紙甚多，英文者有 *South China Morning Post*（《南華早報》）及 *H. K. Daily Press*（《孖喇西報》）均每早出版，*Hong Kong Telegraph*（《士蔑西報》）及 *China Mail*（《德臣西報》）有午版及晚報，*Sunday Herald*（《禮拜西報》）則每星期日出版。

　　這本在本港出版，由逸廬主人編寫的《香港九龍便覽》，説明了《士蔑西報》及《孖喇西報》在香港淪陷前仍有出版，也説明了《孖喇西報》並不是《中國郵報》。

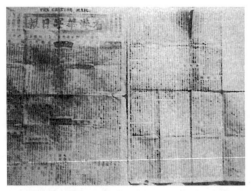

《華字日報》是香港早期的報紙

香港廣播事業五十年

今年（一九七八年）是香港廣播業創業五十週年，在六月三十日，香港廣播電台剛慶祝過它的金禧紀念不久，佳藝電視接着也在它的成立三週年前夕宣佈停業。在傳播事業來說，正是一喜一悲。喜的方面是一個電台在拜大壽，悲的是另一個電視台在三歲的生辰前夕便夭折了。作為聽眾和觀眾的本港居民，不知將作何感想？

一九二三至一九二六年已有廣播

查香港的廣播事業，並非始自一九二八年，在英國廣播電台成立一年之後，即一九二三年，香港已有電台廣播。《香港電台五十年》（*RTHK · 50 Years*）一書有如下的記載：

> 其實早於一九二三年，已有一群香港市民組織了一個香港廣播會（Hong Kong Society），會員大部分是社會知名人士，經常播放重要新聞及向聽眾宣傳廣播的重要性。他們也嘗試過把景星戲院（Star Theatre）的歌劇演出廣播出去，收到良好的效果。
>
> 三年之後，香港廣播會，開始組織一個有規模的廣播電台，正式開始廣播事業。他們的工作首先是說服政府確認廣播事業的價值和重要性。他們有規律地播放定

期的節目，並向市民介紹廣播的內容，以測驗市民對廣
播事業的反應。

　　就是說，在一九二三至一九二六這幾年間，香港的廣播事業
並未由政府主持，至於這一個民間的廣播組織，當時是設在什麼地
方？*RTHK · 50 Years* 一書並無說明，我們還是看看中文的記載，以
證實它的設立地點。五十年代出版的《香港建造業百年史》記云：

> 　　根據可靠紀錄，香港政府無線電報局，是在
> 一九二三年成立的。至一九二五年，開始設有廣播電
> 台，借用《南華早報》樓上為台址，每逢星期三、六播
> 音一次。後來，台址遷往山頂，但因山頂交通不便，
> 旋於一九二九年間，再將台址遷往郵政大廈二樓，重
> 新佈置符合當時理想的播音室；而山頂方面仍設轉播電
> 台，傳達聲浪。新播音台於一九二九年十月八日下午九
> 時開幕，由當任護督修頓親臨主持。當時本港發出收音
> 機牌照，僅有五百餘張；其中三百餘張為西人所有。
> 到了一九三二年，播音台遷往告羅士打行三樓；直至
> 一九五○年，才遷往現址 —— 電氣大廈七樓及八樓。
> （按：現已遷往廣播道。）

　　這段記載指出最初的廣播地點是在英文《南華早報》的
社址上，其後遷往山頂，最後遷往德輔道中的舊郵政總局大廈
內。看來這段記載似和事實有矛盾之處，因為它說香港電台是在

一九二九年才正式成立，而香港電台則認為成立於一九二八年。
但是我們若詳細研究各種記載，便知道兩種記載並無矛盾之處。
一九二八年六月三十日，是香港政府正式支持廣播事業的開始，
而香港電台的正式成立，則是在一九二九年，即是把台址遷到中
區舊郵政總局大廈的時候。因為，在未遷到郵政總局去時，港府
還未委出電台的台長，而廣播電台的廣播時間只限於晚上九至
十一時。當時的電台呼號卻是叫 GOW，而且是英語廣播。

從 ZBW 到 ZEK

《香港電台五十年》一書，在〈最初的一年〉一章裏説：

> 翌年，即一九二九年，前郵政總監被委任為電台的
> 台長，他便是史密夫先生（L. M. Smith）。同時電台的總
> 部也遷到舊郵政總局，正式成立電台的規模。
>
> 在新總部第一次會議中，主席高興地指出一九二九
> 年初以來，平均每月增發三十二個收音機牌照，使政府
> 增加一千二百元的收入，並估計明年一九三○年，將會
> 增至二千四百元。
>
> 在一九二九年十月八日晚上，政府主要官員、音樂
> 界、社會名流雲集電台總部內，宣佈廣播電台全部由政
> 府接辦。由護督修頓先生（W. T. Southorn）及修打蘭先生
> （R. Sutherland）在米高峰前正式宣佈電台名為 ZBW 電台

（按：當時港督金文泰往馬尼拉訪問）。在典禮中，修頓
指出政府接辦電台的原因，是因為當時沒有商辦團體願
意接辦。同時，他又宣佈希望電台方面今後應多製作一
些直播節目，而不要只靠放唱片。

看過了這段記載，就知道中文的記載也符合事實。港府於
一九二八年支持電台廣播，而於一九二九年才正式宣佈香港電台
的成立。當時電台的呼號為 ZBW，而且這是英文的稱號。

上了年紀的香港居民，應該記得香港電台中文台的呼號是
ZEK。「香港廣播電台，ZEK，現在報告新聞。」這樣的聲音，在
戰後初期，隨時都會聽到，相信老香港居民也會記得這一段常聽
到的播音。究竟 ZEK 是什麼時候才成立的呢？

考中文電台最初是附屬於英文台 ZBW 內。在一九二九年，
ZBW 已有中文節目，但當時的中文節目，只限於新聞、股份及匯
水行情、天氣報告等而已。儘管只是這點點中文節目，也極引起
華人注意。當時的商人，極需要收聽這些節目，因為它與商業和
金融有關。收音機因而暢銷起來。

當年所收的收音機牌照費是每年四元，在當時來說，實在是
太貴，因此有很多人買了收音機而不領牌照。警方於一九三〇至
一九三一年度，大量檢控無牌藏有收音機者。由於被檢控的大多
數是中國人，這一事實表明，收聽電台節目的人，已由最初兩年
以西人佔大多數，演變成以華人佔大多數。港府有鑑於此，不能
不在 ZBW 電台中增加中文廣播時間，以娛樂華籍居民。

一九三二年，收音機牌照已邁向四千大關，電台因中文節目

的發展迅速，舊郵政總局已不敷應用，於是租了告羅士打酒店三樓，作為發展中文電台之用。當時撥款一千五百元為籌備中文電台的經費。到了一九三八年正月，ZEK 中文台，才正式脫離 ZBW 而有獨立的播音室和發射系統。港府亦委出一位中文節目總監及音樂總監，積極發展中文電台的娛樂節目。

根據一九三八年的年報裏的資料，當時香港已發出八千張收音機牌照，而在港督羅富國（Sir Geoffry Stafford Northcote）檢討十年來的廣播事業時所指出，十年來港府為了提供廣播娛樂節目所用的經費，每年平均接近九萬元。即從一九二八至一九三八這十年間，共用去公帑近九十萬元。

當時 ZEK 中文台所提供的廣播時間是中午十二時三十分至下午二時三十分，日間廣播兩小時；下午六至十一時，晚上廣播五小時。全日廣播時間為七小時。

至於詳細的節目表，大致上是這樣：

十二時三十分：音樂唱片；一時正：報時及天氣報告；一時三十分至二時三十分：粵曲唱片；下午六時正：音樂演奏；七時正：報時及天氣報告，粵語新聞之後為國語新聞及潮語新聞；七時三十分：粵曲唱片；八時正：故事演講（講古）；九時：音樂唱片；九時十分：國語教授；九時三十分：潮州曲唱片；十時正：特備粵曲演唱節目。

以上的節目表是根據當年一份本港日報綜合幾個星期的節目寫成，並非天天如此，不過大致上沒有多大變動。

日治時代稱為 JPHA

一九三七年是中日戰爭急劇變化的一年。一九三八年香港的人口急劇激增，日軍的侵略戰火已蔓延到華南，形勢上是需要加強對華人的廣播，ZEK 的中文台脫離 ZBW 而獨立，是有其必要性的。

ZBW 的英文台的廣播時間，與中文台差不多，不過到了一九四〇年，英文台延長晚上時間一小時，至午夜十二時止。

一九四〇年時，收音機牌照費已增至每年十二元。而一九四一年初，英文台有一項特備節目，是為駐港英國人和家眷向澳洲廣播。這是一件有趣的事，也是後來中文台於聖誕新年期間為留英留加的學生和家長廣播的濫觴。

原來一九四〇年香港的形勢已極緊張，香港當局已知道一場大戰不可避免，故此除了加強軍備和調動大軍來港駐守外，並疏散英國婦孺，駐港官員的家屬全部疏散離港。由於當時歐洲也正在大戰，返英並不安全，澳洲是最安全的地方，所以英駐港的軍政人員家眷，全部疏散往澳洲。這一來，便造成兩地相思之苦。ZBW 為了溝通這種兩地相思，特地安排了一個節目，讓留港的英人和在澳洲的家眷通話，使雙方在收音機前互說別離的衷曲。這個節目最後的一次廣播時間是一九四一年十二月二日，廣播員還在當日的節目完畢之前，興奮地介紹下一次節目時間是十二月二十一日，並且說出了一大堆的名字，叫他們到時通話。但是，一九四一年十二月八日，日軍已進攻香港，十二日已全面佔領了九龍，香港不久就淪陷了。

日軍攻佔香港之後，於一九四二年一月四日，便恢復廣播。日軍是在一星期之前（一九四一年十二月二十八日）舉行入城式的，可見日軍對廣播事業亦非常重視。不過，日軍改變廣播電台的週波為一一五四，並且將呼號也改變，不叫 ZBW 或 ZEK，而叫 JPHA，中文名則稱為「香島放送局」。

淪陷時期的三年零八個月中，廣播時間並無延長，只有縮短，遇到電力不足或飛機空襲時便停止廣播。日軍規定的廣播時間是下午六至十時止，直到香港重光之日也是如此。

由於日軍在淪陷時期沒有中斷香港的廣播事業，而且還保留着電台上的唱片，因此香港重光之後，廣播電台立即就恢復廣播。據紀錄，戰後首次正式廣播日期，為一九四五年九月一日，當日主要的節目為重複多次宣佈香港重光，由軍政府統治，並宣佈若干新措施。

一九四八年正式命名香港電台

戰後初期的廣播時間，仍然和戰前一樣，是中午十二時三十分至二時三十分，下午六至十一時。與戰前略有不同的，是中午加插一段新聞報告；稍後，晚上並有轉播倫敦粵語新聞節目。

戰後收音機牌照費已由戰前的一年十二元，增加至二十元，但收音機牌照，則有兩萬二千個。

到了一九四八年八月，香港電台慶祝它的二十週年台慶，正式宣佈更名為「香港廣播電台」（Radio Hong Kong），以後不再稱

一九五五年，名足球員朱永強在香港播音台客串，與梁碧玉演唱粵曲。

ZEK 和 ZBW 了。

這個時候廣播時間開始延長，加了早上七時三十分至九時的晨早節目時段。初時僅屬試辦，但因反應非常良好，因此便繼續廣播下去。這是後來全日廣播的張本。

值得一提的是，當時香港粵劇頗受歡迎，中文台開始在晚上轉播粵劇，這是到戲院去作現場轉播的開始。聽眾在家裏守在收音機旁邊，可以欣賞名伶們的全部唱詞，足不出戶，而又不費分文便有整整一晚的娛樂，是以最受聽眾歡迎。當時，有些報紙爭相將整本劇本的曲詞刊登，聽眾一報在手，對曲欣賞，又是別有一番滋味。

一九四九年三月，香港電台得到 BBC 的幫助，運來大批新式的儀器，告羅士打酒店的台址不敷應用，因此遷往電氣大廈，即

現在名水星大廈的樓上工作。

　　這時，由於收音機仍然很貴，不是一般小市民能買得起，麗的呼聲有線廣播服務便乘時興起。它以每月收費十元的價錢，提供最佳的廣播服務，而且又不需另繳收音機牌照費，因此大受市民歡迎。有些家有收音機的人，也樂於採用麗的呼聲的有線廣播服務，因為當時香港電台的聲浪並不穩定，有些地區收聽時被很多雜音干擾，採用麗的呼聲則清楚玲瓏，而且廣播時間又是由早至晚，全日不停，一時家家戶戶，差不多都裝有一座麗的呼聲。

從天空小説到唱片騎師

　　當時廣播節目和今日頗不相同，今日電台節目以「唱片騎師」（disc jockey，或稱 dee jay）主持的節目為主，但那時則是以「天空小説」和各種形式的「講古」為主，晚上的直接在戲院轉播粵劇也是最受歡迎節目之一。

　　一九五三年七月，廣播處長開始正式管理香港電台，當時全港的收音機已有四萬多個了，收聽廣播成為廣大居民的最正當的娛樂。為此，傳播性廣告逐年增加，很多商品使用電台的廣播去吸引用戶。但當時香港只有麗的呼聲有線廣播播送廣告，因此有人曾建議，香港電台何不也播送廣告，以增加一筆收入？但遭到很多人反對。

　　隨着香港商業的發展，商品宣傳（廣告）已達到無孔不入的地步，在報上刊登廣告（傳閱性廣告）已不能滿足商業機構的需

要，大量宣傳經費移到傳播性廣告上面去，廣告的收入應可支持一個電台的經費。因此，一個商業性的廣播電台的構思，在五十年代中期已開始形成。

一九五九年八月，香港商業電台成立。它也和香港電台一樣，有中文廣播也有英語廣播，提供各種娛樂性的廣播節目。它以活潑的姿態出現，極受聽眾歡迎，是以一開始就非常成功。

一九六一年的人口調查，為廣播界提供了不少有用的資料，正如《香港電台五十年》所說：「電台已開始用年青的『唱片騎師』去吸引大量年青聽眾，因為當時全港人口數字指出，百分之五十的人口的年齡，是在二十一歲之下。」因此，商業電台也要為年青人多供應些東西。

所以稍後，商業電台加設一個第二台，這是專為年青人提供娛樂廣播而設的。當時，第一台仍以傳統性的節目吸引中年聽眾，它的節目以天空小說、長篇廣播劇、特備粵曲節目、粵劇轉播為主，它保留這些節目以吸引二十一歲以上的聽眾，而第二台則專為年青人而設。

電視條例便利政府不設電視台

現在談談電視台的歷史，上面說過廣告事業隨着商業的發展而發展，這一發展也促進了電視廣播事業的發展。一九五七年十二月，麗的呼聲開辦有線電視廣播。當麗的電視開幕時，這件盛事被形容為：「這是使香港成為英聯邦屬地中第一個辦有電視廣

播服務的地區。」當時，麗的電視只有一個電台，每週播映二十八小時節目，開辦不久即擁有六萬三千名觀眾。

由於電視機牌照使政府增加大量的收入，而收音機已進入「原子粒」時代，電視廣播並不影響廣播電台的聽眾，擁有收音機的人空前增加。六十年代中期，小型的收音機大行其道，很多人都沒有領收音機牌照，這構成一種壓力，使得港府於一九六五年自動取消了收音機牌照。

一九六七年香港電視廣播公司的無綫電視面世，在此之前，麗的電視的廣播時間已延長為每週一百五十小時（中英文台合計），但由於無綫電視不需要繳交節目費，是以它一開始即受到歡迎，業務蒸蒸日上。到一九六九年，無綫電視每週已可提供一百六十小時的廣播節目。

佳藝電視是在一九七五年九月成立的，但它開辦不到三年便告關門。

回顧了五十年的廣播事業的歷史，相信讀者會問：為什麼香港政府不開設一座電視台呢？回答這個問題，應先了解《電視廣播條例》中的各項規定。原來，從開始有電視廣播之初，港府即已決定不辦官方的電視廣播電台了，因為各個擁有電視廣播特權的公司，都規定必須撥出播映時間，播放官方的特備節目。有了它們播放官方的節目，又何必自設電視台，以增加政府的開支呢？

電視條例又規定，各電視台必須播映教育司署電視組製作的教育節目。故此，當佳藝電視未成立前，無綫電視和麗的電視已為教育電視提供了播放時間。當佳藝電視結束之後，無綫電視和麗的電視又要播放教育電視了。

　　雖然港府從一開始就無意自辦官方的電視廣播電台,但卻加強了香港電台的電視製作。它的《獅子山下》,頗受觀眾歡迎,其中一齣名為《野孩子》的,得到了亞洲青年製片家電影節獎。此外《少年行》和《少年警訊》、《觀點與角度》、《小時候》等製作,都常有傑作出現。

九廣鐵路建造史

　　尖沙咀的九龍車站，數年前已遷往紅磡新建的九龍車站去，新的九龍車站啟用時，鐵路當局把古老的路局標誌，由圓形的「KCR 九廣英段」改為方形的兩個九字背向而成的新標誌。雖然這新的標誌仍有 KCR 三個英文字，但那個代表廣州的 C 字，卻是被割斷了的。這樣的改變，表明這條鐵路的實際情況，即它只是九龍方面的鐵路，而非從九龍直通往廣州的鐵路。

　　但是這一條鐵路，原是廣九鐵路的一部分，它是廣九鐵路英段。廣九鐵路在一九四九年十月十四日以前，是從廣州直通九龍車站的。即是說，在廣州解放後，廣九鐵路英段，便不能直通往廣州，它只能開到羅湖橋為止。這在一九七九年港穗直通火車恢復後，才又再改變了。

　　現時這條鐵路有羅湖站，但從前並沒有羅湖站這名稱。在一九四九年以前，英段的車站，分九龍、油麻地、沙田、馬料水、大埔、大埔墟、粉嶺、上水、深圳。它以深圳為終點。

九廣鐵路的新舊路徽。左為已用了六十多年的舊路徽，右為一九七五後採用的新路徽。

一九四九年中共政權成立後，英段的火車，就只能在羅湖橋畔停止。羅湖站便由此而誕生。

如果再追溯到第二次世界大戰前夕那一段時期，馬料水這一站也沒有。如今馬料水車站，由於中文大學在該處設立，改名為大學站。而油麻地站亦於前數年，以該站實際所在地區是旺角，因此又把油麻地站改為旺角站。

廣九鐵路英段在英國人的口語和文書中，一向被稱為九廣鐵路（Kowloon-Canton Railway）。這樣的稱呼，等於說，由九龍站開始的一條鐵路，是直通到廣州去的。因此就意味着這一段鐵路，是為直通往廣州而興建的。假如當時設有一條由廣州到深圳的鐵路，這條鐵路就不會興建。

故此研究這段鐵路的歷史，便要從籌建這段鐵路的歷史說起。原來，在十九世紀八十年代，英國資本主義已發展到帝國主義階段。資本主義已由商品的輸出，發展到資本的輸出。當時，英國在中國內地，開設了工廠，壟斷了航業，同時攫取了礦產和

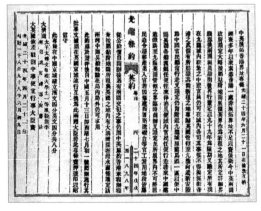

中英《展拓香港界址專條》原文

鐵路的專利權。

在一八九八年以前，「新界」尚未成為「新界」，當時英國人在九龍半島的勢力，只能到達昂船洲對正的界限街。在一八九八年強迫清政府簽訂了中英《展拓香港界址專條》之後，才有所謂新界。但是，在未有新界之前，九廣鐵路的藍圖，已經擬定了。

未有「新界」早有九廣鐵路藍圖

很多人以為，香港有了新界，然後才有可能設計一條九廣鐵路。其實並不如此。可以說是先有了九廣鐵路的藍圖，然後才有「拓展」新界的藍圖。

原來當時英國的資本向華輸出，主要的形式是以高利貸的方式貸款給中國建築鐵路。因為貸款既可以用九折的成數放出，又能收到定額的高息，同時又指定以該鐵路作為抵押品而直接對整條鐵路幹線加以控制。此外，鐵路的物料全部從英國運來，做一批高價的買賣。鐵路的經常收入，亦能從中上下其手，真可以說是最便宜的投資。

九廣鐵路的藍圖，就是在這種情形之下擬定出來。它是在未有「新界」之前，就已經擬定了的。為了證明這一點，最有力的證據，就是中英《展拓香港界址專條》的原文了。

這《專條》本是為了攫取界限街以北一大片土地而設的，但條文中已加入了「將來中國建造鐵路至九龍英國管轄之界」這一段，顯見在未有「新界」之前，這條鐵路的影子，就已經深印在

寶納樂等人的腦海中了。

　　相傳九廣鐵路最初的藍圖，是當時駐港英軍陸軍總司令布勒克所擬定的。布勒克於一八九七年十月間由香港往北京，把攫取新界及建築鐵路的計劃向寶納樂提出來，然後由寶納樂向滿清政府提出，故此《專條》就印上了鐵路的痕跡。

　　當「新界」在光緒二十五年二月初八，即一八九九年三月十九日劃定界址之後，不足十日，英方就拋出了《九廣鐵路草合同》，強迫當時清政府的鐵路大臣盛宣懷簽了草約。這草約簽字日期是一八九九年三月二十八日，距離劃定界址的日期只有九天，可見得他們對建築鐵路的情急之態。

　　《九廣鐵路草合同》的內容，並不與後來的九廣鐵路合同一樣。因為草合同簽訂了之後，遭到中國新興的民族資產階級以及廣大同胞的反對。也正因如此，草合同雖在一八九九年簽了字，真正的合同卻要延遲到一九○七年才正式簽字。

　　為什麼中國人反對這草合同呢？把草合同的原文看看，大家自易明白。

　　草合同第一款和第二款硬性規定九廣鐵路的建造要依《滬寧鐵路草約章程》一樣。《滬寧鐵路草約章程》的內容，規定借款每百鎊以九折交付，即借款一百鎊，實收為九十鎊。年息五厘，每年分兩次付息。年期為五十年，在鐵路未建成前，利息照付，且可由所借款中支付利息。鐵路作為抵押品，因此鐵路的實際控制權在於貸款的中英銀公司手中。鐵路的工程師用英國人，材料亦用英國的，車務總管亦由英國人擔任。總之，條件是絕對有利於英方。

　　像滬寧鐵路一類的鐵路章程，早在中國內地各處推行。當時

帝國主義在中國各地掠奪主權以及輸出資本，像上述草合同中提到的粵漢鐵路和美國合興公司，是其中之一。當時美國以合興公司名義，強迫清政府簽了《粵漢鐵路合同》，將由漢口到廣州的鐵路建築權掠為己有。英國即以怡和洋行及滙豐銀行出面組織中英銀公司，掠取廣九鐵路的建築權，並在草合同上，寫上了將來廣九鐵路與粵漢鐵路聯接的字樣，以便英美聯合控制湖南、湖北、廣東三省。

義和團運動影響九廣鐵路的內容

但是，在美國以合興公司名義與清政府簽了《粵漢鐵路借款草合同》、英國以中英銀公司名義簽了《九廣鐵路草合同》之後不久，中國的北方爆發了聲勢浩大的義和團運動。因此美國雖然把粵漢鐵路的路權奪到手，卻非常害怕鐵路沿線人民起來反對，只築了一小段便停工。後來，美國發現比利時對這鐵路有興趣，於是在國際市場上把三分二的借債股票賣給比利時商人，從中大撈一筆。

由於合約上規定不能將路權轉讓，美國此舉馬上掀起湖南、湖北、廣東三省人民的反對浪潮，要求清政府廢約。民族資本家提出商辦鐵的要求，民眾發動抵制美貨運動，這樣便掀起了聲勢浩大的鐵路風潮。

鐵路風潮雖然由粵漢鐵路而掀起，但影響甚大，全國各地的鐵路沿線人民，差不多都有反應。他們已覺悟到主權被侵奪，紛紛提出挽回利權的口號。廣九鐵路的目標既然是要和粵漢鐵路聯

接，廣東人民在反對粵漢鐵路出賣給美國的同時，也反對廣九鐵路的出賣。廣州當時的報紙，除著論要求粵漢鐵路廢約，還要求廣九鐵路廢約。

美國在這種形勢下首當其衝，被迫放棄獨佔粵漢鐵路，但卻要清政府用極高的價錢把已修好的三十多公里的鐵路「贖回」，敲了近四百萬美元的竹槓。

路權收回後，三省人民分別在各省內設立鐵路公司，由商民籌款興建。於是，要求收回廣九鐵路路權的輿論，亦因此而日益高漲。

計劃築廣州至澳門鐵路，抵制九廣鐵路

但英方仍然頑固地不肯放棄路權，當時廣州的資本家，倡議由廣州築一條鐵路到澳門，用以替代九廣鐵路；有了廣澳鐵路，便不必建廣九鐵路了。這一倡議傳到澳門，澳門葡商立即表示贊成這一計劃。平日與葡商素有來往的廣州十三行商人之一的林德遠，親自和葡商伯多祿接頭，組織中葡公司，籌築一條商辦的廣澳鐵路。

葡商伯多祿對廣澳鐵路極有興趣，與林德遠商議妥當後，即從澳門到上海去，通過葡萄牙駐華公使白朗穀和鐵路大臣盛宣懷接頭。

廣澳鐵路談判，由葡使白朗穀與盛宣懷多次商議後，於一九〇四年十一月十一日在上海簽約，該約名為《中葡廣澳鐵路合同》。合同的內容，共分三十一條。比起九廣鐵路的條件來，可說有天壤之別。

合同之前，有一段引言，全文如下：

案查光緒二十八年九月十四日，大清國外務部照
會大西洋國欽差駐箚北京便宜行事全權大臣，聲明大清
國政府允許所請，准在澳門地方設一中葡鐵路公司，安
造由澳門至廣東省城之鐵路在案，今將前項照會鈔附來
合同後。現由大清國欽差督辦鐵路大臣太子少保前工部
左侍郎盛，與大西洋國駐京便宜行事欽差大臣白，在滬
將中葡鐵路公司應辦事宜，並中葡商董均股平權合辦宗
旨，往返商酌，意見相同，並飭令中董林德遠，葡董伯
多祿，於此合同由兩大臣簽押後，再行會商訂立公司創
辦合同，呈請中國鐵路大臣酌核。今先將大清國政府允
願招商議立中葡鐵路公司各事宜，開列於後。

這是早期中國鐵路史上一張比較公平的合同，亦是第一張由
中外商人平權籌辦鐵路的合約。雖然廣澳鐵路其後胎死腹中，但
這份廣澳鐵路合同，對於肆意掠奪中國鐵路主權的各帝國主義，
是有相當的影響的。也可以説，由於廣澳鐵路的籌辦，使英國在
廣九鐵路的談判上作了一些讓步。英國的讓步，並非意味着它將
放棄某些拿到手上的利益，而是以暫時的讓步，企圖遏止正在蔓
延全國的自辦鐵路的風潮。首先是破壞正在籌辦的廣澳鐵路。

為了便於比較，這裏介紹廣澳鐵路合同的內容。該合同共
三十一條，計有：

一、公司名中葡廣澳鐵路公司；

二、規定只准中葡兩國人民經營，如違合同作廢；

三、資本中葡各半，葡股之一半可招澳門華商入股，但必須遵守大清公司商律辦理；

四、准先行勘路；

五、勘路後須繪詳細路圖交中國鐵路大臣批准；

六、勘路經費由中葡廣澳鐵路公司支理；

七、在廣澳鐵路十里內不得准許他人築造平衡鐵路；

八、勘路時須經兩廣總督發給證明書，以便保護勘路人員；

九、如該公司中葡股東有所爭議，由兩廣總督與葡駐廣州領事協商；

十、購地建廠及鋪路辦法：如屬官地應納地租；如屬私地，應與業主議價收購。若有墓塋必須繞越，若難繞越必須從優給遷葬費；

十一、就地僱用中國工人；

十二、護路更伕用華人，頭目由中國官方選派；

十三、在總站應建屋以便中國海關查驗及抽稅；

十四、如完成一段即可行車；

十五、行車前應議妥稅務辦法；

十六、鐵路收費辦法由公司決定；

十七、鐵路調度須與廣東各路相同；

十八、公司載運材料不得損害人民房屋物件，如有損害需賠償；

十九、所有沙石如屬官地所產免費，如屬私人者則給價；

二十、公司築路，中國政府不給地應用，亦不擔保資本利息，但准在路旁設水池，准在香山縣設醫院及避暑院，准設學堂訓練人員；

二十一、規定資本利息每百元六元，公積金每百元三元。如有盈餘，中國政府抽三成作為還本之用；

二十二、鐵路至滿五十年，其所積儲用作還本之款足夠清償全部資本時，鐵路即歸中國所有；

二十三、公司如有倒欠糾葛，兩國不干涉及不負賠償責任；

二十四、中國政府負責保護鐵路；

二十五、沿路可設電話線；

二十六、中國政府如需運兵運糧，應優先使用該路；

二十七、便利郵政；

二十八、郵政車免費；

二十九、鐵路工程師可用葡人，餘皆由中國人擔任；

三十、機器進口要納稅；

三十一、本約以中、葡、英三種文字繕寫。

簽約的日期是光緒三十年十月初五，即公元一九〇四年十一月十一日。

香港公用事業專利值得借鏡

這張合同的內容，值得注意的是中葡商人股份平均，而且葡商的股份亦可在澳門招華商入股。此外是鐵路總工程師可用葡人，其餘均用中國人。特別值得一提的是規定公積金的數目是百分之三，而中國政府在盈利額中抽百分之三十，作為將來用以收回鐵路之用。這種出讓專利權的方法，假如香港的公用事業的專

利權也用此法而行，到了今天，所有電燈、電話、電車等等公用事業，已經是屬於香港政府的了。因為如果規定它們的公積金數目的話，便不會逐年將大量盈利撥充資本，到後來反說利潤不符合投資的水準，而肆意要求加價了。又倘若能抽盈利百分三十作為還本收回之用，豈非早已屬於政府公營的麼？

所以，當時英方看到這份廣澳鐵路合同，便急忙在廣九鐵路的討價還價談判中讓步，加速步伐，使廣九鐵路成為事實。因為，廣九鐵路如築成，廣澳鐵路便難與抗爭。

廣九鐵路終於在一九〇七年簽了合同。這份合同與草合同比較，是作了一些讓步。例如對貸款實收數目，比滬寧鐵路提高百分之四。草合同原意要跟滬寧鐵路合同一樣的條件，滬寧鐵路借款合同的實收款項是九折，九廣鐵路借款合同則提高到九折四。即借一百英鎊，實收九十四鎊。此外，借款期限由五十年減為三十年，並且在還款付息的日期，列出一份表格，有如現時分期付款供屋會的供款表一樣。還本辦法，規定滿十二年半之後才開始還本。如在二十五年之前照供款表多還本的話，每百鎊加還兩鎊半。至於利息，則為年息五厘，每年分兩次付息。

不過，主要的權利，英方並未讓步。如借款仍為一百五十萬鎊，而且以鐵路作為借款抵押。准許怡和洋行及滙豐銀行發行股票，股票發售每百抽佣六厘，譬如發售之價值一百零一鎊，則實交九十五鎊。其次為給予怡和及滙豐酬金三萬五千鎊，規定鐵路工程進行一半時交付一半，但自開工之日起，最遲不得超過十八個月；一半於整條鐵路完工時付足。這就等於在抽佣之外再抽經紀費用了。

　　另外，再在合同中訂明每年另給英資公司一千鎊的酬金，自借款之日始，至借款清還之日止。此外，借款的利息，應在造路之前起付，利息要在借款中扣除，同時又訂明「不得另建一路以奪本路利益」。總之，仍然是小讓步大掠奪。

九廣鐵路借款列出還款日期表

　　當時負責簽這《九廣鐵路合同》的中國方面的官員是唐紹儀。他是清政府的郵傳部左侍郎，又是外務部的右侍郎，相當於清政府外交及鐵路部的副部長。該合同的簽字日期是公曆一九〇七年三月七日，即光緒三十三年正月廿三日。為了節省篇幅，不便將詳細的二十條款一一引錄。但那附在合同內的分期付款表，頗有歷史意義，特依原件製版於後：

《九廣鐵路合同》中的分期付款表

上述的《九廣鐵路合同》，其實是由廣州到深圳的一段鐵路的借款合同，至於由尖沙咀到羅湖橋畔的一段九龍鐵路，則是由英國人自己動工興建的。在合同上，有「各歸各辦」的規定。這條從羅湖橋畔到尖沙咀車站的九龍鐵路，就是所謂九廣鐵路英段了。

英段築路由香港政府發公債集資

至於英段鐵路的築建，又是用什麼形式籌措資金的呢？以及如何建築的呢？先說資金方面。照理，一九〇七年的香港政府，仍然是沒有多餘的資金建築這一段鐵路的，應該也用同樣的方法，以同樣的條件，向怡和洋行及滙豐銀行借款，才顯得公平。但事實並非如此，因為對清政府的資本輸出及主權掠奪，豈可施之於自己身上！

故此九廣鐵路英段的資金，仍用發行公債的方式籌集。一九〇七年最後一次立法局會議，通過了《鐵路公債條例》，其後又加以補充，通過《修正公債條例》，用發行公債的方法，籌集建造鐵路的經費。

九廣鐵路全線，當時測量全長為一百二十一英里，英段只佔二十二英里。華段於一九〇七年八月開工，工程分三段進行，第一段由大沙頭到仙村，第二段由仙村到橫瀝，第三由橫瀝至深圳。當時，中國已有傑出的鐵路工程人員，著名的詹天佑是這條鐵路的顧問。所以嚴格說來，九廣鐵路華段的建造，雖說由英國人擔任總工程師，實際上仍是中國勞動人民建造起來的。鐵路全

線有大拱橋七座，計為：一、仙村橋五拱，每拱長六十呎；二、石廈橋三拱，每拱長六十呎；三、石攤橋三拱，每拱長一百呎。又不遠處有兩拱橋，每拱長十六呎；四、北江橋四拱，每拱長六十呎；五、間水橋三拱，每拱長一百呎；六、石龍東橋三拱，每拱長一百四十呎。又一條兩拱橋，每拱長六十呎；七、東莞橋四拱，每拱長二百四十呎。又兩拱，每拱長六十呎。全路只花四年時間建造完成。

拱橋是我國歷史悠久的橋樑工程，勞動人民使用傳統的拱橋來建築鐵路橋樑，使這條鐵路生色不少。

尖沙咀至羅湖段於一九○九年興建

英段的鐵路，由一九○九年開始建造。現行香港法例中第九十九章的《鐵路條例》，在卷首上這樣寫道：「一九○九年二十一號規定鐵路建築及管理條例，是年七月二十六日公佈施行。一九四八年四十八號及一九五○年第九號條例修正在案。」這一段卷首語，說明英段鐵路在一九○九年七月二十六日以後才開工建造的。

這二十二英里的鐵路，最大的工程是開鑿兩座大山的隧道。其中最長的是獅子山隧道，全長二千四百零四碼。隧道鑿成後，即可鋪設路軌，於一九一一年建成。

當一九一○年冬，兩段鐵路快將完成的時候，英方已向清政府提出通車辦法。英方仍重提前議，照滬寧鐵路的辦法通車。

它的要求是：一、英方有管理全路行車之權力；二、車務總管由英人擔任；三、所有各班火車，由英公司議定票價。當時清政府設全國鐵路總局，總局長是梁士詒（燕孫）。因此談判通車事宜，便由梁士詒和英方接頭。《三水梁燕孫先生年譜》「宣統二年（一九一〇年）十二月」條後，記云：

> 　　是年先生奉命查勘廣九鐵路全線。先是英國要求承築廣九、道清、滬寧、津浦南段及寧湘五路，皆遂所欲，相繼興工。其意尤在使廣九接通粵漢，直達香港之九龍，為全國南北幹路南端盡頭車站，藉以侵奪廣州之利。京外官吏不知其計，未加注意。直至廣九全路工程將竣，議約通車，種種苛求，於焉始見。爭久而不能決。是年郵傳部乃奏派先生查勘情形，設法挽救。先生奉命後，即偕同工程專家及隨員等南下，履勘全線工程及接軌地段、水陸交通碼頭、貨棧地點。回京復命，即請改派趙慶華繼任該路總辦與香港政府議訂通車合同。費時一年之久，始得就範。大致聯絡通車只計快車、客車，至貨車、慢車、客貨各票，各不相涉。總辦有管理全路行車工程之全權。車務總管派華員劉承暢主其事。他路借款以路作抵押者，皆派洋員為車務總管，此路獨否，蓋非一朝一夕之成績所得遂願者也。郵傳部嗣又指派詹天佑、黃仲良為副總理，接辦粵漢公司，並將粵漢與廣九接軌地段之權利，讓歸粵漢建築，規定非至黃埔車站築成，不得接軌通車。廣州利益，因得不致遽為香

港所奪。此皆先生當日策劃之功也。

《三水梁燕孫先生年譜》的編者，是梁燕孫的門人，他們把英公司的讓步，歸功於梁燕孫，未免太誇大了。其實，這是中國人經過艱苦鬥爭才能爭回來的。在九廣鐵路開工後不久，即一九〇七年十一月間，廣東省同胞曾展開一場聲勢浩大的反英鬥爭。當時因為有幾艘掛英國旗的西江船隻遇盜被劫，英國竟派出駐港的英艦到西江內河去「緝盜」，居然搜查中國內河航行船隻，因此激起公憤，掀起一場西江緝盜權鬥爭。後來英艦被迫撤退，而且再也不敢提有權到內河去捕盜。經過這次鬥爭後，廣州民氣大盛，對帝國主義的無理要求，迅即反對。英公司在廣九路通車談判上讓步，是在眾怒難犯的形勢下作出決定的。

誠如梁燕孫的門人所說，當時所有借款鐵路的車務總管一定用外國人，只有九廣鐵路由華員劉承暢擔任。此外，快車和客車收費由英方決定，其餘貨車、慢車、客貨車票價，則由中國方面決定。

通車典禮分段舉行，英段由輔政司揭幕

由於談判通車時有很多不愉快的事發生，原定通車大典由兩廣總督和香港總督一同主持，最後也改變了，改由次一級的人物主持。香港方面由輔政司代表，粵方則由李清芬和陳望曾代表。原定先把羅湖橋上的一段路軌接上，由尖沙咀直通往廣州的，其

後也改為各自通車。

　　九廣鐵路的正式通車日期，是一九一一年（宣統三年）八月十四日，這是辛亥革命前夕。香港方面，由輔政司在尖沙咀主持通車典禮，然後從嘉賓門登上火車，直開到羅湖。廣州方面，亦於同日上午九時，由李清芬和陳望曾從大沙頭火車站乘第一列火車開出，開到深圳。雙方官員步行到羅湖橋上，主持接軌典禮。當晚兩段路軌接上，於第二天，在深圳的火車駛過羅湖橋直抵尖沙咀車站，而在羅湖橋的火車，則直過深圳，然後開往廣州。

　　尖沙咀火車站的大鐘樓及車站內的設備，並不是一九一一年建成的。這座大車站是一九一六年才建成。建成後不久，於一九二四年，香港政府已覺得這車站佔地太多，而且所佔的都是旺地，故於當年便從英國聘請專家到來，考慮將車站遷往紅磡，其後因省港大罷工風潮而暫告擱置。到了一九五四年，當局又舊事重提，直到一九七五年十一月才成為事實。

一九一六年建成
的尖沙咀火車站

百年來港澳交通史

最近香港當局宣佈加徵來往港澳間的旅客人頭稅，增幅由四倍至十倍，嚴重影響澳門與香港的居民的正常往來。有人以為，到澳門去的人，大多數去賭錢，那末增加人頭稅，是寓禁於徵，等於勸阻香港居民往澳門賭錢罷了。其實這是怪論，因為，自古以來，澳門香港一水之隔，來來往往，可以是探親訪友，或是香港居民前往度假，因此到澳門去的人，並非人人入賭場的。

我們研究一下港澳兩地的交通史，就容易明白，澳門實實在在是一處短期度假的勝地。

當第一次鴉片戰爭初步結束的時候，港澳間的正常交通，經已確立。當一八四一年，英國人在香港大興土木時，大部分的勞工，都是往澳門招募到來的，而香港方面的糧食、物資，也大部分從澳門運來。因此當時，港澳兩地，每日均有多艘帆船，來往港澳之間。

嚴格說來，當時英國人經營香港，是利用澳門作基地的。因當時大部分外國商人，都集中於澳門，而英國的駐華商務總監的辦事處，也設在澳門。當一八四一年一月二十五日，英國艦隊登陸香港時，事前也派出戰艦希雅仙號及摩特士號到澳門，載來它們的艦隊司令。總之，在鴉片戰爭前後的十多年中，如果英國人沒有澳門葡萄牙人的幫助，一切的行徑，也不容易得逞。

自古以來澳門是香港居民的度假地

　　據沙雅氏的《香港的誕生、童年和成長》一書記載，當義律率領英兵登陸港島後，不久即遭遇一次嚴重的風災和火災。當時義律狼狽地從岸上走上戰艦，但海面又狂風大作，他急不及待地下令戰艦駛往澳門避風。因此，澳門也是香港某些船隻避風的地方。

　　一八四一年間，港澳間的交通可說是最繁忙的年度。除了民間帆船常有往來外，還有英國的軍艦經常往返。這些船艦停泊地點，在香港，大部分停泊在「佔領角」的碼頭上。所謂佔領角，相當於現在水坑口附近；在澳門，則泊於南灣的碼頭上。

　　由於經濟上的需要，港澳兩地正常的交通從未間斷，也由於港澳兩地有了正常的交通，澳門才成為香港居民度假的地方。遠在一八四二年，香港的英國人，已懂得到澳門去度週末了。

香港週末賽馬初在澳門舉行

　　原來香港的大賽馬，最初是在澳門舉行的。當一八四二年時，英國人覺得在香港委實太悶，這個小島，一片荒蕪，沒有什麼好消遣的。於是若干官員，提議舉辦賽馬，但環顧全港，沒有一塊可供賽馬的場地。香港是座山，只有黃坭涌裏邊是一處峽谷，但這山谷全屬稻田，如要利用來作跑馬場，也非收回稻田，填為平地不可。因此，官員們便想到利用澳門來作度週末、辦賽馬的地方。因為澳門荷蘭園一帶全是平原，那地方從前用來囚禁

侵澳被俘的荷蘭俘虜，曾將附近地區鏟平，作試馬之用。因此，香港的官員，徵得澳門葡人的同意，帶了馬匹，到澳門去舉行週末大賽馬。

據歷史文件記載，一八四二至一八四三年，香港曾在澳門舉行賽馬兩年，直到一八四五年，在香港薄扶林村築了個小馬場，才在香港舉行週年大賽馬。

由此可見，香港居民到澳門去度週末，並不一定是去賭錢的。因為澳門是中西交通一處歷史悠久的商港，它有很多名勝古蹟供人遊覽，的確是度週末的勝地。

曾經有過一位英國人從香港到澳門去度週末，弄出澳葡與港英間發生不愉快的事件。這件事頗足一述。因為事件本身，足以證明自古以來香港居民常喜到澳門去度週末。

一八四九年六月七日，有一位香港基督教會的教師岑馬士，到澳門去度週末。當日適逢葡人扛着聖像遊行的大日子，這種扛聖像遊行的風俗，源出於羅馬，是天主教傳統的儀式。這種儀式由來已久。吳漁山於一六八○年到澳門，也曾見過這種儀式。他在〈澳中雜詠〉中詠云：

> 捧臘高燒迎聖來，旗幢風滿砲成雷。
> 四街鋪草青如錦，未許遊人踏作埃。

這種隆重的宗教儀式，是由澳葡的大主教，以及澳葡的兵頭主持的。這位由香港到澳門去度週末的岑馬士，看見這種情形，竟然哈哈大笑起來，他大概以為這是出會巡遊吧！

英赴澳賽艇乘機劫獄

恰巧這時澳葡兵頭亞瑪勒經過他面前，亞瑪勒是位斷臂兵頭，他看見這位英國人這樣無禮，見聖像扛過不脫帽行禮反而嘻哈大笑，認為他褻瀆神靈，也是對葡人大不敬，於是立即命令隨行的葡兵，把岑馬士拘捕。

澳葡兵頭亞瑪勒要岑馬士認錯及道歉，但岑馬士不肯，於是便將岑馬士拘押在議事廳後面的監牢中。

原來次日是星期日，又是香港方面的英國商人和官員赴澳參加遊艇比賽的日子，英國人乘坐英艦馬安打號以及亞文松號赴澳參加遊艇比賽。這次比賽，算是港澳兩地的英葡遊艇大賽。

當時馬安打號的艦長軒利賈蒲路，亞文松號船長吐魯必治，以及英軍軍官施他夫利，他們聽到岑馬士被捕的消息，便一齊去見亞瑪勒兵頭，要求釋放岑馬士，但被亞瑪勒一口拒絕了。

這三位英國軍人見亞瑪勒不肯放人，便密謀劫獄。他們預先備好了快艇兩艘、英兵多人。就在參加遊艇比賽進行得熱鬧緊張的時候，英兵乘快艇偷偷登岸，衝向澳門議事廳背後的監獄，擊斃了守門的葡兵，救出了岑馬士，悄悄地乘快艇登上馬安打號戰艦上。

這一役，打死了葡兵一人，傷了三人，有一葡婦受驚跌傷。英國人對這件事並不諱言。馬安打號的艦長賈蒲路，於一八五三年退休後，寫了本回憶錄，名為《馬安打號印度群島訪問記》，書中詳述劫獄經過，視作英雄行徑。而當時的香港《中國郵報》，於事隔數日，即六月二十八日也在社評中評論此事，認為這樣劫

獄，是合理的。

香港的英兵，到澳門去劫獄，是否合理，自有公論，這裏不必討論。這件事本身說明了，遠在一八四九年，香港居民，以英籍人為首，到澳門去度週末，是一件常事。他們除了來賽馬，還參觀那些特有的宗教儀式，舉行遊艇比賽，像這樣的度週末，是多采多姿的。

第一艘港澳輪船皇后號

至於第一艘來往港澳的輪船，它就是皇后號。皇后號約在一八五二年開始航行於澳門與香港之間。這艘港澳輪渡，與一八五七年香港英國人集體中毒一案有關。

據《香港史》一書載：一八五七年一月十五日早上，大約有四百名英國人，因吃了由裕盛辦館所供應的麵包而集體中毒。中毒者包括當任總督寶靈夫人在內，幸而沒有人死亡。事後經化驗，驗出麵包裏含有大量的砒毒，也正因為砒毒含量太多，使得中毒者立即嘔吐，而反為不致中毒斃命。這一來，香港英軍立即出動，把供應麵包的裕盛辦館包圍起來，要把所有的人全部拘捕。

但是，裕盛辦館的東主張亞霖並不在店內，被捕的人全是職工。他們都說全不知情，訊問之下，才知店東張亞霖在早上已帶同他的家人乘搭皇后號到澳門去了。

皇后號是當時來往港澳的輪船，是由英國鴉片販子所經營的既屬客輪又屬運送鴉片煙土的輪船。當時，裕盛麵包店東主張亞

霖和他的妻子兒女在船上，也吃了他帶去的麵包，因而也在船上嘔吐，弄得船上的船員，以為發生了疫症。但是不久，由香港派往澳門追捕張亞霖的快速兵艦舍姆洛特號已經趕至，艦上的艦長通知皇后號的船長，告知他香港發生了大中毒案，張亞霖是主謀人，船長才領悟到張亞霖等人在船上嘔吐是因為中毒。

次日，張亞霖由舍姆洛特號押運香港，這件案後來宣判張亞霖無罪，但卻要立即離開香港。

皇后號亦是第一艘遇劫的港澳船

皇后號不但是第一艘港澳輪渡，而且，也是港澳輪船當中，第一艘被宣佈為遇劫的港澳客輪。原來，在裕盛毒麵包案發生後不久，即一八五七年二月二十三日，皇后號從澳門開出，搭客中約有十餘人，突然發難，威脅船上的西籍船員，數人命令將船駛往內河，船上的西籍船員反抗，數人登時被殺死。這艘客輪被迫駛往佛山附近的青霞村河面。

香港方面不見皇后號回港，向澳門查問，又知已依時開出，沿航道搜索又無沉船跡象，料知一定是遇劫了。原來，在此之前，第一艘省港客輪第蘇號（Thistle）於去年（一八五六年）十二月三十日，在廣州啟程來港，船經虎門時，船上搭客十七名突以武力襲擊船長及護航英兵，殺死十一人，劫奪船隻駛往附近岸邊，着搭客全部離船，然後放火焚燬。香港方面懷疑皇后號可能與第蘇號同一命運。

果然，事後證明，兩船命運確實相同。但皇后號並未被焚，只是將船上的煙土搬到山邊去全部焚燬而已。後來香港方面領回皇后號，仍照常航行於港澳之間。

關於皇后號的遇劫，事後證明是由於當時英國在華發動第二次鴉片戰爭（即亞羅號事件），激起中國人民憤怒所造成。

皇后號是渣甸洋行經營的港澳客輪。自十九世紀五十至八十年代，港澳間的客輪，差不多全由渣甸洋行經營。其後，由於列強強迫滿清政府開放內河航行權，渣甸的輪船業務，已集中發展中國內河航線，港澳間的客輪業務才由港澳商人加以發展。

一八八八年左右，「省港澳輪船公司」成立。該公司由香港和澳門商人合資組成，以港商陳兆宗佔股份最多，集資買了一批外商的輪船，航行於香港、澳門、廣州三處地方，並且在香港干諾道中，建設碼頭；在澳門內港以及廣州西堤，各建碼頭一座。

省港澳輪船公司派「瑞安」、「瑞泰」來往港澳

省港澳輪船公司航行於廣州香港間的船隻，最初是泰山號，其後有龍山號、金山號，最後有佛山號。至於來往澳門和香港之間的輪船，則有瑞安號和瑞泰號。

瑞安和瑞泰，是第一對常常來往港澳間的姊妹船，也是香港與澳門之間，每天上午和下午，都各有定期輪船開出之始。當時兩艘姊妹船開行的時間和停泊碼頭地點如下：

瑞安號：港泊三角碼頭，澳泊省港澳輪船公司碼頭。每日

上午八時由港開出，星期日改開上午九時；每日下午三時由澳開
出，星期日改開下午四時正。

　　瑞泰號：港泊三角碼頭，澳泊內港省港澳輪船公司碼頭。每
日下午兩時由港開往澳門，星期日停航；翌日早上八時由澳門開
往香港，星期日停航。

　　這樣的安排，等於為港澳兩地居民來往兩地提供方便，即每
天上午和下午，港澳兩地都有客輪對開，只有星期日因瑞泰號休
假，才只有一班船開行。

　　以港澳兩地當時的人口密度而言，每天有兩班定期開行的
船，已足夠供應了。而同時，從船期可以看到，星期日只得下午
四時有一班船自澳返港。從香港去澳門度週末的人，相信一定很
少會到賭場去的，因為船期並沒有符合賭場的需要。

　　瑞安和瑞泰一對姊妹船維持了港澳交通凡三十年，在這三十
年當中，瑞安號曾經遇劫過一次。據法院所存有關海盜審判紀
錄，一九二二年十一月十九日，瑞安號自港開出，喬裝搭客的海
盜二十餘人，突然露械騎劫，迫令船長將船駛往大鵬灣，海面上
亦有賊船接應，海盜劫掠後乘賊船逃去無蹤。

　　由於海盜猖獗，港澳間的輪船的夜班航期，遲至一九二七年
以後才開始實現。一九二七年，另一間華資經營的輪船公司元安
公司，派出一艘名泉州號的輪船，開始作夜航。泉州號每日下午
五時由港開往澳門；半夜三時，由澳門開返香港。在港泊元安公
司碼頭；在澳泊十六號碼頭，即現時新馬路對正的碼頭的舊地。

首次競爭大艙，二毫送叉燒飯

泉州號和瑞安號及瑞泰號，在業務上並無衝突，因此並未引起競爭。根據資料所示，一九二九年這三艘港澳輪船的收費如下：

船名	西餐樓	唐餐房	唐餐樓	尾樓	大艙
泉州號	單程三元 來回五元	無	一元六角	一元二角	七毫
瑞安號 瑞泰號	單程四元 來回七元	二元	無	一元二角	八毫

引起業務劇烈競爭的年代，是一九三七至一九三八年間。當時澳門的賭場，已由泰興公司承辦，泰興公司先購買了一艘名叫天一號的輪船加入航行，又訂購了兩艘新船，一名濠江，一名交通。但在濠江和交通未加入航行前，由於七七蘆溝橋事變激發起抗日戰事，原日行走香港與廣州之間的金山號和泰山號，代替已殘舊的瑞安和瑞泰（金山號、泰山號均屬省港澳輪船公司），加上元安公司的東安號與西安號，亦加入航行港澳線，於是引起業務上的劇烈競爭了。

當時，為了爭取搭客，各輪船相繼減價。一九二九年的大艙船票最平的要算泉州號，也收費七毫；這時候，減收到二毫，二毫是最少的一個數目。由於泉州號船細而舊，搭客多選擇較大的金山號和泰山號，於是泉州首先提倡，凡搭大艙者，送叉燒飯一碗。

當時的物價，叉燒飯每碗約售五仙，這等於搭大艙實收一毫

一八六八年的香港海面一景

十九世紀後期澳門南灣海旁碼頭

五仙，頗受一般普羅大眾搭客歡迎。

後來濠江號和交通號新船加入航行，加以經過劇烈競爭之後，各船公司均告虧本，於是由澳門方面的有地位的船商出面調停，訂立了劃一收費辦法：金山、泰山、交通、濠江、天一等五輪，西餐房三元，來回船票收五元，唐餐房二元，唐餐樓一元二角，尾樓七毫，大艙三毫。泉州、東安、西安等三輪，西餐房、唐餐房俱與上述五輪同價，惟唐餐樓收一元（減二毫），尾樓六毫（減一毫），大艙則仍收三毫。

第二次世界大戰期間西安號被日軍劫去

這樣協議劃一船費之後，港澳交通，每天共有八艘輪船常常往來，交通方便之至了。可惜不久就爆發了珍珠港事件，太平洋戰爭爆發了，香港也被日軍攻佔了。

在戰爭中，這批港澳輪船，有些被英軍徵用，用來堵塞港口以防日本軍艦進攻，有些則在戰亂中被炸毀。當時，只有一艘西安號因為船期是晚上由港開往澳門，早上由澳開出的原故，當一九四一年十二月八日早上準備開行時，已接到日軍進攻香港的消息，因此不能開出，仍然停在澳門康公廟前的碼頭上。

在戰爭期間，西安號因為屬於懸掛英國旗的輪船，澳門當時屬於中立地區（因為葡萄牙仍屬中立國），這船仍歸英領事所管轄。初期，英國駐澳領事，把該輪作為收容英籍難民的臨時收容所。後來，英籍難民離開該輪，到新的收容所去居住，該輪一直

就空置在碼頭上。

　　一九四四年秋天一個晚上，日本特務分子突然衝進碼頭，擊殺了碼頭上看守該輪的人員，衝進船上，將船劫奪，駛離澳門。原來，日本特務機關接到情報，說西安號當時作為盟軍儲藏戰略物資之用，日軍在各條戰線上正遭慘敗，物資缺乏，故此不惜破壞澳門的中立地位，把該輪劫持了去。

　　戰後，該輪被發現在香港海面，於是交還船公司。船公司鑑於戰後內地回港復員的人不少，因此把西安號改航省港線。不幸該輪在一次開航中失火被焚，死傷百數十人，成為戰後香港第一宗大慘案。

　　戰後香港和澳門初期的交通，有足一述的是：第一艘來往港澳的輪船，並不是大輪船，而是渡海小輪。當時來往港澳的主要交通工具是機動漁船。

「澳門小姐」航機遇劫墜毀

　　戰後第二年，才有廣福祥、廣西等輪航行。此後數年，大來、德星，也先後加入航行。直到澳門的所謂「娛樂公司」取代了泰興公司而開設各式各樣的新賭場後，港澳交通才大大地改觀，有水翼船、氣墊船加入行駛。

　　港澳輪船的慘案，當推一九七一年八月風災所導致的佛山輪的沉沒，以及澳門號的擱淺，這些都是近事，不必細表了。

　　最後值得一提的，是一九四七年首創港澳間定期空航的澳門

小姐號的被劫失事墜毀事件。港澳間的空航，在一九四〇年時已經開始了，當時有飛剪號航機，但不是定期飛行。戰後，才由港澳航空公司購了一架水上客機，每日定期來回飛行於港澳之間。

　　澳門小姐號在香港啟德機場起飛，降落地點是澳門的新口岸海面，用汽艇接載搭客登岸，每日飛行多班，向安無異。不料一次在港起飛後，不久即在澳門附近的接近中山縣香洲市的海面墜毀，全機的搭客全部罹難，只有一人被救起，送抵澳門山頂醫院救治。後來此人傷愈之後，才説出澳門小姐號失事的原因，是遇到劫機所致。當時搭客中有四人是劫匪，他們露械威脅機師，強迫他將飛機飛往中山縣一處地區降落，但因機師反抗，匪徒開槍，飛機失去控制而墜海，造成慘劇。

道路交通話當年

今年（一九七八年）香港市內交通，有不少大事發生，如海底隧道通車一億架次，電車的命運的決定，以及所有在市區行駛的「紅牌車」已告絕跡，大部分已補價七萬多元轉為的士汽車等等。而最引起市民注意的，則是八月中，部分的士因「冚旗揀客」受到檢控，作了一次小規模的巡遊與罷駛行動。稍後，摩托車業職工總會派代表往行政立法兩局非官守議員辦事處，指出的士冚旗揀客的癥結所在，提出六項改善建議。當局亦暗示將的士收費增加。此外，又有一項交通意外受害人經濟援助計劃，對交通意外受害人發放緊急救濟金。

這許多與交通有關的事都在今年頭八個月內發生，顯然不會是巧合。這應該是交通事業的高度發展和使用道路之間不調協的結果。因此談香港市內交通的掌故，不能不先從道路談起。

香港第一條馬路是荷李活道

香港開埠之初，首先建築的就是道路，因為有了道路，才能運送木石磚瓦建造房屋。最早設計道路的人，據說是英國海軍琉璜號的艦長卑路乍，他於一八四一年一月二十六日登陸香港時，即測量香港的地形，首先利用香港原始的一條小山路「裙帶路」開闢第一條馬路。

這條馬路並不是皇后大道中，而是今日的荷李活道。因為皇

后大道中在當時是海邊，而裙帶路的起點是在西營盤海邊通上半山，一邊向東伸展至跑馬地的黃坭涌村，一邊從山上繞到山背的香港仔和赤柱村。將這條小路加以擴闊，就是現成的馬路，可供運輸之用，也可供軍馬馳騁。

以荷李活道為中心，接着開闢的是鴨巴甸街、雲咸街、雪廠街、威靈頓街、士丹利街、結志街等。這些街道，約於一八四五至一八五五年之間先後完成。

一八四六年以後將皇后大道中的海灘填平，開成馬路，約在一八五六年間，海岸線伸展到現在的德輔道中去。當時是寶靈任港督期內，故德輔道中最初命名為寶靈海旁道。皇后大道中成為主要的馬路，向東伸展至灣仔，向西伸展至西營盤。這期間，半山上也開闢了依利近街、士丹頓街、必列啫士街和堅道等街道。香港的馬路，漸漸多起來了。

原名寶靈海旁道的德輔道中，是因為一八八九年中區填海工程而易為今名的。因為中區填海工程進行時，是在港督德輔任內，該項工程至一九〇三年才完成。而在一八九〇年時，英國王子康樂（Connaught）公爵夫婦來港，總督德輔適離港度假，由護督法蘭斯·傅林明（Francis Fleming）加以接待。當時主持填海工程的西商遮打氏（Catchick Paul Chater）為紀念康樂王子來港，特勒石以為紀念，勒石紀念禮在四月二日舉行，由護督致辭，他在致辭時指出：將來填海工程完成，區內有兩條主要馬路，一條是原日的寶靈海旁道，但已擴闊而延長，現擬改以當任總督德輔之名命名為德輔道；另一條為新的海旁道，將以康樂王子之名命名，以茲紀念。這塊紀念石碑，年前仍立在木球場向海的一側，

在地鐵工程未進行時仍見，今因地鐵工程進行，有無遷移別處則不可考了。

干諾道，即以康樂王子之名命名，但中文卻不稱「康樂」，而名「干諾」。及到戰後中區再填海，置地公司購得新填地的中心地段建一大廈，命名為康樂大廈，「康樂」的中文名字，始再重現。又該區的遮打道之名，亦與該次填海工程有關。

香港的馬路，就是用開山填海的方法發展起來的。至於市內的交通工具，初時只有馬車、轎、人力手推車三種，連人力車（黃包車）也還沒有。因為人力車原是日本人發明的交通工具，於光緒年間才傳入中國而流行於香港。

一八七〇年的香港街道，仍以轎子為主要的交通工具。這是皇后大道兩邊路旁停放的轎子的情況。

一九〇〇年道路交通有了變化，這是皇后大道中的街景，可以看到兩邊路旁的人力車，已取代了轎子的地位。轎，當時多被使用作為到荷李活道、堅道等半山區的交通工具。

一九五二年轎仍未淘汰，圖為當年乘輿登山的情況，遠景可見中國銀行及滙豐銀行。

九龍最早的馬路是彌敦道

九龍方面，最早開闢的馬路是廣東道、彌敦道和上海街。因為一八六〇年，英國人已從滿清皇帝手上，將香港的版圖擴展至九龍界限街以南的地區。這三條街道，兩條自尖沙咀為起點，一條自油麻地為起點，到一九〇六年先後築成。至於通往新界的道路，初期只有小路，這是歷代居住於青山、沙田、大埔等地的鄉人開築的泥路。在一九一一年九廣鐵路未通車前，從大埔、沙田等地到九龍，仍以步行為主，交通工具只有轎和人力手推的木頭單輪車。

環繞新界的公路，是在有了汽車之後才興建的，在一九一二至一九一五年間建成。這條公路以尖沙咀渡海小輪碼頭為起點，全長五十六英哩半，最初建成十八英哩，所費已達二十五萬元，後來才逐漸完成，使公路經青山道而荃灣、青山、元朗、上水、粉嶺、大埔、沙田而入大埔道，再返回尖沙咀的疏利士巴利道的起點。十多年前，一哩的里程碑仍堅立於彌敦道與佐敦道交界處的路邊。

至於港島郊區的道路開闢的輪廓，大略如下：跑馬地初期被列入效區，「城市地界」的石碑，現在仍未毀，立在黃坭涌道近體育路附近。跑馬地被列為新住宅區，是在一九二三年開始，當時開闢了黃坭涌道，拆遷了黃坭村的村屋。因此區內的道路，如景光街、毓秀街、成和道、山光道等街道，是在一九二九至一九三一年之間建成；藍塘道則在一九三三年八月開始建築，翌年六月完成。

　　同樣，銅鑼灣以東初期也屬郊區，英皇道是一九三五年完成的。這項工程，與石澳公路的工程差不多同時進行，比西區經薄扶林道至香港仔的一段馬路的建築，遲了幾十年。根據若干資料證明，一九〇六年已有馬路通至香港仔，而一九三五年香島道至赤柱的馬路亦完成。總而言之，連接港島整個郊外的公路，在一九三五年間，已經具備了。

　　至於山頂區，在山頂纜車完成後，山頂區的盧吉道、柏架道、山頂道等等，於一八八九至一八九〇年之間已完成。但當時山頂區，被列為西人住宅區，華人不許進入或居住。

　　以上是港九馬路開闢的情況。至於交通工具的發展史，也是和道路的歷史有關的。本港最初的機動公共交通，是山頂纜車，山頂纜車於一八八八年完成，於該年五月三十日首次通車，是為本港機動公共交通工具之始。

　　電車是在一九〇四年才通車營業，是本港第二種機動公共交通工具。查最初構思有軌電車，是和山頂纜車同時，即在一八八三年即開始設計。發起建築有軌車路的人，是畢奇利贊臣、大衛沙宣等四人，按照他們最初設計的藍圖，電車是經皇后大道東、皇后大道中、皇后大道西的，與現時的車路設計完全不同。其後他們經營山頂纜車之後，無意再經營市區電車，這計劃一直擱置起來。直到一九〇二年，由於他們放棄興建電車路軌計劃，才有電車公司成立，於一九〇三年開始敷設路軌。當時中區填海工程已完成，是以中區的路軌，不敷設於皇后大道中，而設於德輔道中。

第一輛汽車出現於一九〇八年

　　至於香港的第一輛汽車,是在什麼時候出現呢?據說第一部汽車在一九〇八年由英國運抵本港。擁有這部汽車的是當時香港著名的牙醫羅福諾,他每天從住所(般含道)乘坐他的汽車到銅鑼灣去,途經灣仔的大道東,路人無不投以驚奇的目光。

　　這部全港第一部汽車,據說只六匹馬力,時速為十英哩,車上的座位部分,與馬車差不多。當時的外型,以現在的目光去評論,當然是笨拙,但是在以馬車為主要交通工具的時代,它的外型比最高貴的紳士馬車還要高貴得多。

　　汽車從一九〇八年開始輸入本港,以後逐年增加,但汽車的數量仍是很少,直到第一次世界大戰結束後,本港市區,除電車外,

一九〇八年第一部汽車駛往皇后大道東的情形

仍是以人力車和轎為主要交通工具。運貨的交通工具是木頭車。

　　約在一九二九至一九三〇年之間，香港的道路交通開始改變，因為那時已有巴士和的士汽車，還有出租汽車出現。

　　香港方面的巴士，先後有香港仔街坊車、香港大酒店公共汽車和電車公司公共汽車三種；而九龍方面，則有九龍汽車公司、中華汽車公司、啟德汽車公司的公共汽車行駛。港九合共有六間巴士公司，每間巴士公司的巴士，各有各的辦公地點，各公司的行車路線，亦各不相同。

　　香港仔街坊巴士，多來往香港仔與中環之間，途經大道中、薄扶林道，曾是以貫通市區和香港仔的交通為主，實際也有很多市區乘客；電車公司巴士，多行駛市區各處；而大酒店巴士，則以行走半山區及淺水灣酒店為主。

　　九龍的啟德汽車公司的巴士，以尖沙咀至啟德機場一帶為主要行車線；九龍和中華汽車公司的巴士，則行駛於九龍市區，自油麻地至深水埗。這兩間公司的行車路線，有很多相同，競爭較為劇烈。

兩間巴士公司和三間的士公司

　　到了一九三三年，中華汽車公司統一行走香港行車路線，九龍汽車公司統一行走九龍各路線，兩公司取得專利權。

　　的士方面，在香港島，有紅邊的士和明星的士；在九龍方面，則有金邊的士。初期的士汽車，已有計程錶，錶上也有紅色

的鐵旗，和今日所見的差不多，但是略大，但沒有車頂上的「鵝
髻」燈箱。同時，港島方面的「紅邊」和「明星」兩公司的汽車，
只有大車，但九龍的「金邊」汽車，則有大細之分，大型車和細
型車收費各異，港島和九龍的收費也不劃一。

這期間香港和九龍，已有不少汽車公司開設，這些汽車公
司，分貨車和營業汽車兩種，營業汽車就是所謂「紅牌車」的前
身。這種汽車公司多租一間舖位營業，乘客打電話到公司去叫
車，公司即派車按址前去。此外，又有以鐘點計出租給乘客的。
至於貨車公司，就是現時運輸公司的前身。

至於一九三三年各種道路交通工具的收費價目，可表列如下：

車類	頭等	二等或三等	附註
山頂纜車	兩毫	一毫	午夜十二時五分後包車三元
電車	一毫	五仙	頭等小童半價
中華巴士	一至四毫	一毫至一毫五仙	以皇家碼頭為總站，至摩星嶺收三毫，大學堂收兩毫，至淺水灣收四毫。香港仔、赤柱等線有二等位。
九龍巴士（市區）	一至二毫	一毫五仙	尖沙咀至荔枝角及九龍城收兩毫。
九龍巴士（旺角至元朗）	七毫	五毫	分段收費，每段頭等一毫五仙，二等一毫。

至於貨車、的士、人力車和轎的收費，可參考《一九三二年車輛交通則例》，內容如下：

街轎費

時間多少	兩人扛者	四人扛者
十分鐘	一毫五仙	三毫
十五分鐘	二毫	四毫
半小時	三毫	六毫
一小時	四毫	八毫
一小時以上每小時	二毫五仙	四毫

手車費（香港各馬路、堅道、九龍及新九龍收費如下）

十分鐘	一毫
半小時	二毫
一小時	三毫
一小時以上每小時	三毫

註：肩輿手車價目，均照點鐘收費。

以上各費，只限於一人牽者而言，如兩人牽者倍之。凡在下午九點鐘後，僱用手車，由域多利城而往城外之西面者，車費加半。

山頂及較高道路手車費

十五分鐘	二毫
半小時	三毫
一小時	四毫

各項車輛之停放地方，均有指定。

在香港方面，凡僱用的士汽車，在一英里路程者，車費五毫。一英里外，每里之四分一者，加收一毫。停車時間，每五分鐘一毫。僱客不得強迫行車速度每點鐘超過十八英里。

在九龍方面，金邊的士公司價目如下：

細的士，車頭一英里收銀三毫，以後每四分一英里收銀五仙。停車每五分鐘收銀五仙。大的士，每行車一英里收銀四毫，以後每四分一英里收銀一毫。停車每五分鐘收銀一毫。遊客汽車，四座位每點收銀二元四毫；五座位每點收銀三元；七座位每點收銀四元二毫。停車收半價。

搬運貨物傢俬汽車租賃價目

貨載重量	香港租價	九龍租價
三噸半	每點鐘三元五毫	每點鐘三元
三噸半	每日二十五元	每日二十二元
二噸	每點鐘三元	每點鐘二元五毫
二噸	每日二十二元	每日十八元
一噸	每點鐘二元五毫	每點鐘二元
一噸	每日十八元	每日十八元

註：用車九點鐘作一日租計算。過時須預先酌量補給，每噸重量伸中國十六擔八十斤。

以上這些價目，都是經交通當局評定的。從各種交通收費中，可以比較一下現在各種交通工具的收費，哪一種增幅最大。平心而論，電車和巴士的增幅最少，因為一九三三年，即四十五

年前已收費一毫，而現在只收費三毫，以那時的物價和今日的物價比較，可見是加得較為合理。山頂纜車的增幅較大，的士的增幅亦不少。

轎伕手車伕要領駕駛執照

至於當時的各種車輛的牌費又怎樣呢？根據一份一九三二年的車轎牌費章程所示，當時不單汽車要領取牌照，轎子也要領牌，人力車、人力貨車、牛車、馬車都要領取牌照，而且牌照費分自用和營業兩種。最奇怪的是，人力車之中，有一種娼妓用人力車，牌費是貴得驚人，而人力貨車的牌費，竟高達每年四十八元，這也許是寓禁於徵吧？

茲將《一九三二年車轎牌費章程》全文抄錄如下：

車轎牌費

（一）自用轎，每年二元。

（二）自用人力車，每年二十元。

（三）娼妓自用人力車，每年七十二元。

（四）自用汽車。

（甲）重量在一千六百八十磅以內者，每年二十四元。

（乙）重量在一千六百八十磅以上，三千三百六十磅以下者，每年三十六元。

（丙）重量在三千三百六十磅以上者，每年七十二元。

（五）電單車及三輪車。

　（甲）電單車，每年十八元。

　（乙）電單車設有傍座者，每年二十四元。

（六）搬運汽車。

　（甲）重量在一千六百八十磅以下者，每年二十四元。

　（乙）重量在一千六百八十磅以上，兩噸半或以下
　　　　及用汽輪者，每年六十元。

　（丙）重量在兩噸半以上，四噸半以下及用汽輪
　　　　者，每年一百二十元。

　（丁）重量在一千六百八十磅以上，兩噸半以下及
　　　　車輪一半用汽輪者，每年一百八十元。

　（戊）重量在兩噸半以上，四噸半以下及車輪一半
　　　　用汽輪者，每年三百六十元。

　（己）重量在一千六百八十磅以上，兩噸半以下及
　　　　用實輪者，每年二百四十元。

　（庚）重量在兩噸半以上，四噸半以下及用實輪
　　　　者，每年四百八十元。

（七）拖車，每年十六元。

（八）手絞電油泵，每年六十元。

（九）營業汽車，每年五元。及每座位每年另收十元。

（十）人力貨車，每年四十八元。

（十一）牛馬牽運車，每年二十四元。

（十二）公眾轎，每年四元。

（十三）公眾手車。

（甲）香港島內，除山頂及堅道外，每年三十六元。

（乙）九龍新九龍山頂及堅道，每年二十四元。

（丙）新界公眾用者，每年十二元。私家用者每年一元。

（十四）發售汽車遊行牌照。凡用汽車遊行宣傳者，可向警察司領取牌照，牌費每年一百二十元。但車上須裝有三個字號碼，及有 T 字在頭之白地紅字牌，以為辨別。

（十五）遊客車牌照，每月牌費二元，以六個月為期。

執照及各種收費

（十六）學駕汽車牌費，每張牌照費二元。每牌以兩個月為限，到期可轉換新牌。

（十七）考領駕駛汽車牌費，每次考驗費五元。如年歲未及十八歲者，不得領牌。

（十八）車上收銀人牌費，每年一元。

（十九）車輛司機牌費。

（甲）駕駛汽車者牌費，每年五元。

（乙）手車伕，無論私家或公眾，每年每名三毫。

（丙）轎伕，無論私家或公眾，每年每名三毫。

（丁）人力貨車伕，每年每名三毫。

（戊）牛馬司運車御者，每年每名三毫。

（二十）凡汽車轉讓別人，須繳轉名費五元。

（二十一）公眾營業汽車，每架須繳保證金二百元，以備違例罰款，及賠償之用。

（二十二）凡街道禁止汽車來往或停歇，如欲取通過證來往者，可向警察司領取特別執照。每年牌費二十元，如在下季領取者，半數繳納。

值得注意的是，轎伕、人力車的車伕、人力貨車的車伕，每年都要交牌照費，他們也和駕駛汽車的司機一樣，要領取駕駛執照。就是說，如果沒有執照而拉人力車或抬轎，都是犯法的。

此外是的士汽車等公眾營業車，根本用不着付出一筆巨額的牌費，像今日的開投的士車牌那樣，一個牌動輒出價二十萬元。當年一部的士，每年交牌費五元，另每座位每年收牌費十元，四座位的小型車交四十元，五座位的交五十元。另外每一輛汽車，交保證金二百元，以備違例罰款而已，完全用不着出高價競投的。

從這一點也可以看到，從前的士司機並不像今日的要負擔職業罰款的，由東主交付二百元按金，供罰款之用。就是說，司機為僱主工作，偶然犯了交通法例，罰款是由東主支付。但今日的的士司機，卻要自負罰款的責任，這是任何其他職業所沒有的。由此可見，今日的的士汽車司機的處境之苦了。

香港當押業滄桑史

香港未開埠，先已有當舖

相信人人都以為香港開埠之後，才有當舖出現，其實並非如此。可以說：未有香港埠，先已有當舖。這話怎講？我們可以打開阮元的《廣東通志》，在〈經政略〉一章找到新安縣當時已有當舖的紀錄，並且知道當時（道光元年）共有多少間當舖，以及每間當舖每年繳納多少稅銀給新安縣政府。《廣東通志・經政略・十》載之：

> 新安縣：金行經紀稅銀一百兩八錢。當押十六間，共稅銀八十兩。田房稅契正額銀五十兩。科場正額銀十六兩六錢六分七厘。

在道光元年（一八二一年）時，本地區屬新安縣地，當時已有十六間當押店。十六間當押店共納稅銀八十兩一年，即每間當押店年納稅銀五兩。當時的當押店，分佈於本地區的墟市和城鎮當中，其中以元朗舊墟較多。元朗舊墟現有一座大王古廟，此廟建於康熙年間，廟中有一塊字跡已模糊的碑記，碑上刻有捐款建築這間古廟的店號和人名。其中有幾間是當押店，可辨認的，有「普源押」和「泰安押」兩間，相信這兩間當押店，是香港最古的當押店了。

當押業是中國一種古老的行業，據《唐會要》所載，當押業

在唐朝已形成，到了宋朝已很發達。及到清代，廣東的當押業更為發達，在雍正年間，廣州的當押業已成立典當行分館。廣州的〈重修典當行分館碑記〉開首就這樣寫道：

> 南海地當省會，當行凡數十間，其先原有會館，以墊
> 隘弗堪，聿謀創建，至雍正十三年，始十地店壯之增……

又據楊端六的《清代貨幣金融史稿》頁一一八指出：

> 清朝對典當業徵收稅額及全國典當數目，據光緒
> 二十三年戶部奏：直隸、江蘇等省，每座稅銀五兩；雲
> 南省稅銀四兩；貴州省稅銀三兩；奉天省二兩五錢。

參照《廣東通志》所記，廣東的當押店每年稅銀五兩，說明是一個正確的稅銀數字。因此在香港開埠之初，由於勞苦大眾到來參加開發，人數驟增，原開設於元朗、大埔等墟市的當押店，便紛紛到港島來展開業務。因此這個行業在開始立足於英人統治下的香港時，仍沿用中國當押店的傳統方式押物，從管理到當票的形式，以及當舖的門面設計、當舖的招牌，都是和原有中國的當舖一脈相承的。明白了這一點之後，我們就容易明白，為什麼今天香港的當舖的招牌，都是用一隻蝙蝠作圖案？為什麼當押店的門內，有一塊大木板作為「照壁」？又為什麼當舖的柜枱高過人頭？為什麼現時的當票，仍用墨筆字，寫得如符號上的文字一樣？這一切，足以說明先有當舖，然後有英國人統治下的香港。

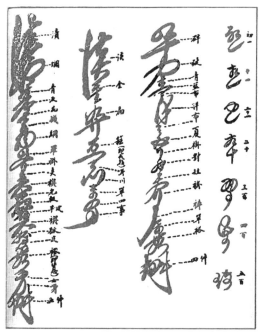

當押店寫當票的傳統書體，至今香港當押店仍沿用。

在元朗舊墟天王古廟前的普源押，此押店已有二百年的歷史。

　　當押業是一種食利的行業，它是屬於金融業範疇內的行業。等錢用的人，可以問當押舖借貸應急，但必須拿出物品作為抵押。在沒有當押店的地方，等錢用的人只能將物品變賣，但不一定有人買的。當押店無異是必可使物品變為金錢的店舖，所以它的出現，是隨着社會發展而出現。香港未開埠前，本地區的社會活動限於墟市和城鎮，一旦開闢商埠，大量的勞工和商人來香港謀生，當押業也就隨着遷進香港來，這是很自然的事。

　　由於當押舖在英國人眼中，是中國傳統的店舖，因此自一八四一至一八五〇年這十年當中，當押店只當普通商店一樣繳納牌費和一般的稅項。當時並無規定當押店需要領取專業牌照的，這樣一來，當押店押入賊贓的話，就沒法和商人買入賊贓有所分別。原因就是當時的當押店亦即商店，商店買入賊贓有罪，當押店押入賊贓，自然也有罪。

　　本港開埠初期，治安不好，鼠竊狗偷、海盜山賊等人物經常在香港活動，他們把劫掠或偷竊而來的東西，都拿去當押店當押，換取現金而去。由於當押店是用中國傳統方法押物，當物者不需要報上真實姓名，並毋須報上正確地址，當舖只憑幾個主持人的經驗，判斷對方是否殷實就可押入物品，因此時有押入賊贓的情形。結果，在一八五八年，發生了「富輝押」一案。

「富輝案」引起軒然大波

　　富輝押就是本港有史可稽的第一間當舖的名號。由於產生了

富輝押案，故高等法院的檔案中，存有該押店的一切紀錄。富輝押當時開設於西營盤，東主名叫秦阿昌。

富輝押事件起於一八五八年二月，當時有警察到該當舖去調查押入的物品，態度非常不禮貌，秦阿昌看不過眼，搶白了他們幾句，這便埋下了富輝押事件的伏線。過了幾天，警探又來搜查，這一次，查出富輝押諸抵押品中，有一隻名貴的手錶，而這手錶是一件已報失的賊贓。

原來，先一日，警察捉到一個竊賊名叫唐阿善的，這唐阿善曾經盜竊過一個西人的手錶。他被捕後，供出那隻手錶曾向富輝押當了幾兩銀子，於是警探便到富輝押去搜查，果然查出這件賊贓。這一來，警探便要找當舖主人秦阿昌的麻煩，指他接贓，將他拘捕。

查一八五三年一月三十一日，全港當舖為了警探經常到當舖去搜查，令到當舖的工作人員十分麻煩，曾聯合起來，推舉代表去見當時的港督，要求改善這種制度。但是當時的港督佐治般含因病請假返英，署理港督乍畏將軍在接見當押店代表時，拒絕各代表的請求。當時富輝押也曾聯名請求改善這種制度，秦阿昌是代表之一，若干警探對秦阿昌已有成見，故此搜查得特別麻煩，秦阿昌就這樣被拘捕，控以接贓之罪。

當押店之難免當入賊贓，那是因為當舖並不知道典當東西的人是不是賊，更不知典當物是不是賊贓。押進了的物品，縱然是賊贓，也不能算是接贓的。但是，法律上因疏忽犯法，也算是犯罪，故此秦阿昌被控接賊贓罪，在一八五八年三月一日受審時，他雖據理力爭，但罪名卻是成立。當時主審法官是正按察司曉吾（John Walter Hulme）。

當時主審法官曉吾,對富輝押一案的判決竟然以重刑宣判,判第一被告唐阿善充軍十五年,第二被告富輝押老闆秦阿昌充軍十四年。這一來,整個當押業為之震動。

《香港法制史實》有關於富輝押事件的記載,記云:

> 迨一八五八年,有積匪唐阿善以盜來時錶一件質於富輝押,為警探查悉,人贓並獲,復以該押當事人秦阿昌擅質賊贓,遂一並加以拘捕,分控盜竊接贓罪。三月一日解高等法院刑事庭審判。結果,經陪審員斷定兩被告罪名成立。承審官正按察司曉吾以案情重大,應處重刑。其判辭有云:「本案事關接贓,尤應加重罪刑,蓋盜竊案層出不窮,實因有接贓者間接助成之,懲一所以儆百也。」乃援最重刑律之條,宣判第一被告唐阿善戍刑十五年,第二被告秦阿昌戍刑十四年。第二被告聞判,憤極抗言曰:「輕罪重罰,與其流徙千里,毋寧甘受死刑?」堅請改判,屹然不願行。嗣以警察六人之力,始曳之下庭去。

當時本港尚未廢除充軍流戍之刑,充軍刑是一九一一年才廢止的,判充軍遠戍之地,多是南洋荒島。秦阿昌是押店主人,他事前並未知道唐阿善是賊匪,更不知所典質的錶是賊贓,與有意接贓完全不同,被無端判充軍十四年,自然不服,因而大鬧法庭。

曉吾重判秦阿昌,實在是小題大做,社會人士多不表同意,因此有人便發起聲援秦阿昌,又發起簽名蓋章運動,要求當局改

判。這件事鬧得相當大，當時在港的華人認為是歧視華人的判例。

　　為什麼當時的正按察司曉吾會這樣重判一個當押店主事人呢？這得先說明一八五八年的環境才易明瞭。一八五八年是第二次鴉片戰爭（亞羅號事件）時期，自一八五六年十月八日亞羅號事件開始，在港的英國人即害怕華人們在香港反擊他們，而恰在一八五七年鬧出一件裕盛毒麵包案，使得全港幾百個英國人中毒，而裕盛毒麵包案的被告張亞霖又因證據不足，無法判罪，只能運用別的手法迫他離境。一八五八年三月，距裕盛毒麵包案不久，曉吾之判辭所謂「懲一所以儆百」，無非是用重刑鎮壓而已。

　　了解借押進一隻鉈錶而重判秦阿昌十四年戍刑的背景，就更易了解當時群情洶湧的原因。但是，按察司曉吾仍以司法獨立精神為辭，置之不理。結果，由撫華道高和爾出面調停，高和爾通

一九四一年十二月，在日軍鐵蹄下的一間香港當舖，圖中可見同源大押的名字。

過總督寶靈下令改判徒刑二年，而將原判充軍十四年之判決取消。

高和爾出面幹旋這一事件，據說是另有內幕的，因為高和爾的老婆是中國人，這位高和爾太太常常代高和爾收取規銀，而替高和爾太太搭線的人，是一個名叫十六姑的鴇母。這個十六姑在秦阿昌被判充軍十四年時，秦阿昌太太曾託她設法替秦阿昌減刑，並許下如果秦阿昌獲得減刑，即以四百元為酬，另外給五十元予她。

高和爾既奉命出面調停，又受了四百元的賄金，便請求總督寶靈下令減刑。不料事後，高和爾受賄賂的事被總檢察官知道，當時的總檢察司安士迪，曾因此而彈劾高和爾貪污，控高和爾十九條罪狀。

查富輝押主事人秦阿昌被判十四年戍刑之時，係一八五八年三月一日，而高和爾被檢察官安士迪彈劾案，是一八五八年五月二十日，距曉吾判案時，不過兩個月零十九日。自三月一日之後，其間經過聯合簽名蓋章要求減刑，以至高和爾出面幹旋，以及港督寶靈宣判減秦阿昌徒刑兩年，一連串的社會運動以及當局最高層的衡量形勢，最後作出決定改判徒刑兩年，合計僅兩個半月左右。（關於安士迪控高和爾一事，可參看《香港社會掌故叢談》〈香港的貪污與反貪污史〉一文）。

一八五八年七月十七日的調查報告書有關富輝案的調查報告說：

> 有婦人十六姑者，與高氏妻為誼姊妹，嘗因富輝押當事人秦阿昌犯私質賊贓罪被判戍刑，充軍南洋。十六

姑受該押重託，他懇高氏設法，幸獲減刑，改判有期徒
刑二年。該押遂以四百金為酬，十六姑亦得酬勞費五十
元，此又一事也。此為該款罪狀之事實，以高氏身為官
吏，謂為貪污瀆職，固屬一時過失；謂為玷辱官聲，誠
屬百辭莫辯，故委員等原情酌理，以為予以革職處分，
懲治似為過當也。委員五人（簽押），呈總督約翰寶靈。
一八五八年七月十七日。

這份調查報告書，是因為檢察官安士迪控告高和爾十九條
罪名，總督約翰寶靈特委出調查委員五人，組織調查委員會調查
高和爾時所作的調查報告。當時委任的調查委員，有測量官加爾
夫利、正裁判司戴維斯，及治安委員李奧、史加夫、佛烈查等五
人。因安士迪是檢控富輝押私質賊贓時的檢察官，他控告高和爾
的十九項罪名中，以「玷辱官紳」一罪列為第一罪。所謂玷辱官
紳，就是指他受富輝押當事人之賄而出面調停，調查委員經過審
查之後，認為秦阿昌確有行賄之事，故此在調查報告書上，指出
當時是確有其事。

總結經驗，制訂當押條例

自富輝押一案發生後，當局發覺沒有當押條例是引起此案
的主要原因，因為當押業是典質商品的商店，任何人都可以拿東
西去典當的，店主並不知道拿到當舖求質的東西是不是賊贓，遂

澳門的押店可以把已過期的抵押品放在門
市出售，而香港押店則無此規例。

然以買贓之罪檢控是於情不合的，因此便馬上制訂當押業條例，
一八五八年七月六日公佈施行。一八五八年的當押業條例，對於
典質賊贓一項，已不像富輝押當時所遭遇的情形。該條例規定警
探有權搜查當押店，但當發現有賊贓時，賊贓之處置，則由裁判
司決定，不再被視為有意接贓，並加以重罰了。

　　一八五八年頒行當押業條例時，由於規定的幾項條文之中，
有對該業不利的地方，雖有改善以往引起不必要麻煩之處，也曾
引起該業不滿，當時該條例的內容有下列幾款：

（一）凡開設當押，須先領取牌照，牌照以一年為期，上期繳納，全年五百元。

（二）所發牌照，只限於典押生意，不得兼營別業。利息則有如下之規定：甲、一元以內者，第一個月一分息算，下月每月三厘算；乙、一元以外，七元以內者，第一個月八厘息算，下月每月三厘算；丙、七元以外，十四元以內者，第一個月五厘息算，下月每月三厘算；丁、十四元以外，二十四元以內者，第一個月三厘算，下月每月二厘算；戊、四十二元以外，一百四十元以內者，第一個月二厘算，下月每月二厘算；己、一百四十元以外者，第一個月二厘，下月每月一厘半算；庚、如當棉胎、鞋、皮槓、銅、鐵、鉛、錫、金銀質、鐘錶、玉石及各種寶石等，息價另議。

（三）利息表須懸掛於舖內當眼地方，違者罰款五十元正，並將牌照取消。

（四）取贖期限，以一年為期。

（五）倘遇有失竊或搶劫案發生，警司有手諭着警察到店查贓時，須將所當物件及數簿交出察看。關於當入失竊之物，物主得有裁判道批辭在文件之上，有權取回；用銀或不用銀取贖，由裁判道決定。

（六）所當之物，如期內被人偷取虧空，或私行轉售，或毀壞有傷價值者，裁判道將損失之價值判定，當舖須照判定之價除還本息，照錢賠償。

（七）如押物期滿不贖，當舖有權將所押之貨物發

賣。如押物人到期能將息項清繳，則可再續期限。

（八）凡所當物未到取贖時期，有接到當物人通告遺失當票者，則該物不可使別人取贖，並須將貨物扣存，以便查究。

（九）凡見有到當舖當物而形跡可疑者，當舖人員有權將之扣留，並交警察查詢。

（十）十歲以下之小童，不許當物。每日下午八時至晨早六時不得營業。

以上十款，是一八五八年當押業條例的主要內容，該條例已改善的地方，是對於所謂押入贓物的看法，與富輝押一案時有所不同。它不把「押入」作為「接贓」看待，而將這些贓物，由失主取回，至於用不用贖款，則由裁判司判定，這是改善的地方。

但是牌費方面，每年五百元實在太高，一八五八年的物價，五百元差不多可以買一間小屋了。故此當押業又有要求減低牌費之議。

嫌牌照費過高，押店曾經罷業

經營當押業的人，是典型的食利者，他們的目光，全放在錢孔裏，但他們卻善用「以有易無」、「周濟貧窮」等字眼來標榜。對於過高的牌費，則要求減低，而對於利息方面，卻不嫌其過高，因為利息表上，訂定的正是「九出十三歸」的高利貸利息率。

　　當物一元，第一個月一分算，當票上面所寫的，不是一元，而是一元一角。以後，依一元三厘息計，十個月便是三分息，連同第一個月的一分息，合共四分。這便是九出十三歸的高利貸利息率。

　　換言之，押一件東西，押款一元的話，下個月取贖，便須付一元四角才能贖到。廣東人稱這種當物法為「雷公轟」，意思是說，向他們當物，有如給雷公轟過似的可怕。

　　一八五八年的當押業中人，不去反對這種「雷公轟」式的計息的辦法，卻去反對牌照費太高。這樣的反對，自然不為社會人士所支持，與富輝押秦阿昌被枉判充軍十四年時的情形完全不同。秦阿昌的被枉判，被視為是民族迫害，才會引起廣泛的同情。

　　《香港法制史實》載有一八五八年當押業反對牌費過高的史料，其記云：

　　　　一八五八年八月六日在當押業條例頒行之後，各肆
　　　以所徵牌照費過巨，負擔太重為辭，請政府體恤商艱，
　　　酌量擬減，不獲邀准。各肆則持消極態度，閉戶除牌，
　　　實行罷業，亦不獲准，然此事旋亦寢息。

　　當押店為了反對過高的牌費，來一個全體當押店罷市，作為抗議行動。其道理是很顯淺的，當時中國內地的當押店年納五兩銀的稅款，而香港則要五百元，相差實在太遠，故而提出反對。

　　香港的歷史，和中國的歷史是不可分割的。如若我們只向香港的史籍中去抄襲史料，而不找出這些史料中的中國歷史的

「根」，就很容易成為歐籍的香港史家的應聲蟲。本文開始時引錄阮元《廣東通志》等資料，目的在於說明當押業在中國很早即成為一門特殊的行業，它是以年納稅五兩銀而取得營業牌照。香港開埠之初，並不視之為特殊行業，而以一般商店視之，此所以引起富輝押事件。就富輝押「接贓」一事來看，當時曉吾的法律觀點並無不妥，撇開當時的歷史背景來說，他是根據一般商店買入賊贓的判例來判案，這是由於當押業並非特殊行業的原故。及等到知道當押業不同於普通商店時，就參照了當時中國內地當押業的一切成規，來制定了當押等條例。這些條例中的大部分內容，如利息的計算、對押入賊贓的處理、警察檢查當押店的押入物的權力等等，無不和當時中國方面的習慣一致，只是就當押店的牌照費方面，卻是提高到每年五百元，與中國的五兩銀，相差太遠。

　　查本港當押店罷市，一八五八年不是首次。第一次罷市是在一八五三年一月三十一日，請願取締警察藉查案而騷擾當舖不准後，曾作短期的罷市。一八五八年的罷市，是第二次了。然而，當押業是寄生性的食利事業，它的停業對社會有百利而無一害。社會人士對該業的罷市並不予以支持，是以不久就不了了之。而當舖反而漸漸隨着人口增多而多設了幾家，照樣繳納高價的牌照費。

當押業徵費表規則

　　當押業條例，自一八五八年七月六日頒行，直到一九三〇年，中經六十多年，才再行修訂。但是修訂一次，總是在牌照費

上動腦筋，又將牌照費增加到二千多元，而且，又將當押店的牌照費，因地區而分為幾個等級。

一八五八年時，香港版圖還未擴及九龍新界地區，故於一九三〇年修正當押業條例時，便將當押業作地區性之劃分。「當押業徵費表規則」係當年修正該條例時所制立者，其規定收費辦法，有如下之記載：

依第一六六章當押業條例（一九三〇年十六號）第三及第八條規定，制立（當押業）徵費規則，一九三一年九月四日公佈施行。

第一條：當押業牌照費，應依下列規定徵收之——（甲）掃桿埔水渠以西域多利亞城及鐵路以西直至深水埗之九龍及新九龍地區，……每年二千五百元；（乙）掃桿埔水渠以東直至亞公岩東之陸軍地產邊界，及鐵路以東直至及包括九龍城啟德之九龍及新九龍地區，……每年二千元；（丙）港島其他地區及新九龍其餘地區，每年一千元；（丁）新界其餘地區，每年五百元。

第二條：本規則定名為（當押業）徵費表規則。

從上面的規則可以知道，當時劃分港島市區的方法，是將掃桿埔的水渠作為一分界線。這條水渠的位置，相當於現在銅鑼灣行人天橋與汽車迴旋處附近。從前，自掃桿埔球場入口的地方，法國醫院側，有一條大水渠，這條水渠就是劃分市區與非市區的分界線。在這條水渠以西，直到中環，被視為繁盛地區，故此當

押店的牌照費，列為第一等，每年收費二千五百元正。

至於九龍方面，則以鐵路為繁盛區域及不繁盛區域分界線。在鐵路以西直至深水埗為甲種地區，鐵路以東至啟德機場九龍城為乙種地區，其餘則為丙種地區，新界及離島其他地區則屬於丁種。

修正的當押業條例除了增加牌照費之外，另外也替當押店老闆賺一些高利。當時，規定一些典押品要付出特別利息，故此也頒發了「當押業特別利率規則」。該規則全文如下：

依第一六六章當押業條例（一九三○年十六號）第三及第十二條規定，制立當押業特別利率規則，一九三○年十月十七日公佈施行。

第一條：本規則定名為當押業特別利率規則。

第二條：特別利率，適用於下列各特種物品：

（一）鐘、古玩、圖畫、陶器、玻璃、銅鉛、鐵及錫器、鏡、象牙及骨製品、傢具、床、扇、襪、傘、手帕、帽、鞋、戲服、雨衣及皮帶等。

　　　（甲）上述各物。第一個月得先扣除上期利息每元一角。

　　　（乙）以後各月份利息每元六分。

（二）手錶

　　　（甲）上述物品，第一個月得先扣除上期利息每元一角。

　　　（乙）以後各月份利息每元四分。

（三）珍珠、玉器、鑽石、寶石及皮草。

香港開埠初期，鼠竊狗偷和大盜常有出沒，因此當押店常有押入賊贓事件。圖為當時出入港海的大鵬海盜皇后。

（甲）子、所押價值四十元以上者，第一個月得先
　　　扣除上期利息每元一角以下；丑、以後各月
　　　份利息每元二分以下。
（乙）子、所押價值四十元以下者，第一個月得先
　　　扣除上期利息每元一角以下；丑、以後各月
　　　份利息每元三分以下。

　　這是徹頭徹尾的高利貸了。既明文規定可以先扣除第一個月的每元一角的利息，換言之，當一塊錢的物品，因為可以先行扣除第一個月的利息，當押店只給你九毫，便是正式的九出十三歸

的高利貸方法。至於第二個月開始，如果典當的是手錶，每月每元四仙利息；當的是鐘、古玩、銅、鉛、鐵、錫製成品，每月的利息更高，每元六仙利息計。這一類抵押品，當押店稱之為「雜架」，一向是當押的成數最低，但所收的利息最高。

當押業紛紛結業的原因

一九三〇年修改的當押業條例，對於抵押期方面，明文規定是用「月曆」計算，所謂月曆，就是農曆。這是替當押業的老闆多吃點利息的計算方法。因為，如用陽曆計算方法，則有幾個月是三十一天的，而農曆則月小二十九天。倘其中一個月陽曆是三十一天，而農曆是二十九天，便少了兩天，而這還不是兩天利息那麼簡單，因當押店是按月計息的，過了一天，就要多付一個月的利息。在放高利貸的人看來，就相當重要。

該修正的條例第二條云：「本例稱『月曆』指中國陰曆月份。」故此，在該條例所說的每個月的利息，是用陰曆為計月方法。如果這個月月小，就以二十九天作為一個月計算。

雖然立例的宗旨是在提高當押店的牌照費，但在計息方面，也替該業東主增加不少收益。然而，當時的當押業東主，仍是表示不滿，居然也來一次簽名蓋章，全行業請求撤銷牌照費加價。但當局一於不理，硬要照收，結果該業不少東家，紛紛結束所業，故《香港法制史實》記云：

迨該例一九三〇年重訂，明年（按：一九三一年）
八月二十七日政府復釐定增加營業牌照費，全港當押行
以增費太重為辭，亦嘗聯稟當道，請撤銷加增之額，惟
亦未獲邀准。當於一九三二年六月一日實行。該業因此
而增加負擔，且年來受世界不景氣影響，經濟衰落，已
達極點，而斷當貨物，又因時勢變遷，日有不同，以致
貨價低落，至有虧折，結束倒閉，頻有所聞。

在當時，確有很多當押店倒閉及停業，但是，卻又因而形成
了合併與收購，使一位本已經營當押業多年的商人，在這次當押
業危機中，獲得「當舖大王」的稱號。這人就是人所共知的李右
泉先生。

「當舖大王」李右泉

李右泉先生原名李肇源，右泉是他的別字。他十幾歲時，
就來香港謀生，據說他先在一間當押店中當小廚，其後因勤奮而
致富。除了經營當押店之外，也經營很多商業，也熱心公益，當
過東華醫院的經理、華商總會的主席等。當一九三二年本港出現
當押業危機時，很多當押舖倒閉，他所經營的當押店仍然繼續營
業，由於當押店少了很多，他的當押店生意更好。他將倒閉的當
押店頂下來經營，一些支持不住的當押店又願意跟他合作，於
是他儼然成為全港當押店的大股東，幾乎擁有全港當舖的百分之

八十的股權，故有「當舖大王」
的稱號。

　　香港每次出現經濟危機的
時候，必然出現很多收購與合
併。原因是有實力的公司或個
人，並不害怕「危機」，危機只
能影響資本不足、經營不善的
人。當押業危機也不例外。

　　很多人以為李右泉是先有
「當舖大王」之號才發達的，其

「當舖大王」李右泉

實他是發了達之後才有「當舖大王」的雅號。在早年時，他開了
幾間當舖，後來則分散投資，既做地產、南北行，也開設冰廠。
他於一九二九年獲授 C.B.E. 動銜。這裏引用當時港督金文泰主持
授勳時的致辭，以證明他的發達是在獲得「當舖大王」雅號之前。

　　　　右泉先生：本督今代表大英皇帝，贈給足下大英
國勳章，甚為欣幸。溯足下在港居五十餘年，所辦公益
事宜，賢勞昭著。始於一八九七年為東華醫院總理，又
由一九〇六年，為該院顧問；直至今日，又為廣華醫
院首要創辦總理。又一九一四年，歷任團防局紳；又
一九一二年，充任保良局倡建總理；又自公立醫局開
辦以來，董事至今。足下又充華商總會主席數次。此誠
任何國得足下為其民者，均莫大之幸！矧足下為港中人
士所敬仰，足下之指導，又為舉世之所推崇！故香港政

府，從未得其他一人，逾於足下之忠實勤奮者。

　　奉天承運大英國、阿爾蘭、及海外屬土皇帝，宗教保護主、印度皇帝、兼統全國佐治第五，諭於可信可愛之李右泉先生。茲因獎爾賢勞，故特授予大英國三等勳章，俾爾保持永享榮典，特諭。

　　戰時，當押業更加一枝獨秀，特別是在日佔時代，由於故衣業的興旺，當押業易獲厚利。他們知道內地需要大量的衣物，於是自動縮短典當物品的期限，將以往的半年期縮為三個月期，以便將窮人的衣物斷當，而以高價賣給故衣商人。當時的當押業，根本不用本錢做生意，有些故衣商先給當押店一筆訂銀，作為預付斷當衣物的按金，訂立合約，指定由他專利該當舖的斷當衣物。由於幣值一天一天的低，物價一天天的漲，三個月前當入的衣物，三個月後斷當的時候，沽出即可獲三四倍的厚利。

　　到了第二次世界大戰結束，香港又重新修正當押業條例，一九四六年、一九四七年、一九四八年以及一九五〇年，年年都修正一次，修正後的當押業條例，就是現時所通行的法例。至於修正過的地方，有如下幾點：

　　第一，規定斷當期限為四至六個月。如該例第十六條云：「持票人贖當，繳還當票繳納本利，如在新界（新九龍除外）押物者，限在六個月期內取贖；如在本港其他地方押物者，限在四個月期內取贖。當押執業人須按票給還原當物品。」將新界當物規定為六個月，港九各地則為四個月，把以前的期限縮短了。

　　第二，規定當押店將利息表懸掛當眼地方。利息如右：不滿

三元，第一個月利息一分（百分之十），以後每月三厘（即百分
之三）；三至十四元，第一個月利息八厘，以後每月三厘；十四至
二十八元，第一個月五厘，以後每月三厘；二十八至八十四元，
第一個月三厘，以後每月二厘；八十四至二百八十元，第一個月
二厘，以後每月二厘；二百八十元以上，第一個月二厘，以後每
月一厘半。

　　一九五〇年的當押業修正條例，又有貸款五百元以上不適用
於本條例之規定。條例第六條云：「凡由當押執業人貸款或質物
抵押逾五百元者，不適用本條例之規定。又無論本例有若何之規
定，凡訂有條件付款或貸款五百元以上者，不因此而視為當押執
業人。」

　　這一規定，是將當押業的業務局限於小額物品抵押，而避免
和銀行貸款業以及貸款條例有所抵觸。原來一九五〇年也修訂過
貸款業條例，該條例規定貸款人需要登記及繳交登記費，否則便
視為非法貸款。

　　條例對當票上「如有風火盜賊蟲蟻蛀蝕各安天命」的字句加以
確定及區別，規定如有損毀則當押店需要賠償。其第二十四條云：

（一）當押執業人如遇有下列情事，須負賠償損失之責。
　　（甲）在押物未滿期時，原物被盜、遺失、被人侵
　　　　　佔或已售出者。
　　（乙）在押物未滿期時，因當押執業人之疏忽錯
　　　　　誤，致原物破壞，損失或減損價值者。
（二）如遇上述事件，得由裁判司斷定補償損失若

干，但得扣除所有押本及利息。

（三）凡遇火災或鼠咬蟲蝕或其他非由於其本人過失所致之損失者，當押執業人不負賠償之責。

修正的當押業條例，對該業的東主有不利的一面，也有好的一面，但當時該業又聯名要求暫緩執行，結果也是不了了之。

由於對抵押物需要小心收藏，當押店不像其他的商店，只需一個舖面就可以營業，必須有用以曬曝物品的天台，有收藏物品的箱櫃，更有防盜設備。在地價不高，租值不大的時候，仍可以維持，但到了高地價高租值的今天，該業便顯得越難維持下去。這便是當押業日走下坡的主要原因之一，也是某一些當押店改變過去營業方式，不當入衣物，而只當手錶、首飾、古玩、玉器等貴重物品的重要原因。

在高地價和高租值的影響下，當押業會不會被淘汰呢？這是很多人關心的問題。按照常理，本港當押店受到很多限制，經營不易，該會被淘汰的。例如當押店不許經營別業，就是說，它不能將已過期的抵押品在門市出售，與澳門的當押店，可在門外設一個飾櫃，陳列已斷當的物品出售不同，少了一筆生意。同時，現時有那麼多財務公司，可提供私人貸款，甚至可供信用貸款，無須抵押品就可借錢，到底有多少人會光顧當舖？實成疑問。因此很多人認為，當押業終會被淘汰。

作出當押業會被淘汰的結論，只是書生之見。因為他們沒有研究過現時香港當押店的經營方法，也未深入調查過當押業與賭博業有共生的生存作用。

很多人只見到近年來有很多當舖結束營業，卻沒有注意到也有新開業的當舖。新開的當舖數目雖然不多，但仍是有新開設的。新開設的當舖，多在場外投注站附近和麻雀館附近。這一點，已足以證明當押店和賭場有共生性。

投注站附近多有當舖

筆者作過長期的調查，發現場外投注站開設的地點，附近必有當舖。當舖是早已存在的，投注站是後來才開設的，為什麼場外投注站選擇的地點，附近必有當舖呢？這是巧合嗎？

但這還未足夠說明問題。筆者在寫《香港賭博史》的時候，曾深入很多麻雀學校去調查研究，發現麻雀學校必須支持當押業的生存。

麻雀學校是以現金進行賭博的場所，賭徒輸光了現金之後，就要離枱，但賭徒意猶未盡時，希望贏回所輸去的現金，就必須求借。求借的辦法是將身上值錢的物品拿出來抵押以換取現金，例如將手上的手錶，身上名貴的打火機、墨水筆等物品抵押。在麻雀學校內有一句術語形容此種行為，稱為「落碼」。

「落」是將身上的東西取出來之意，「碼」是銀碼的簡稱。將身上的東西落下來，換取銀碼，就是「落碼」。

麻雀學校如果不提供現金給賭徒周轉，肯定會失去很多賭客光顧，收入定受影響。但若提供現金給賭徒抵押物品，則必須有大量的現金周轉，同時需要有認識物品的專業人士在場鑑定物品

的價值，否則就不能進行落碼的行動。

因此，麻雀學校需要向當押業求取合作，他們要求當押店代理這種業務，使賭客能在麻雀學校內進行落碼。於是麻雀學校內，設有一間名為碼房的房間，這間碼房就是當押店派人長駐於麻雀學校的「辦公室」。

當押店的掌櫃，人們稱之為「朝奉」，這位朝奉是鑑定抵押品價值的專家，當押店的生命線，操縱於他手上。因為等抵押品到當押店抵押時，這件抵押品是真是假，是好是壞，要由他鑑定，然後決定抵押的價目。如果以假當真，以賤押貴，當押店就要虧本。麻雀學校既要進行落碼行為，就不能不要求有一位鑑定物品價值的專家長駐工作，更重要的是，要提供現金。這種功能，只有當押業才有。

所以大多數麻雀學校，願意每月提供一筆津貼給協商的當押店，請它派人到碼房去，主持此項提供現金周轉的事務。通常這筆津貼，每月為一萬五千元。麻雀學校當它是一種皮費[5]，每日支出五百元，作為碼房的員工的支出，實則是給予當押店的津貼。

所以，凡到麻雀學校去落碼的人，他們輸光了，無法即時贖回抵押的物品，他們就會得回一張當票，表示麻雀館已將他的物品拿去當押店抵押。事實上，抵押品早已拿去當押店抵押，只是在抵押之初，未給當票，以便賭客贏了錢時，可立即免息贖回。當押店因有麻雀館的津貼，對於當日供出的利息亦有着落，故能長期合作愉快。

5　粵語謂日常開支。

　　明白了這種情形，就知道當押店不會被淘汰。除非全面禁賭，否則當押業仍是會生存下去的。假如賭風日熾，當押業還會大大地發展起來的。

五十年前的香港大罷工

半世紀前的歷史

　　一九二五年的香港大罷工，算起來，到了一九七五年已是五十週年了。五十年即半個世紀，現在談起來，真可以當作掌故來談。因為這次罷工，既有意義，而且曲折離奇，轟轟烈烈，可歌可泣。

　　罷工的起因是由「五卅慘案」而起的。一九二五年五月十五日，上海日本紗廠工人代表顧正紅等十餘人，因廠方無理開除工人而往交涉，遭廠方日本人殺害一事，引起了上海各界的公憤。上海文治大學學生，集會募捐接濟死傷工人，學生施文定、謝玉樹二人竟被英租界的工部局拘捕；上海大學學生朱義權、韓步先、趙振環、江錦淮等四人，因赴顧正紅追悼會，又被工部局的巡捕拘捕。兩校的教職員往捕房請求保釋這六名學生，又被拒絕，學生會為之譁然。當時英國租界當局宣佈定五月三十日開庭審訊這六名學生，到開審之日，上海市的學生、商人、工人，紛紛來到南京路巡捕房去，聲援被捕學生，不料英國巡捕立即開火，機槍亂掃，當場殺死四人，重傷二十人，五十人被捕；重傷二十人中，九人稍後亦不治，這便是五卅慘案。

　　五卅慘案爆發後，激起全國人民的憤怒，上海首先罷工、罷課、罷市抗議；繼而長沙、漢口、九江、青島、天津、南京、廈門、福州、濟南、杭州，到處都舉行罷工、罷課、罷市的愛國運動。

五卅慘案激起港人的憤怒

香港的居民百分之九十九是中國人，當全國人民轟烈地燃起愛國運動的火炬時，自然不能不受影響。當各地罷工、罷課的消息傳來時，愛國同胞們已熱血沸騰；當各地的軍閥、帝國主義者的軍警，以及漢奸走狗們屠殺罷工工人和罷課學生的消息傳來時，怒火燃得更激烈。六月五日，南京和記洋行華員罷工，廠方英人竟用武力阻止，又傷了兩名工人。六月十日，天津日本裕大紗廠的工人罷工，日人與軍閥李景林武裝干涉，當場慘殺六人，傷者無數，二十人被捕。這些消息傳來，熱血沸騰的同胞，不能緘默了。

首先是港澳、省港，以及江門渡、石岐渡等船隻的海員，開始在這些船渡上演講，聲討屠殺中國工人學生的帝國主義者。原來，各船渡上，向來設有方便醫院救濟箱，每逢船渡開行之後，船上的江湖賣藝者，在開始賣藝之前，習慣上是先由船上人員為方便醫院募捐一番，請搭客捐助當時廣州市唯一的慈善醫院。每次募捐時所作的開場白，大都是先講述近日發生的時事，海員便藉這個機會，講述五卅慘案始末，以及全國各地的罷工、罷課、罷市運動，雖婦孺聽了，也為之同情。經過多日來的聲討，香港的工人、商人、學生，開始醞釀罷工、罷課和罷市。

六月十八日，香港海員工會屬下的省、港、澳的各輪船的海員，率先開始罷工。這個工會由蘇兆徵領導，蘇兆徵於一九二二年一月，曾領導香港海員大罷工，取得勝利。他是一位傑出的工人領袖，對安排罷工的細節，有條不紊。首先是向香港政府聲

一九二五年六月二十三日，廣州十萬人舉行示威的場面。

明，這次罷工是同情罷工，是為支持上海工商學聯會所提出的解決五卅慘案的十七條要求而罷工；其次是安排所有海員回廣州去，在廣州解決工友們的生活。

當時香港有一張中文報紙，名為《中國新聞報》，一向主持正義，對五卅慘案及各地軍閥走狗屠殺工人學生的新聞，刊登得最為詳細，而立論也站穩民族立場。當海員罷工時，該報刊出海員工會的罷工聲明的消息，被認為違反治安條例，於六月十九日即行出動警察，封報拿人。

《中國新聞報》被封後，更激起了公憤。六月二十日，英國人所開設的商店的僱員，立即離職；洋行的華員，也於六月二十日不見回辦公室。日本的商店商行的華員，亦同時採取行動。這一天，事態開始嚴重起來。

這是由於激起愛國的義憤而採取的行動，完全有別於為增加工資而舉行的罷工，是以有如排山倒海一樣，各業工人和僱員，自動地離開職位，回到廣州去，他們事前並不告訴僱主。二十一日那天，電車公司沒有司機和售票員上班，大酒店的侍應生和廚師們也不見上班，政、軍、醫各部門的下級公務員，也大部分不見上班。形勢嚴重。

這一天，所有警署立即緊急戒備，英軍和印兵荷槍實彈分佈警署四面把守。警署內，所有華籍警員，全部繳械，不得配槍，以防他們造反。

當時的港督是史塔士，他立即下令調動英兵入市區，宣佈戒嚴。由於當時的形勢在一種愛國情緒中激動着，對治安的維持，不能信賴華警，故此便需要英兵來維持秩序。同時，史塔士以為

製造恐怖氣氛，可以抑壓愛國情緒。是以由二十一日開始，每日由英兵列隊巡邏市區，以示鎮壓。英兵以三十人為一隊，荷槍實彈，列成隊形，在各馬路上示威，每經過工會前，即作狀一番。

不料這種製造恐怖氣氛的方法，竟得到相反的效果。原來商人們向有「大亂居鄉，小亂居城」的心理。經過自五月三十日起各地的大屠殺，商人們恐懼大屠殺會來臨，因此也紛紛關門回鄉。到了二十二日那天，皇后大道、德輔道等的商店，有八成以上關門。

皇仁書院的學生五百餘人也在六月二十一日罷課。該校的師生們向有愛國傳統，記得一九〇五年美國限制華工赴美時，該校學生也參加過抵制美貨行動。該校的高年級學生於罷課後，亦立即回到廣州。

排字工人罷工，港府懸紅捉煽動者

自從《中國新聞報》被封閉後，全港各報的排字工友，已先後罷工，西報的排字工人亦相繼罷工。到了六月二十一日，全港已無報紙出版。獨有一家報紙，是在當年六月五日創刊的，該報的排字工人罷工，由老闆和幾個師爺動筆手寫，改用石印印刷，成為香港政府的唯一喉舌。

為了應付這次罷工，香港政府於二十二日發出公佈，除明令禁止煽動罷工罷業外，並懸賞二百五十元，凡通風報訊及時制止罷工者可得賞，舉報「暴徒」亦得賞。

同時，又派出太平紳士黃蘭生等到各輪船上，也用講時聞的

方法，向離港的同胞解釋罷工正理。他的「正理」，是勸工人不要罷工回鄉，靜候政府解決。又說五卅慘案並不在香港發生，何必罷工呢？而且罷工是自討苦吃的。

又，二十二日那天，上述那間手寫石印出版的唯一報紙，也出現兩篇妙文，其一的標題為〈香港工人解釋並非自願罷工〉；另一則是〈某君對於罷工罷課議論〉。前者是用一位工人的自述的方式，說罷工是受人威脅的，而且是被迫的；後者是當作訪問一位市民，問他對罷工罷課的意見。這位某君自然也是站在反對罷工罷課的立場上大發議論。

與此同時，軍警分頭逮捕罷工工人，並且搜查華人住宅。總之，用盡一切方法，制止罷工。

這樣龐大的罷工行動，靠什麼來支持下去呢？當時已有十五萬各業工人回到廣州，罷工工人要吃飯，要地方居住，要活下去，怎樣辦呢？

為了便於說明，應該先說明廣州當時的形勢。自從孫中山先生改組國民黨，採取聯俄、聯共、扶助農工的三大政策後，廣州已成立了革命政府，設黃埔軍校，訓練新型的軍隊，以便北伐，肅清各省的軍閥，統一中國。

孫中山先生逝世後，國民黨有一段時間，仍然奉行孫中山的三大政策，因此當時廣州，成為革命根據地。全國的革命力量，多集中在廣州。

五卅慘案所掀起的愛國運動，推動了革命車輪前進。廣州的革命政府，就在五卅慘案發生後，不斷支援各地的愛國行動。對於香港的大罷工，它當然要支持了。

自六月十九日開始，廣州政府即支持香港罷工工人，向回廣州的香港工人招待食宿，並發零用錢。

砲艦政策造成沙基慘案

英國是知道香港大罷工是由廣州政府支持的，於是，又施砲艦政策，從香港調來三艘英艦，在沙面河面停泊。其中一艘羅治號砲艦，竟駛近同德大街口對開的河面，卸去砲衣，砲口朝向廣州市區。同時，日艦和美艦，也為英艦撐腰；珠江江面，共計有八艘帝國主義的砲艦。

砲艦政策不能阻嚇愛國運動，反而激起更大的仇恨，沙面租界內的工人，立即罷工。廣州的駁載總工會，也立即通告所有大小船艇，離開沙面河面，拒絕為沙面西人駁運貨物，以示對砲艦政策的回敬。

沙面租界也由此而緊張起來，東橋和西橋馬上堆上沙包，構築工事，英法軍隊在堤畔架設機關槍，如臨大敵。

六月二十三日，廣州各界在東較場集會，舉行示威大遊行。當日這個集會，是為追悼自五卅慘案以來國內各地被屠殺的死難同胞，並支持上海工商學聯所提出的要求而舉行，是以當日廣州政府，下令各業休息一天，俾能參加大會。示威遊行隊伍，包括工、農、商、學、兵。由東較場經惠愛路、永漢路，直出長堤，過西濠口，入沙基、果欄街、杉木欄、福德里、十八甫、漿欄街、太平門，至西瓜園散隊。這是當時擬定的遊行路線。

　　大會在正午十二時開會，下午一時半開始遊行，這次遊行共有十多萬人參加，手持反帝標語，高呼口號。下午二時四十分，遊行隊伍已抵達沙面前面的沙基，當前頭的隊伍轉入內街之際，沙基西橋口的英兵，突向遊行隊伍開槍掃射；沙面河面的英艦，又開砲轟擊，當場死傷數百人。這就是沙基慘案。

　　以機關槍、大砲屠殺手無寸鐵的中國人，事後，沙面英方還以含血噴人的伎倆發表聲明，誣指示威群眾首先開槍，企圖攻入沙面，他們是自衛還擊，把血腥的屠殺責任，推在同胞身上。

　　但紙是包不住火的，當時嶺南大學學生也參加示威遊行，該校學生有多人受傷。校長亨達利博士，副校長北斯打博士，他們都是英國人，當晚即致電向英國政府報告此慘案的真相，證明華人並無攻入沙面的企圖，亦未開槍。同時，在廣州的由印度、朝鮮、越南僑民組成的「被壓迫民族代表大會」也發出宣言，指責英方屠殺。

省港罷工糾察委員會（中間穿大衣者為鄧中夏）

沙基慘案的消息傳到香港，原先還存觀望態度的一些行業的工人，例如電報局職工、西人住宅的洋務工友、渡海小輪員工等，於六月二十五日即紛紛罷工。二十六日，鮮魚和蔬菜兩行業也罷工。同情沙基慘案被殺同胞的罷工行動，像烈火一樣蔓延。二十七日，酒樓茶室、理髮室、機器工人相繼罷工。二十八日，太古洋行華員、清道伕、清潔女工等，也加入罷工行列。

當時，也有「土製菠蘿」出現。六月二十九日，紅磡區有多起「土製菠蘿」爆炸，爆炸地點離九龍船塢不遠，也接近英泥廠。於是，九龍船塢和英泥廠，只好暫時關廠，以防不測。

罷工工人回到廣州去的，已達二十五萬人。當時廣州政府處理的辦法是：在廣州分成八區，每區設一香港罷工工人登記處，罷工工人登記後，登記處即替他們解決食宿問題。有親友招待居住的，可以不住在工人宿舍；至於吃飯，則每一罷工工人均有飯票，可到指定的若干飯店吃飯。

為了團結二十多萬香港罷工工人，於七月一日開始組織罷工工人代表大會，每五十人選舉一位代表，以便廣泛地聽取工人的意見。當代表大會成立時，通過了整個組織方案。首先定名為「省港罷工工人代表大會」，因為這次大罷工，罷工者雖然主要是香港工人，但沙面也有三千餘工人參加，故此稱為省港罷工工人代表大會。代表大會是最高議事機關，由代表大會選出十三人組成省港罷工委員會，為罷工工人最高行政機關。罷工委員會之下，設幹事局，幹事局由七個部分組成：一、財政委員會；二、保管拍賣部；三、工人醫院；四、宣傳教育部；五、法制局；六、糾察隊；七、審計局。這樣，罷工委員會便儼然是有工人政府的雛形了。

當時罷工委員會的糾察隊由鄧中夏委員領導共二千人。以十二人為一班,有班長;三班為一小隊,設小隊長;三小隊為一支隊,有支隊長、副支隊長、訓育員各一人;三支隊為一大隊,設大隊長、副大隊長、訓育員各一人;五大隊便歸總隊指揮,總隊則由委員會管理全隊事宜。當時糾察隊由黃埔軍官學校教練加以訓練。並擁有十艘戰船,到各海口巡邏。罷工委員會設在東園,主席是蘇兆徵。至於罷工委員會的經費,則由各方面籌得,除各地華僑捐款外,由七月一日起,廣州市各業主捐租金半月,支持罷工;這是一次過的捐租,作為罷工基金之用。此外,各在業工人,每月捐百分之五薪金,支持罷工工人。另外,緝獲英國貨及日本貨,拍賣得款,也撥作開支。還有對一些違反罷工委員會法令的人加以罰款,也是收入之一。

初時,罷工委員會宣佈抵制一切帝國主義國家,後來覺得不是辦法,只宣佈抵制英日兩國,禁運兩國貨物,不替兩國商船駁運及供應糧食,並歡迎其他各國商船來廣州貿易,只要他們不運貨往香港。如果各處船來華而又往英國殖民地如星馬印度等埠頭,須繳納特別費。

這樣一來,罷工委員會的經費來源便大大增加,不但足夠支付一切開支,而且有盈餘。

銀行限每人提款一百,金銀器禁出口

回頭談談香港方面,自七月五日以後,由於罷工、罷業的

影響，各行各業無業可營，因此離港的人不少。於是，銀行便出現擠提現象，商人提款以便他調，小有產者回鄉，都需要往銀行提回存款的，銀行便出現有提無存的現象。香港政府為了阻止華人離港，一方面宣佈銀行限制提款辦法，每日每人只能提款一百元，並頒佈緊急法例，不准攜帶價值超過五元的金銀出口，但可攜帶港紙。

為了阻止華人離港，當省港、港澳船離港駛近華界時，英艦即下令停航，上船檢查，如發現帶有超過五元價值的金銀物品時，即命令過船，解回香港；如不願回港，即沒收金銀物品。

當時豬、牛、羊肉店因屠房工人罷工，已無業可營。港府下令肉商開市，因為肉商多購入豬牛羊等牲口飼養，下令肉商開市，即等於迫他們將牲口交給屠房屠宰。原來，英軍軍部已答應派出英軍入屠場，權充屠伕。

由於內地禁運，蔬菜幾乎絕市，唯一的菜蔬，就是荳芽。至於魚類，則僅有在本港海面作業的漁船供應鹹水魚。當時一般物價，比未罷工前，貴五倍以上。

白米則因為不能運往內地經銷而存底甚厚，價錢反比平時平一些。這種情形今日聽來似不入信，事實上是：自清末開始，帝國主義通過各種經濟侵略，已嚴重破壞廣東的農業，廣東省長期倚賴洋米入口。香港是轉運站，自大罷工後，廣東政府往湖南辦米，故此香港有食米不能內銷，久藏又恐變壞，加上香港人口急劇減少，食米便反而價廉。

清糞和清道伕已罷工，香港一時成為臭港。但到了七月中旬，已逐漸由英軍加以清理。這一時期，駐港英軍負起頗多的工

作，如維持渡海小輪的航行。渡海小輪由英海軍駕駛，電車也由英軍開動。這一歷史事實，説明了香港為什麼至今仍要維持一大批英軍駐守。

香港公民大會要求英國出兵攻廣州

從一九二五年六月十九日至該年十一月底止，這一時期可以稱為對抗時期。罷工委員會與香港英國當局對壘，各不相讓。香港方面企圖瓦解廣州政府，曾於七月二十七日召開公民大會，大會通過電請英倫出兵攻打廣州，瓦解廣州初成立的國民政府，但英倫遲遲未覆。八月十五日又召開第二次公民大會，再請出兵，並電英皇及英國首相，力陳出兵攻打廣州，才是救香港的最佳辦法。

當時英國也鬧着大罷工，英國自顧不暇，是以英國殖民地部電覆香港，略謂：「香港困苦倫敦至深繫念，惟綜觀全局，現時無法出兵。」只答應借款三百萬鎊，作為救濟商業之用。原來，罷工之後，香港的儲備一千七百萬元經已用空，故此倫敦急忙派款來港應急。

在對抗時期，港英又收買廣東軍閥陳炯明和鄧本初，在廣東後方搞亂。陳炯明攻入汕頭，解散汕頭罷工委員會，港汕交通，曾一度恢復，潮汕土產一度運來香港。但是，旋即由廣州罷工工人配合革命軍光復汕頭，全殲陳炯明部。陳炯明隻身逃來香港，不久即病逝。鄧本初則攻入海南島，海南島土產亦一度運港接

省港罷工委員會大門（廣州市東園）

濟，但罷工工人又和革命軍攻入海口，生擒鄧本初。如此一來，反而促進了廣東省的全省統一，有利於北伐。

港督史塔士返英，金文泰來搞緩和

到了九月，英國知道對抗不是辦法，因此立即換馬，港督史塔士以回英商討大計為名，一去不復返了，換來一位精通中文和會講流利粵語的金文泰。

因此，從九月開始，由對抗期轉為緩和期。港英政府已擺出緩和的姿態，罷工委員會也作了相應的反應，表示願意談判復工。當時罷工委員會的出版物《工人之路》上，刊出了〈歡迎香港華商代表來穗談判〉的文章。

　　原來九月二十八日，香港派了八位華商到廣州。由於他們不是官方代表，沒有什麼結果，他們要求恢復港穗兩地的航運，但遭罷工委員會拒絕。這八位華商代表，目的旨在探探口風，他們知道罷工委員會的談判對象是港英政府，因此回港覆命。

　　到了十一月一日，香港再派華商代表到廣州，這一次談得比較詳細，為未來的談判鋪路。十一月十二日，新任港督金文泰，在香港大學致辭時，略謂：「廣州和香港，向來親睦如一家人，這一次工潮，雙方都受到損失，深願廣州當局向香港伸出友誼之手。我們願意立即牢牢把它握住。」

律政司赴廣州與罷工工人談判

　　到了一九二六年三月八日，香港派律政司凱普乘兵艦到沙面，後同沙面英副領事與罷工委員會委員長蘇兆徵及國民政府外交部陸敬科會晤，雙方會談約一小時，交換意見。罷工委員會提出復工條件，分政治與經濟兩部分。經濟方面，最重要者為賠償罷工工人損失二千萬元；政治方面為香港選舉華人代表參加立法局。律政司凱普表示，香港對賠償只能負擔二三百萬左右；至華人代表參加立法局一項，則認為可以商量。這一次談判，共談三日，律政司於三月十一日返港。

　　後來，到了七月十五日，香港政府任命律政司凱普、輔政司哈利法斯及英駐廣州領事白利安為代表，到廣州談判，至二十三日，開會五次。這次談判，港方代表主要是希望解除對香港的封

鎖，以及不再抵制英貨，他們認為罷工和復工是次要問題。但廣州方面則認為封鎖香港和抵制英國貨是由沙基慘案引起的，亦即與大罷工有直接關係。故此談判五次，仍無結果。不過，已打開了解決罷工之門，因為港方的意思，表示只要恢復港穗交通，不抵制英國貨，他們可接受若干條件。這等於暗示，復工的條件，可以附在恢復一切貿易的條件中。

北伐成功，罷工行動宣佈結束

香港大罷工到這時已持續一年零一個多月了，當時廣州的形勢，亦需要結束這次罷工，所以打開談判之門。原來，是年七月一日，北伐軍在廣州東較場誓師北伐，罷工工人作為北伐軍運輸隊的骨幹。北伐的主要目標是推翻吳佩孚、孫傳芳、張作霖等各路軍閥的反動統治。吳佩孚當時盤據湖南、湖北、河南、河北等地；孫傳芳據有江蘇、安徽、浙江、福建、江西各省；張作霖據東三省、津浦路北段及京津一帶地區。

當時北伐軍分三路進攻，七月克長沙，八月下岳州，九月攻佔漢口，十月攻佔武昌，迅速地擊潰了吳佩孚的主力。這是第一路。另一路入江西，攻下南昌、九江，殲滅了孫傳芳的主力，並沿江東下，由安慶、蕪湖，直指南京。第三路向福建、浙江進軍，這一路勢如破竹。

由於攻下武漢，革命政府由廣東北移。為免有後顧之憂，罷工委員會便在是年十月十日，宣佈結束罷工。

結束罷工的辦法，由罷工委員會，通知港英當局，以及沙面各國駐廣州領事。由十月十一日起，廣州不再抵制英貨，恢復省港間交通及貿易。但是，凡各國貨物運來廣州者，一律須徵收百分之二十五附加稅。這筆附加稅，用來賠償罷工工人的損失，由政府與罷工委員會派員在海關徵收。

每一罷工工人，領取一百大元，以當時的物價和工資比例，相當於十個月的普通工資了。罷工工人可以回港工作，亦可以到各地找工做。如六個月後找不到工做，仍可以回廣州，罷工委員會仍然供應食宿。

第一批發給二萬人，分五批發給，每一個月發給一批，五個月發齊。按照罷工先後派發，先罷工的，先發給。由一九二六年十月起發第一批，到一九二七年二月，即全部結束。

這場風暴，起於一九二五年六月十九日，結束於一九二六年十月十日，共一年零四個月。

省港罷工委員會各部成員（右旁標「X」者為蘇兆徵）

香港的嚴重風災史──從慈禧太后匯款救濟說起

香港的颶風季節，應以每年五月初起計，至十月底止。由於颶風經常帶來豪雨，所以颶風季節，又稱雨季。

香港的嚴重風災史，不能從天文台所公佈的資料算起。因為香港天文台的設立，是在幾次嚴重風災打擊下才促成的。它誕生於一八八四年。一八八四年之前，本港經過無數次的風災。英國人於一八四一年來香港，卻在四十三年後才設立天文台，可見研究本港風災史，不能從官方的紀錄開始。

查近百年來最早的一次嚴重風災，而又有紀錄可稽的，當推一八七四年（同治十三年）那一次風災了。一八七四年歲次甲戌，當年的八月十二日，颶風從東南方吹來，整整襲擊本港一晝夜。一八七四年的甲戌風災，《廣州府志》曾記其事：

（按：同治）十三年八月十三日，廣州颶風大作，壞房屋船筏無算。風從東南海上起，頃刻潮高二丈，濁若泥澤。澳門壞船千餘，溺死萬人，檢得死者七千。香港死者數千，緝私船亦壞，自參將以下武弁死者二十餘人。香山、順德圍破堤決。沿海民被浸受傷最重……

甲戌風災在《廣州府志》裏所記錄的日期是八月十三日，但在

本港的碑記和其他地方的紀錄則是八月十二日。驟看似有矛盾，其實是合理的。因為颶風向來都從海外形成，然後向我國沿海吹襲，近海的地方便首先遭殃。颶風先一日吹襲香港，次日吹入內地而抵廣州，故此同治甲戌風災的日期，在香港是八月十二日，而在廣州則是八月十三日。

同治十三年甲戌風災，吹塌天后廟死人無數

筲箕灣的天后廟，本來創建於同治十一年（一八七二年）壬申，不料建成甫兩年，就在甲戌風災中被吹塌。後來再重建，於是廟內便立了一方〈天后古廟重修碑記〉，說明甲戌風災這件事。該碑記云：

> 原夫天后元君也。昭代功臣，護國著英聲之譽；先朝活佛，庇民膺榮敕之封。垂形俊於人間，不威而畏；播恩膏於宇下，無遠弗週。維筲箕灣之天后廟，創建自壬申，繼遭風於甲戌，覩茲棟宇，盡屬荒涼。

這塊石碑現時仍在筲箕灣天后廟內，因為碑文多屬迷信頌禱之辭，是以只錄出與風災有關的一小段，以證明同治甲戌颶風對本港的影響。

筲箕灣天后廟的重修碑記，只能證明同治甲戌風災吹塌了該廟，但未能證明這次風災所造成的災害的可怕的程度。和合石墳

香港多次風災所做成的損毀

一八七四年，香港遭颶風襲擊，死人無數。事隔六年，在昂船洲發現是次遭風死難者的白骨百餘具，由東華醫院將之與前罹難者合葬於雞籠環墳場。一九四〇年重修，一九五九年遷葬於和合石。

場內，現有「遭風義塚」一座。這座義塚是一九五九年從雞籠環遷到和合石的，而在這遭風義塚所埋葬的死者，正是一八七四年同治甲戌風災時罹難的死者。

　　遭風義塚本來設於港島西區的雞籠環墳場上（即現時華富村附近一帶的山地），是建於甲戌風災後六年的一八八〇年的。原來，一八七四年的甲戌風災覆舟毀屋無數，死者的數目一時難以核計，當時由東華醫院負責將罹難者的屍骸殮葬於雞籠環。但是事隔六年之後，有人發現昂船洲上竟有百餘具白骨，研究結果認定是甲戌風災時的罹難者，因此與當年殮葬的死者一起合葬，建

成義塚。義塚建成之日，由當年東華醫院董事泐石留念。該碑石原文云：

> 同治十三年（按：一八七四年）八月十二日，狂颸捲起，風伯大肆，奇災怒浪，滔天水府，因成巨厄。變生頃刻，事起須臾，斯亦劫數之流行，人生之不幸者也。於時香港一隅，船艇之泊於海面者，溺斃多人，殊難悉數，當即催工檢拾，彙葬一遍。不意事隔數年，尚有遺骸百餘具，暴露於昂船洲處，董等憫此孤魂無主，亟思遷葬義山，於是稟諸　督轅欲行檢拾，乃蒙　大英總督，香港地方御賜佩帶三等寶星燕臬斯制軍大人，善念宏開，慨然捐俸，興修義塚，以妥亡魂。從此淨土同埋，莫怨紅羊之劫；故鄉休念，無須黃天之傳。嗟嗟修短，原是由天，人生如夢，既負四方之志，隨處皆安。今朝奠厥攸居，應拜仁人之賜；他生轉還陽世，另舒志士之懷。謹泐片言，以垂不朽，是為誌。

黃筠堂

東華醫院董事招雨田等敬泐

馮明珊

光緒六年庚辰歲月日

大英一千八百八十年月日

　　這塊遭風義塚碑，至今仍然保留着。文中的燕桌斯制軍大人，其實是當任港督軒尼詩。據說這座義塚，是由軒尼詩提議並捐款營造的。

一八八四年設天文台，預報颶風成績甚差

　　經過甲戌風災之後，當局受到市民的非議，才於一八八四年設立天文台。每天作天氣預報多次，並確定了風球、風燈和風炮的辦法，以便水陸居民能及時作好防風工作。

　　現時尖沙咀天文台道的天文台，就是一八八四年設立的天文台，它保留着原始時期的模樣。根據資料所示，當初天文台只有幾種簡單的儀器設備，計開：一、測風機兩座，一座裝在室內，用來間接測量每小時的風行速度，另一座裝在天文台辦公室的屋頂，用來直接測量風速；二、購置三架測雨機，一架是每小時測雨量一次的，一架是二十四小時測雨量一次，另外一架則是雨量分析機；三、天文台門前建一棚亭，亭內裝設兩枚寒暑表，一枚測熱度，一枚測冷度；四、天文台內有觀星室，內設口徑三吋的觀星儀，用來計算標準氣節；五、風雨預測器；六、陽光測驗機，用以計算何時陽光最強、何時有陽光；七、地震儀；八、天文用的精密時鐘。

　　天文台設立後，由於支出的經常費有限，以及那些從英國來香港的氣象專家對本地區氣象的知識有限，加上高高在上不肯虛心研究，於是天文台在每次颶風襲港時，都未能及時地提供準確

的消息，致令市民在颶風吹襲時損失慘重。

一八八四年以後的幾次風災，最嚴重的一次是一九〇六年的丙午風災，其次是一八九五年的乙未風災和一九〇七年的丁未風災。在這些風災過後，天文台都受到市民的指責。

一八九五年是光緒二十一年，歲次乙未。是年六月十九日颶風吹襲本港，被吹翻的船艇凡數百艘，颶風過後，沿港島海岸線發現不少浮屍。這些浮屍，後來由東華醫院負責打撈。

一九〇六年大風災，沉船千艘死人數千，會督何雅亦失蹤

據現存東華三院的會議錄所載，一八九五年乙未風災由當年主席古廷光等集議救濟災民及打撈浮屍等工作。議決由院方租用汽船拖帶小艇沿海打撈浮屍，計共檢得男屍十三具，女屍九具，並在山灣處救回被颶風覆舟漂流至山灣山上的漁民蘇水保等六人。

至於一九〇六年的丙午風災，是比同治申戌風災更慘重的一場風災。這場風災發生於一九〇六年九月十八日，天文台事前並沒有適當地勸告市民防風，故此當颶風吹到，全港水陸居民為之手忙腳亂。

據颶風襲港後第二天的統計，船艇損失最慘重的是灣仔區和油麻地區，兩處所毀的船隻，佔該區平日灣泊船隻總數的百分之八十。至於屍體撈獲最多的是中區，西營盤、紅磡、香港仔亦有不少浮屍。據當日警方發表的撈屍報告，有如下的統計：中區

毀船三十一艘，撈獲屍體二百二十具；西區海面毀船一百二十四艘，撈屍五十四具；灣仔海面毀船三百八十三艘，撈屍一百二十具；紅磡沉船二十五艘，撈屍四十六具；香港仔沉船七艘，撈屍六十具等。合計毀船共一千零五十二艘，撈屍一千零八十八具。

這些數字，只是指漁船和貨艇，並不包括小汽艇和輪船在內。俗稱電船仔的小汽艇，損失達百分八十。至於輪船被吹倒、擱淺、損壞的，合共四十七艘，其中英國船最多，佔十八艘；德國船次之，共八艘；美國船三艘；日本船兩艘；法國、荷蘭、菲律賓各一艘。其餘損失輪船最多的，是招商局及省港澳輪船公司的船隻。此外，有英國軍艦四艘和法國軍艦兩艘，船身均穿了洞。據當時估計，僅輪船方面，損失便達二百五十萬英鎊。

這場風災之所以造成如此嚴重的損失，完全可以說是由於天文台長的疏忽。九月十八日早上，天文台連起碼的防風預報也沒有做到，以致不少西商在這天早上舉家駕駛遊艇出海遊樂。當時的基督教會會督何雅（Hoare），便是因為出海遊玩而失蹤的，他的遊艇的殘骸在青山海面被發現。另外有多艘西商遊艇被證實覆沉，而艇上的西商亦告失蹤。

當時的海事處長巴納斯·羅蘭士（Baretes Lawrance）為了應付西商會和教會人士對因風失蹤的西人下落的查詢，忙得連星期日也要辦公。他竟因此積勞成疾，到了十月二日，便一命嗚呼了。

對於這場造成嚴重損害的風災的救濟及善後工作，港府只是撥了二萬元給工務局作為修理馬路之用。此外，由於社會輿論指責天文台，港府特地為天文台解釋，認為天文台預測天氣的工作做得不好，是因為不夠錢用。因此由當時開始每月撥款一千一百

元給天文台，責成它多注意些氣象預測，以及多印發一些天氣報告給各船公司。

慈禧太后匯款救濟，英政府抓住賑款作基金

對於災民的救濟，當局把責任完全交給東華醫院負責。從打撈浮屍、殮葬死者，以及收容災民，全部由東華醫院辦理。當時東華醫院舉行沿門勸捐，以及向社會人士募捐善款作為救災之資。由於風災十分慘重，海外華僑事後亦紛紛匯款給東華醫院，辦理救災事宜。

當時颶風經本港向內地轉移時，使我廣東省沿海地區也大受破壞。當時兩廣總督岑春煊將這次大風災的災情，向光緒皇帝報告，慈禧太后覺得災情實在太嚴重了，故此下旨撥款白銀十萬兩給岑春煊，作為賑濟廣東及香港受風災影響的同胞之用。

關於慈禧太后匯款十萬兩救濟廣東及香港災胞的事，《德宗景皇帝實錄》卷五六四中曾有言及：

> 諭內閣。朕欽奉慈禧端右康頤昭豫莊誠壽恭欽獻崇熙皇太后懿旨：岑春煊查明粵省風災分別賑撫情形一摺，本年八月間，廣東、香港一帶，高、雷、廉、欽等府州屬，颶風猛烈，溺斃人口，損失船隻，災情甚鉅，為數十年所未有，覽奏殊深憫惻。本年該省廣、肇、高、欽等各屬，被水成災，業經發帑賑恤。此次風災，

情形尤重，加恩特賞給帑銀拾萬兩，由廣東發給。該督
即遴派委員，會同各地方員紳，覈實散放，加意賑恤，
毋任流離失所，用副朝廷軫念災黎之主意。

當時中國官方文書及一切記事，均沿用農曆。《德宗景皇帝實
錄》中所載八月間，這是指農曆。因為這次風災，公曆是九月十八
日，農曆則是八月初一。

慈禧太后撥給岑春煊的這筆救濟風災款項，因為指定是用
來救濟廣東、香港風災的，故岑春煊把這十萬兩銀，分為兩個部
分，以三萬兩匯給香港，而以七萬兩救濟廣東各災區。岑春煊這
樣分配是十分合理的。但是，他對於香港的情形並不熟悉。他將
這筆款項匯給英政府，以為這樣就算合手續。想不到，這筆款匯
來，卻不是用來救濟丙午風災，而是給英政府一手抓住，作為救
濟基金處理。

一九〇六年的丙午風災，死人數千，沉舟千餘，災民遍地，
但負責救災的機關，只有東華醫院。當時為了緊急救濟，東華醫
院的董事盡最大的力量去募捐善款，以應急需。災民們聽到祖國
匯來賑款，正在感到有一絲溫暖的時候，不料這筆款項被抓住
了，由當任總督彌敦，任命當時一位英商遮打氏，組織一個委員
會，處理這一筆款項，利用這筆款項投資生息，以為日後遇到有
什麼災難時，撥出該款積聚的利息，作為緊急救濟之用。於是，
慈禧太后匯來的指定救濟該次風災的款項，變為該次受災的災
民，分文也收不到。而香港政府對於日後的救災工作，則有一筆
別人給他的基金，用作緊急救濟之用了。

關於當年由中國政府派來的三萬兩銀，被抓住作為救濟基金處理的經過，《香港東華三院發展史》一書，曾有敘述。雖然執筆者在字裏行間，寫得特別客氣，但我們也可以從中了解當時的情形。該書第三輯內，有〈三院歷年救災施賑工作〉一章，其第六頁內載云：

> 　查急需項於一九〇六年何棣生翁任內，本港八月初一風災，由中國政府籌得三萬兩，伸港銀四萬六千三百七十七元一毫四仙，移交英政府，會同紳商議妥，此款作為急需存項生息。倘有不測災禍，可將該款積聚之利息，用以賑濟云。

當年的師爺譯文水準受到時代的局限，他們不懂得用「基金」這個詞，只把這筆款項的用途的性質寫了出來。所謂「急需存項生息」，就是基金的意思。把這筆基金用作各項投資，以便生出利息，以後遇到災禍時，取出那些利息作為辦救濟之用。至於基金本身，是萬萬不能動用的，故該文稱「可將該款積聚之利息，用以賑濟」。

一九〇六年後一年，即一九〇七年，香港又有一場風災。不過這場風，比上一年的丙午風災，損失較少。但廣州方面損失則較為嚴重，《東莞縣志》卷三三，光緒三十三年條載云：

> 　七月初一颶風為災。總督張人駿電奏廣東颶風為災，覆沒船隻，吹塌民居，傷斃人口多名。奉旨：該省

大水之後繼以風災，深堪憫惻，着該督分飭官紳協力拯
救，妥為賑撫，毋得稍存漠視。

至於香港方面所受的損失較少，只吹塌了一間屋。這間屋是
東華醫院的嘗產，傷了幾個人而已。

一九一三年兩次風災是「對日對時」颶風

到了一九一三年，又來了一場相當特殊的颶風。這場颶風，
共吹襲了兩次，是一場「對日對時」的颶風。所謂對日對時，即
是假定本月七日午時吹過一次颶風，到了第二個月，同日同時，
也打一場猛烈的颶風。一九一三年的風災，正是這種颶風。它於
八月十八日吹襲本港，到了九月十八日，又來一次吹襲，成為對
日對時的颶風。

屈大均的《廣東新語》卷一有「舊風」一條，記錄廣東勞動
人民占風的方法。其中有關（對日對時的）颶風的記載云：

南海歲有舊風，亦曰風舊。舊，蓋颶風也。其起也
自東北者，必自北而西；自西北者，必自北而東，而俱
至南乃息，謂之落西，亦曰蕩西，又曰迴南。凡二晝夜
乃息，亦曰風癡。若不落西不迴南，則踰月復作，作必
對時，日作次日止，夜作次夜止。諺曰：「朝北暮南子
夜東」，又曰：「朝三暮七晝不過一」。蓋其暴者不久，

或數時或一日夜；其柔者久，或二三夜。有一歲再三作
者，有三四歲不作者。

　　屈大均在明末清初時，曾到過香港及澳門一帶。他的《廣東
新語》所記港澳事跡不少，其中所記，不少是他和當地群眾接觸
採訪的紀錄。有關颶風這部分，現在看來，仍很適用。例如他說
有一年打三四次風的，亦有三四年不打風的，香港的情形正是如
此。同時他說「其暴者不久，或數時或一日夜；其柔者久，或二三
夜」，這都是切合今日香港的實際情形。至於「不落西不迴南，則
踰月復作，作必對時」，更是歷驗不爽。

　　一九一三年的兩次颶風，真是對時對日而作，但破壞力並不
很大。東華三院現存的會議錄中，有救濟這次風災的紀錄，援引
以供參考：

　　　　一九一三年（按：癸丑）八月間，香港又發生風災，
　　本院接撫華道（按：即今之民政司）來函謂，風災難婦黎
　　水妹一口，伊夫及子在何木娣船僱工，因颶風被溺，無
　　人可靠，請在何木娣款內提取多少與黎水妹養口之用，
　　抑或何木娣不允，請本院另議酌量撫恤等語。同時，又
　　接撫華道函謂，風災難民鄭根，在望角咀（按：當時旺
　　角仍稱望角）因風毀船，損失約一千二百元，求恩恤，
　　請酌量見覆等語。當年主席袁英山，乃將撫華道兩函提
　　出八月廿六日會議。當經議決，對難婦黎水妹，由急需
　　項息給銀五十元；對於難民鄭根，由急需項息給銀二百

元，俟修船廠修妥，即交船廠收。又華民政務司函云：
船戶郭洪，在油麻地左近，於九月十八日為颶風所毀，
現在深水埗修葺，已交銀二百七十元，尚欠三百五十
元，請求恩恤。由袁英山主席查明，確係實情，乃於
十一月廿一日會議公決，由急需項息給銀二百元，交由
深水埗端利號收。

瑪麗颶風塌屋多，溫黛颶風沉船不少

在第二次世界大戰前比較嚴重的風災，有一九二六年歲次
丙寅的風災和一九三一年的辛未風災，以及一九三七年的丁丑風
災。這三次風災，以一九三一年的辛未風災較為嚴重。

一九三一年颶風於九月二日吹襲本港，沉船百餘，災民數
百。當時本港帆船公會代表黃美，對於當局處理這次颶風表示不
滿，曾向三位華人代表投訴，又向報界發表談話。他說：這次
颶風襲港，船艇沉沒不下百數，其原因風來太急，天文台報告
太遲；其次，因政府驗船例過嚴，故港內小汽船數目少，不能及
時僱用在港內施救，造成重大的人命與船隻的損失。深望三位華
人代表，轉告政府以便將來補救。希望將來如遇颶風時，須由水
師加派小輪出巡，專為救護船艇之用，望政府顧慮及之。至於這
次風災的災民，有百餘無家可歸者投宿東華三院棲留所，急待救
濟，另有難民數十，欲返家鄉及澳門，則由三院給予旅費。

戰後至今，嚴重的風災計有三次，一次是一九六○年的颶風

瑪麗，以及一九六二年的颶風溫黛和一九七一年的颶風露絲。

颶風瑪麗是在一九六〇年六月八日晚吹襲本港的。它摧毀了當時各區山坡的木屋，造成嚴重的災害。瑪麗對海上的船隻所造成的災害較少，對貧民區造成的災害較大。受害最嚴重的是赤柱，該區居民不及萬人，而災民達千餘，毀屋三十餘間，沉船十餘艘。其次為西環，災民共八百二十七人，摩星嶺石屋區災民四十二人。柴灣災民四百餘，長洲島災民亦近千人。

當時，瑪麗颶風被視為戰後最嚴重的風災，因為東華三院由六月九日颶風過後即開始救災，連續十天仍然在發救濟米和救濟物品，如毛氈、罐頭、衣服、餅乾、牛奶等等。全港報界亦發起「香港居民救濟風災運動」，籌募救災善款。

但是，瑪麗並非戰後最嚴重的風災。到了第二年，即一九六二年，另一個更嚴重的風災溫黛，造成比瑪麗颶風更大的災禍。颶風溫黛是在九月一日（星期六）從海外吹來，橫掃港九各區，造成嚴重的災害。據統計，有一百三十人在颶風吹襲時死亡，超過六百人受傷，七萬五千人無家可歸。

當上兩年瑪麗颶風吹坍了的木屋區，經貧苦的居民重建之後，這一次颶風溫黛，又把他們重建不久的家園摧毀了。單在筲箕灣，便有超過二百間木屋被颶風吹坍。被吹沉了的船隻一時難以統計。一艘二千三百三十噸的貨船，被風吹斷了錨纜之後，從港海吹向西環，就在西環岸邊不遠之處沉沒。此役有二十艘遠洋輪船，超過十萬噸船隻被風吹到山邊擱淺而受或輕或重的損毀。

當時，溫黛颶風以風速一百四十哩的威力狂掃港九，同時挾以豪雨，造成低窪地帶頓成澤國。沙田一帶，既受潮水的高潮

的影響，再受豪雨的沖擊，加上溫黛颶風的威力，使該區受害最烈。該地的農場牲口被淹死達百分之七十，農田全被淹沒，差不多經過一星期之久，潮水才告退去。風災後，沙田的街道，須用小艇作為交通工具。

東華三院從前是個兼負救災工作的慈善機關，故院內設有救濟災民的棲留所。自一九六〇年開始，政府有意將東華三院改組為純粹的公立醫院後，棲留所便在該年十月間取消，將全部災民與無家可歸的貧民，分別遣散、徙置。故此溫黛颶風襲港後，救災的工作，便由香港政府的社會福利部門進行救濟。當時，社會福利處每日送出六萬四千份救濟餐，分發到港九新界各災區，而事後的救濟開支，則超過五百萬元。

颶風露絲吹翻佛山號，祖國匯來慰問金三百萬

然而，溫黛並非本港戰後以來最嚴重的風災。照香港政府的評定，颶風露絲才是第二次掃蕩本港最嚴重的颶風。它被認為是一九〇六年以來最具破壞力的颶風。

颶風露絲是一九七一年八月十七日星期二凌晨吹襲本港的，當時風速達一百五十海哩，挾以暴雨傾盆而降。在颶風吹襲的時候，觀塘一座電力站爆炸起火，火乘風勢，把整座電力站燒成灰燼，使九龍新界大部分地區陷於黑暗之境，令救災工作受到阻礙。

颶風露絲在水上造成的災害特別嚴重。行走港澳的佛山輪被吹翻，倒臥於大嶼山海灣之中。船上九十二名船員，僅四人生

還。在該海灣中，共有七艘輪船被颶風吹到山邊擱淺，佛山輪則臥倒在其中一艘貨船不遠之處。

　　另一艘停泊於深水埗已達十年之久的港澳船利航號亦於同時被吹沉沒。船上九名船員，包括船長在內，均告失蹤。此外，有二十六艘來自各國的遠洋輪船在港內及港外擱淺，其中有多艘事後驗明不能再用，被迫拍賣拆骨。

　　颶風露絲使數萬港九同胞遭受嚴重的損失，在這困難的時刻，祖國及時地對香港受災同胞給予親切的關懷，立即匯來現款人民幣三百萬元，由港九工會聯合會、香港中華總商會成立專門小組，展開救災工作。這一來，無形中促使了香港政府加緊展開救災的各項行動。

　　自颶風露絲以後，至一九八二年，香港未逢颶風襲擊。這和《廣東新語》所說，颶風有一年數作，或三四年不作的說法相符合。但是本港漁民相傳另一種說法，是每隔五年一次小風災，每隔十年必有一次嚴重的風災。這種傳說似是根據過去的風災史統計出來的。自然災害在目前的科學水平上，是無法制止的，但只要氣象預報做得好，切合實際，便可減少災害的影響。但願本港有關方面，能顧慮及之。

光緒年間香港曾落雪

一九七五年十二月十四日，上午七至九時，本港市區氣溫降至攝氏四點三度，本港天文台宣佈，這是本港九十一年以來十二月份最冷的氣溫紀錄。本港天文台創設於一八八四年，所謂九十一年來十二月份最冷的氣溫紀錄，也就是天文台自有氣溫紀錄以來在十二月份所紀錄的最低紀錄了。

當晚天文台發表的郊區氣溫紀錄如下：

大帽山	-4℃　結冰
大老山	-2℃　霜凍
長洲	3.7℃
打鼓嶺	3.4℃

當日是星期日，不少人聽到大帽山下雪，紛紛駕車前往欣賞雪景。大帽山上果然是一片白茫茫，山峰上鋪滿白雪；松樹掛上了雪珠；草叢上的草梢，像鑲了銀白色的鋸齒。一些報章大加渲染，說是大帽山落雪了。

其實這不是雪，是「雨淞」罷了。雨淞的形成，是由於天空中下的雨滴在攝氏零度以下，雨滴落到地面上，接觸到更冷的物體時，就會凍結成白色透明而又鬆脆的冰層。這種現象就叫做雨淞。

在十二月十三日開始，本港即下雨。十四日清晨，雨勢更密。大帽山氣溫在攝氏零下四度。雨落在大帽山上的樹木草石和屋簷上，便結成了雨淞。生長在南方的人，因為從來未見過下

雪，見了雨淞，以為是下雪，或以為是冰封。其實，嚴格地說，這也不能叫做結冰，因為地面上的水池，並不結冰。那些冰層，是由雨滴滴到地面物體上而形成的。正確的叫法，應是雨淞。

大帽山的「雪景」由雨淞造成

大帽山上出現「雨淞」現象，並不是罕有的。一九七二年二月九日，當時市區的氣溫是攝氏三點八度，大帽山的氣溫也在攝氏零下四度，天下着細雨，因此也有雨淞。不過，當時雨量不多，所結的雨淞也不大，到了太陽照到山頭時，雨淞便消失，所以當年上山去看「雪景」的人，空跑一場。

究竟香港曾經下過雪沒有呢？有的。不過，香港天文台設立於一八八四年，在一八八四年以前，便沒有正式的紀錄。但在一八八四年以後，則有過一次下雪紀錄。

現時香港政府每年出版的《香港年報》，在「平均氣候概況」一欄裏，寫下了極端紀錄。其中「極端最低氣溫」內，記錄着一八九三年一月十八日是攝氏零度。這一八九三年一月十八日，便是香港下雪的時刻。

但是照當時出版的英文《中國郵報》的報道，下雪的日子並不在一月十八日，而是在一月十七日晚上。當天是星期二，氣溫降至攝氏零點六度了，這是市區的溫度。郊外因為當時還沒有在大帽山和大老山上設有氣象台，自是沒有紀錄。但可以想像，郊外溫度處在攝氏零下六度左右。

　　由一八九三年一月十五日開始，本港溫度因受寒流吹襲，已降至攝氏三點九度。當天是星期日，一些進口的外洋輪船，看到橫欄島及其他附近的離島，白茫茫一片。船上的海員以為香港下雪，但是進了港口之後，又不見雪蹤。海員登岸後向島上居民詢問香港是否下雪，當時人們還以為他神經不正常。

進口洋船先看見橫欄島有積雪

　　但是到了一月十六日星期一，天氣嚴寒，溫度降至攝氏一點六六度。這時候，連離港出口的輪船，也都看見橫欄島等海外小島有雪，有些船主拍電報回來報告。這天，市面上沒有蔬菜出售。市民們以為小販們怕凍沒有開市，其後才知道九龍方面的菜田上的蔬菜，全被凍壞了。到了下午，有些菜農擔了些菜到市場上來，據他們説，大帽山已變了雪山，旺角、九龍城一帶的菜田，都被雪蓋住，全部萎壞。照這些報道看來，當時還不算下雪，橫欄島、大帽山等處的白茫茫一片，當是雨淞。

　　但是，到了十七日星期二，寒流繼續襲港，溫度降至攝氏零點六度。據當時農林處的英國人查理斯福特的紀錄，太平山頂的氣溫是攝氏零下四度。當晚，太平山頂上下雪，半山區的居民，見到雪粉飄下來。

　　雪雖然不大，晚上間歇地下了一點點，但當天亮時，九龍貨倉上的堆棧，已蒙上了一層薄冰；大會堂前的噴水池，也披上了白色。山頂上面的樹木，最高的有雪約三吋多厚；一些小路上，

積雪凡五吋，而屋頂、瓦簷，都掛着像筷子似的冰條。

　　據當時《中國郵報》的記載，山頂區的十間台至教堂的小徑，全部積了厚厚的雪，附近的十間樓宇的屋門被雪封住，要費很大的氣力才能打開。但這一來，卻帶來孩子們從未有過的玩意——他們抓起地上的積雪捏成雪球互相擲擊。

山頂區小童擲雪球遊戲

　　當時山頂上面的電線，有些被冰雪壓斷，從柯士甸山到歌賦山一帶，到處是白色一片。區內的西人住宅的自來水管全結了冰，即使用火燒熱水管，仍然無水流出來。這是因為水壓不足，結冰的水管太多而造成。當天山頂區的居民，要煮冰取水。

　　幸而到了十八日下午，天氣稍為回暖。到了十九日，溫度升到攝氏六度，冰雪已溶。那時，山頂纜車才能恢復行駛。因為早一天，纜車的路軌也為積雪所蓋，在寒冷中掃除積雪的工人們工作得特別困難，須整整一天的時間才能將路軌上的積雪除去。

　　至於市區內的華人，有些完全不知香港下過雪。因為市區溫度比山頂區為高，而且下雪時是在深夜，不容易看見，次日雖然看到近花園道一帶的樹上掛了雨凇，只以為是霜凍罷了。因為交通不便，而且山頂區當時列入西人住宅區，雖有些知道山頂區有雪景，也不敢像十二月十四日在大帽山那樣爭相前去賞雪。

　　關於一八九三年一月十八日香港下雪，《東莞縣志》卷三六〈前事略〉「光緒十八年」條亦間接加以證明。該條云：

　　十一月十七、十八日大雪，平地積二寸餘，果木多
凍死。

光緒元年風雪並至，道光十五年廣州大雪

　　東莞縣是鄰近香港的。香港在寶安縣境內，寶安縣清朝時名
新安縣，清初因清政府對付鄭成功而有遷海的政策，把沿海居民
強迫遷入內陸，當時新安縣香港附近地區的鄉村，全部遷移，故
曾一度裁撤新安縣，將香港附近地區劃歸東莞縣治。故陳伯陶編
《東莞縣志》時，常把香港發生的災異等事編入縣志裏。一八九三
年一月，應屬光緒十八年農曆十一月。這一段記載可作參考。

　　由於東莞與香港毗連，我們不妨從《東莞縣志》中有關下雪
的記載，以證明香港在未設天文台之前，也有過下雪的現象。雖
然，東莞縣下雪，未必香港也下雪，但因地區接近，即使香港未
必也同樣下雪，起碼也能證明當東莞下雪時香港的氣溫也相當的
低；就算不下雪吧，也應該有霜凍或有雨淞。

　　下面是摘錄自《東莞縣志》有關下雪的紀錄：

　　　　光緒元年十一月二十九夜，風、雨、雷、電、雪、
霜並至，魚多凍死。

　　　　道光十五年，十二月二十二日，廣州大雪，漫天如
飛絮，積地四寸餘。自是連年大熟，斗米百錢。

　　光緒元年是公元一八七五年，這是香港天文台未成立的年代，也沒有氣溫紀錄可尋，我們無從知道那年農曆十一月二十九日香港的氣溫是攝氏幾度。但當時東莞縣境，風、雨、雪、霜一齊襲擊，令到魚塘裏的魚多凍死，相信當時香港也該有霜凍，也許大帽山上也會出現雨淞。

　　至於道光十五年，那是公元一八三五年，當時英國人還未來到香港。照《東莞縣志》所記，當年十二月二十三日廣州大雪漫天如飛絮，而且還記載着「自是連年大熟，斗米百錢」。可見這是一場瑞雪，而且下雪的區域當不只限於廣州一地，因為假如只有廣州城內下雪，便不會有「自是連年大熟」。那場大雪可能遍及廣州府屬各縣，致令各縣屬的禾田的害蟲被凍死了，減少了蟲害，才會連年豐收。香港地區也是屬於廣州府所轄，説當時本地區也下雪，是極可能的。

　　談到下雪，不少人以為廣東是不會下雪的。有些外省人譏笑廣東人冰雪不分，以冰為雪，又説這是廣東人未見過下雪的原故。其實並不如此。從上面所引錄的記載，已經可以證明廣東曾經下過漫天大雪，甚至香港也下過微雪。只是下雪的現象百年中只可一見或兩見，並不常見罷了。

　　由一八三五年廣州大雪，到一八七五年東莞風、雨、雪、霜並至，當中相隔恰四十年。又由一八三五至一八九三年的香港東莞下雪，相隔是五十八年。因為相隔得太久，就算是老年人也未必可以在他一生中看見兩次下雪，於是廣東人便常把雨淞作為雪景去欣賞，也就被北方人譏為冰雪不分了。

康熙二十二年雪擁廣州越王台

一九七五年十二月十四日大帽山出現雨淞時，不少報章說大帽山下雪，也有不少北方人不相信是下雪，這種情形是很普通的。在歷史上，也有過廣東人不相信廣東會下雪的。例如廣東人的屈大均，他在撰寫《廣東新語》時，也說廣東終年不見雪。他寫道：「廣州有霜而無雪，然霜亦微薄不可見。秋深以木菓微紅封其為霜耳。」又謂：「粵無冰，其民罕知有『南風合冰，東風解凍』之說。歲有微霜則百物蕃盛，語曰：『勤下糞不如早犁田。』言打霜也。冰生於霜，粵無冰，以無霜也，故語曰：『嶺南無地着秋霜。』又曰：『天蠻不落雪。』即或有微冰，輒以為雪，或有微雪以為冰。人至白首有冰雪不能辨者。」

但是，屈大均後來卻在廣州看見下雪的情景，大抵因為《廣東新語》早已刊刻成書，無法改寫。但他在《翁山詩外》卷十六裏，卻寫下了他看見廣州大雪的情景。他寫道：

> 邊人帶得冷南來，今歲梅花春始開。
> 白頭老人不識雪，驚看白了越王台。

原來，在康熙二十二年（一六八三年）時，廣州下雪。《番禺縣志》也有「康熙二十二年癸亥，冬，廣州大雪」的記載。當時廣州漫天下雪，越秀山積雪盈尺，把整座越王台蓋得白茫茫一片。說廣州有霜而無雪的屈大均，終於也要承認廣州是會下雪的了。

屈大均的《翁山詩外》有很多詠當年看見下雪的詩。百年難

得一遇，詩人自然要吟詠一番。但我們可以從他的詩中，看到當年廣州下雪的範圍，不限於廣州一城一地。可以說，全廣東都下雪。例如他有〈早春燕集三閭書院即文〉詩句云：「海岸猶餘積雪光，春寒端不似南方。」又有〈端州道中望峽口積雪〉詩，以及有「峰峰雪洗玉屏新」等句。足見當年下雪，遍及廣東各地，但不知香港地區，那時是否下雪而已。

魯 金 作 品 集

策劃編輯　梁偉基
責任編輯　張軒誦
書籍設計　陳朗思

書　　名	香港民生掌故叢談
著　　者	魯金
出　　版	三聯書店（香港）有限公司
	香港北角英皇道四九九號北角工業大廈二十樓
香港發行	香港聯合書刊物流有限公司
	香港新界荃灣德士古道二二〇至二四八號十六樓
印　　刷	美雅印刷製本有限公司
	香港九龍觀塘榮業街六號四樓A室
版　　次	二〇二四年四月香港第一版第一次印刷
規　　格	特十六開（145×210mm）三二八面
國際書號	ISBN 978-962-04-5392-2